U0096060

大樂文化

大樂文化

優渥叢書

140張圖學會抓——

漲停的藝術

「實戰」、「圖解」

61 個短線放量暴漲前的買進訊號！

★熱銷再版★

麻道明◎著

CONTENTS

前　言　股價漲停是一種規律，也是一種藝術！　*005*

第 1 章

從漲停的「位置和速度」，看出下一支飆股　*007*

1-1 開低後但快速漲停：開低幅度 3% 內最佳　*008*

1-2 開高後且快速漲停：多頭完全控制盤面　*025*

1-3 從 4 個要素分析漲停盤面　*046*

1-4 尾盤快速漲停時，要跟緊主力低買高賣　*056*

1-5 尾盤漲停陷阱多，看出走勢變化是秘訣　*067*

第 2 章

牢記這幾種漲停的「K 線形態」，抓出獲利的買賣點　*083*

2-1 凹字型漲停：漲停一打開一再封漲停　*084*

2-2 凸字型漲停：漲停一打開一最後不封漲停 *091*

2-3 一字型漲停：後市上漲可能性大 *097*

2-4 T字型漲停：成交量變化是指標 *114*

2-5 天地型漲停：多空雙方的大逆轉 *125*

第3章

看懂漲停的「量價形態」，輕鬆與主力跳探戈 *131*

3-1 3種放量漲停形態 *132*

3-2 3種縮量漲停形態 *145*

3-3 完美的量價結構是指…… *154*

3-4 注意！主力擅長的成交量陷阱 *158*

第 4 章

4 大漲停實戰技巧，是短線、當沖交易的不敗秘訣 *167*

4-1 想入手漲停股，你得先學會這些技巧 *168*

4-2 漲停後的走勢強弱、漲幅更是關鍵 *182*

4-3 漲停後這樣賣出，才不會太早或太晚下車 *185*

4-4 高手教你避開漲停板的陷阱 *190*

後　記 140 張圖，教你學會捉到暴漲行情！ *199*

股價漲停是一種規律，也是一種藝術！

漲停，意味著主力資金的介入；漲停，意味著股價的繼續飆升；漲停，意味著投資收益快速放大。股價漲停令人心潮澎湃，在短期內實現驚人的財富增加。

◎ 漲停是機會也是風險，投資人得學會駕馭

股價強勢漲停往往蘊藏著重大機會，所透露出來的資訊絕不僅僅是股價上漲 10% 這麼簡單，更重要的是能夠呈現出主力的控盤意圖、個股熱點題材、市場的追捧程度等等。但很多時候，股價漲停不一定就能獲利，追漲停被套的經歷很多人遇過，因為有些漲停就是主力誘多的一個美麗陷阱。

可見，股價漲停有真有假，以及漲停之後的上漲力道有大有小。所以，有人因自己擒拿到漲停獲利而欣喜；有人因自己沒有捕捉到漲停而喪志；有人因自己追漲停遭深套而後悔；有人因自己已經抓到漲停，但又不知道如何研判後市而煩惱，展現出種種人們對漲停的喜悅和恐懼的複雜心理。

股市是高收益與高風險並存的場所。漲停也是一把雙面刃，如同帶刺的玫瑰，在能夠帶來豐厚利潤的同時，也時刻面臨著巨大的風險。所以，成功的投資人在風險來臨時，能夠及時採取舉措將損失降到低點，甚至有效避免這種風險，這是成功駕馭漲停必須達到的境界。

◎ 抓住漲停的規律，享受漲停帶來的獲利

在股市中出現漲停的股票很多，幾乎每天都有漲停個股，但散戶可以選擇的並不是很多，能夠抓住漲停的則更少。在大盤強勢上漲的時候，也許很

容易捕捉到漲停，但如果大盤處於弱勢整理時，想抓住一個漲停實在太難了，即使逮住一個漲停也往往有巧合因素。可見，追擊漲停說來簡單，但並非那麼容易獲利。尤其2020年以來，市場運行格局發生明顯的變化，主力不會輕易地連續拉出漲停，加上漲停之後也存在著許多變數，因此抓漲停就顯得更難了。

其實，股價漲停是有一定的規律可循的，細心的投資人從盤面透露出來的蛛絲馬跡，就能成功捕捉到漲停，並掌握最佳買賣點。根據多年的實盤操作和市場檢驗，筆者歸納出本書，旨在為狙擊漲停感到困惑的散戶指點迷津，切實解決在短線抓漲停中遇到的難題，並提供一套正確的操盤思路和方法，幫助散戶熟練掌握狙擊漲停的操盤技法，構建一套適合自己的操盤體系，以全面提升操盤能力和分析水準，讓投資人輕鬆享受漲停帶來的獲利。

全書以理論為前提，注重實戰分析，強調實用技巧，力求引導和提高投資人的分析能力，構建和完善交易體系，掌握捕捉漲停的操盤技法。書中講解的內容，對臨盤操作具有十分重要的指導意義，希望能為投資人帶來實際的幫助。

作者／麻道明

第 1 章

從漲停的「位置和速度」，看出下一支飆股

1-1

開低後但快速漲停：開低幅度 3% 內最佳

開低漲停的產生原因

開低是指今日股價在昨日收盤價之下開盤；而開低漲停是指股價低於昨日收盤價開盤之後，在分時走勢中股價不斷向上走高，直到以漲停收盤。主力操縱股價一般都是從集合競價開始，經由集合競價來操縱開盤價，使開盤價更加符合操盤需要。股價之所以會出現開低，主要有以下原因：

⑴ 沒有主力運作，開盤隨大勢所致，使開盤時間相對滯後。

⑵ 開低建倉或洗盤，如果主力開低洗盤，其目的就是讓不穩定的籌碼看到開低後，持股信心動搖而賣出籌碼。當然，主力也擔心散戶拿到便宜的籌碼，如果有拉升計畫，一般都會在開低後不久就拉升股價。如果開低後馬上拉升或控制走勢後拉升，屬於主力建倉或洗盤的機率大，後市應有獲利機會。

⑶ 主力前一日大量出貨所致：如果前一日量大，分時波動較大，次日開低走高，就要第一時間出場，出貨的開低是不能獲利的。主力為了套牢跟風盤，開低便是最好的選擇，所以首先應該瞭解的，就是這種危害最大的出貨開低，要及時迴避風險。這種情況大多出現在頭部區域。

⑷ 主力故意大幅開低出貨，利用散戶撿便宜的心理，在暗中悄然出貨。股價在下面執行時間較長，然後在中盤或尾盤突然大幅拉升，再次吸引跟風出貨。這種情況大多出現在下跌途中。

⑸ 市場受消息影響而開低：人們普遍不看好利空消息，容易出現開低，但主力控盤手法蠻悍，當天還能夠把股價拉起。

⑹ 確認前期底部而開低：這種 K 線往往是行情啟動的前兆。確認底部以後，為了使技術派人士打消顧慮，將股價的上漲埋下伏筆。同時為了避免

過多的籌碼流向他人之手，因此股價採用開低快速拉高的手法。

⑺ 確認未來底部而開低：該形態的主要特點，是一根開低大陽線的最低價成為未來行情的底部，未來行情整理低點，就是在這根大陽線的根部。

⑻ 慣性下跌而開低：受快速暴跌影響，市場出現恐慌情緒，容易出現慣性開低。如 2015 年 7 月 9 日，兩市出現兩千多支從跌停價開盤到漲停價收盤的奇觀，原因就是前幾個交易日受股災影響，出現暴跌而慣性開低，引起報復性反彈所致。

⑼ 快速修正技術指標：很多技術指標的計算公式，都是和當天的開盤價和最低價密切相關的，其中最常用的 KDJ 指標就是其中一個。有些主力利用技術指標的這一特性，故意製造開低陽線，以快速修復技術指標。

⑽ 其他因素所致：如盤中其他機構或大戶攪局（散戶也能做開盤價），搶在主力之前做出開盤價。又如送錢型的開低，股市中也存在著複雜的人際關係，為了某種目的而出現開低，這種 K 線就是人際關係下的產物。既然是為了送錢，就要送得皆大歡喜，讓人立即看到錢。這類主力一般實力都不小，在該股持倉量較大，能夠控制股價走勢。

開低不可怕，不瞭解開低原因才可怕，只要明白開低的原因，就能以不變應萬變，可以與主力共舞了。

開低快速漲停的技術分析

這裡所說的快速漲停，是指開盤後股價在半小時內到達漲停價位置，強勢股封單不打開漲停板。

有的個股因某種原因所致，如主力洗盤換手、遇其他大戶賣壓或遇大盤跳水等，盤中可能會有一次或若干次打開漲停板（以下簡稱開板），但最終當天收盤也能封於漲停。**開低快速漲停表示盤面強勢，主力控盤良好，做多意圖堅決。但開低的幅度不應太大，一般以 3% 之內為佳**，開低過大會增加之後的拉升難度，也會影響市場人氣。

這種漲停方式一定要結合盤面形態、趨勢和價位進行分析。如果處於上漲趨勢之中，前期形態良好，價位又不高，這時出現開低快速漲停時，股價將繼續升勢，可以直接在開盤價買入；如果在跌勢之中出現的開低快速漲停，多數為反彈行情，以短線快出快進操作為主；如果在盤局之中，結合大盤強弱視情況而定，出現突破走勢的話，以中短線波段操作為主。需要特別注意的是，漲勢中繼盤局、跌勢中繼盤局、高位築頂盤局和低位築底盤局，在技術分析時是有所區別的，這一點在判斷時需要考慮進去。

1. 開低快速向上拉漲停

股價小幅開低後，不作任何形式的整理，而是伴隨著成交量的同步放大，直接向上拉升，甚至直線式一波拉至漲停，形成光頭光腳 K 線。這種拉升方式顯示盤面強勢，主力做多堅決，後市股價續升可期。

如圖 1-1 所示，該股主力完成建倉計畫後，股價沿 10 日均線穩步向上爬高，均線系統呈現多頭排列。2020 年 2 月 21 日，股價開低 4.58% 後，盤中立即向上拉起，強勢推升至漲停，盤面氣勢強盛，形成一根光頭光腳的大陽線。所以，不用擔心在漲勢中的開低，這反而是一次逢低入場的機會，因為漲勢一旦形成不會輕易改變，機會大於風險。

這類個股可以依托支撐線（位）入場，如 10 日、20 日、30 日均線附近，或前高（低）、盤整區等，一般會有獲利機會。

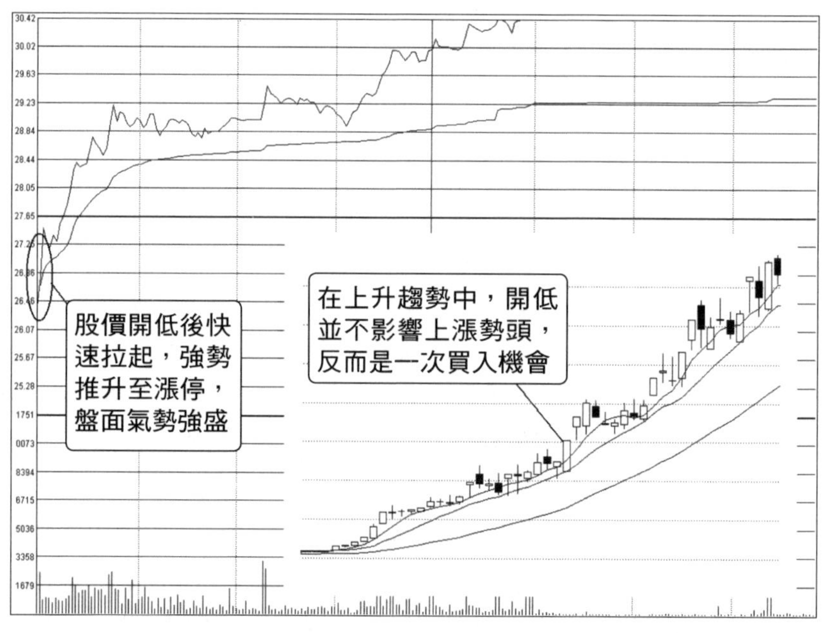

▲ 圖 1-1　英科醫療（300677）日 K 線和分時走勢圖

2. 開低震盪之後拉漲停

股價開低後沒有直接上漲，也沒有明顯打壓，多空雙方在圍繞開盤價進行爭奪，最終多方佔優勢而向上發力拉升，甚至直線式一波拉漲停，K 線呈現帶有較短下影線的光頭大陽線。這種拉升方式顯示主力對籌碼控制得比較好，多方將乘勝而上，後市股價繼續走高。

如圖 1-2 所示，該股在長時間的底部震盪中，主力吸納了大量的低價籌碼，然後向下打壓製造空頭陷阱。2020 年 5 月 26 日小幅開低，經過一段時間的震盪後，股價向上翻紅。之後，主力發力上攻，成交量同步放大，股價直線漲停，盤面氣勢強盛，做多願意堅決。投資人可以在股價向上拉起時追進，也可以在漲停價附近或開板後買入。

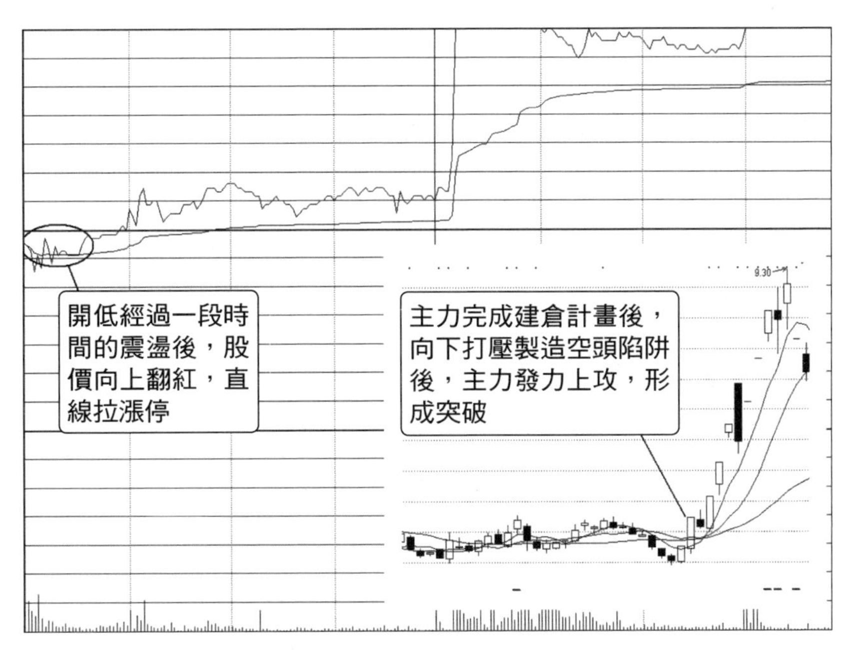

▲ 圖 1-2　佳雲科技（300242）日 K 線和分時走勢圖

3. 開低下探之後拉漲停

股價開低後先出現一波小幅的下探走勢，然後開始向上發力拉升，甚至直線式一波拉漲停，在日線上形成一根帶有下影線的漲停 K 線。有時下探動作非常之快，在分時圖上沒有留下痕跡，在 K 線上卻產生一根下影線。

這種拉升方式表示主力基本上達到高度控盤，下探的目的是為了震倉作用，後市股價依然走高。

一般來說，下探的幅度不宜過深，以不超過3%的跌幅為佳。如果下探幅度過大，勢必增加之後的拉升難度，也影響到市場人氣，而且有可能是真正的下跌行情，這時不要誤將下跌當成下探。這種漲停方式會出現在市場的任何階段，在分析時要結合趨勢、價位和形態綜合研判。

如圖1-3所示，該股整理到位後止跌震盪，2020年4月16日股價開低0.43%，開盤後出現小幅下探動作，然後止跌逐波拉升，最終封於漲停。那麼，開盤後的下探震盪整理有什麼意義？一方面，股價在盤整區附近震盪，造成上方壓力重重的假象，讓猶豫不決的散戶離場；另一方面，時間不宜過長，否則會引發新的賣盤，或者防止戰略投資人低位介入。所以，開盤後的短暫震盪具有一石多鳥的作用，著實恰到好處當屬老手所為。

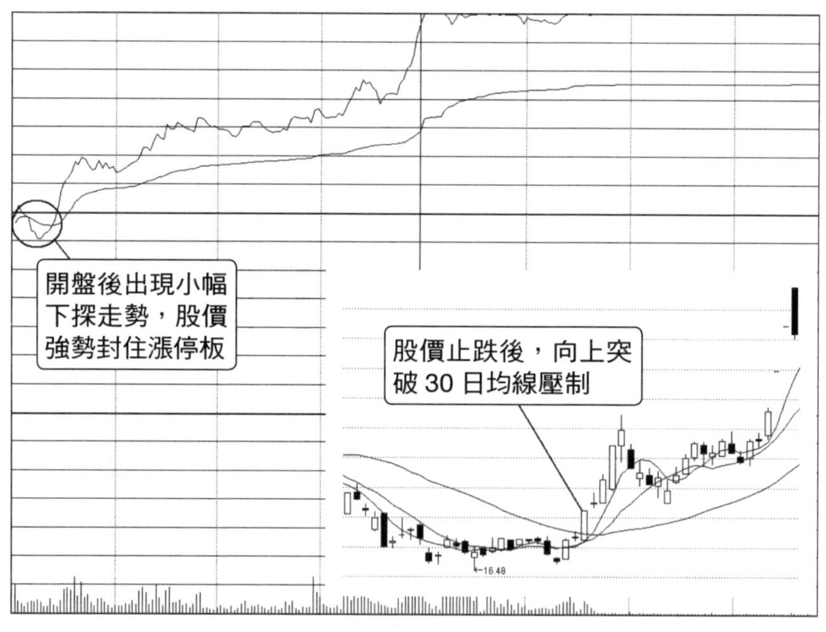

▲圖1-3　國軒高科（002074）日K線和分時走勢圖

開低漲停類型有 4 種

股價的突然大幅波動，會一時讓投資人摸不著頭緒，開低漲停就是其中一種。若能仔細分析，掌握不同類型的開低漲停，能更準確分析股價未來走勢。

1.建倉性開低漲停

開低漲停常常是主力建倉的一種運作手法，一般出現在股價回檔或橫盤整理中，某個交易日在開低之後，主力乘機強力建倉。主力突擊手法最明顯的便是開低漲停，其特徵是：股價莫名其妙大幅跳空開低，隨後便慢慢爬升，當天收漲停。這時散戶可以跟隨主力一起建倉，與主力的成本一致，站在同一起跑線上，無論日後主力如何震倉、洗盤，均在成本價之上波動。在K 線上的表現有以下幾種形態：

⑴ 常常出現在一波上漲行情之後的回檔或橫盤整理中，也就是說，開低漲停出現時股價在回檔，並且前幾個交易日往往是大陰線或連續陰線下跌。當然，也有不少出現在長期跌勢的末期，

⑵ 在股價回檔過程中，當股價跌破偏離 30 日均線時，有一天突然股價大幅開低，而市場中並沒有利空消息出現，隨後，股價被主力迅速拉起，最終以漲停報收，返回 30 日均線附近。

⑶ 開低漲停出現時，均線系統並沒有變差，市場依然是多頭趨勢。此時，股價大幅跳空開低，至少需要開低 1% 以上（越大越好），形態上呈破底而出。如果出現在跌勢中，股價遠離均線系統，乖離率越來越大。

⑷ 如果開低當天沒有封住漲停，是一根大陽線，其他要求符合以上條件，也可以作為買入訊號。

建倉性開低漲停，大多出現在跌勢末期、橫向震盪和升勢中途這三個階段之中。

第一，在跌勢末期：股價經過長時間的下跌整理後，以開低漲停的方式結束下跌行情。從漲停的走勢來看，通常會有開低後反轉漲停的個股。這類個股的開盤價顯然是主力為了誘空來打壓股價，而出現的開低形態，但盤中股價放量拉升的走勢，則是股價真正的波動方向。投資人若能利用分時圖中，股價開低後反轉的形態掌握追漲時機，很容易獲得投資回報。

開低漲停形態出現後，後市可能有兩種走勢：一是開低漲停之後，沒有

形成大幅上漲行情，而是進入盤整築底；二是開低漲停之後，股價走出反轉上漲行情。

如圖 1-4 所示，該股在低位震盪過程中，主力悄然完成建倉計畫，在末期向下打壓製造空頭技術陷阱，然後股價止跌回升。2018 年 11 月 5 日，股價小幅開低，經過一段時間弱勢整理後，盤中強勢向上拉起，當天以漲停收盤，此後股價大幅上漲。之後，該股在 2020 年 4 月 2 日出現的開低拉漲停後，股價並沒有出現上漲行情，而是進入橫盤震盪整理，所以低位漲停後，要注意兩種常見盤面走勢。

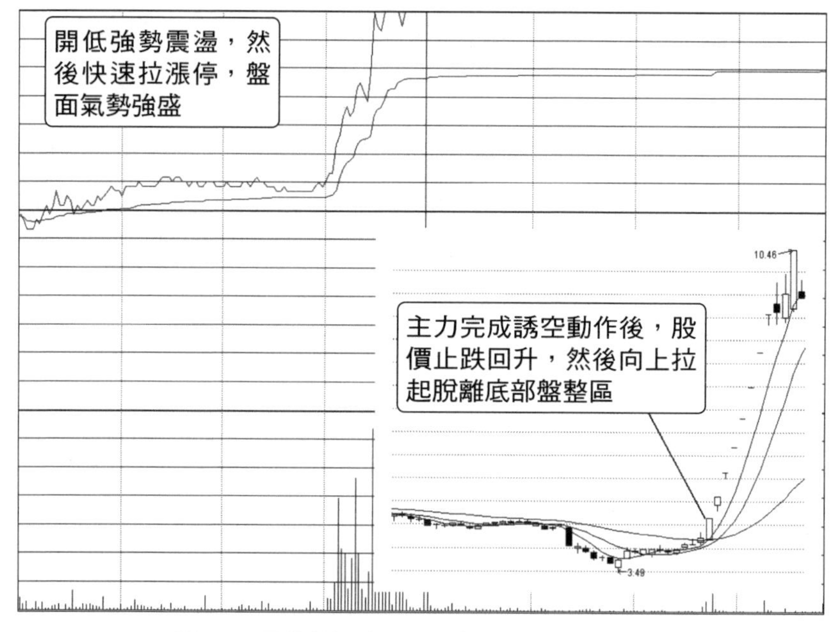

▲ 圖 1-4　民豐特紙（600235）日 K 線和分時走勢圖

第二，在盤勢之中：在主力建倉過程中，股價往往陷入盤局走勢，此時出現的開低漲停，是主力常用的吸籌手法，短線不宜追漲。分析這種方式時，一定要注意股價所處的位置，如果處在大幅上漲後的高位出現開低漲停，要謹防主力拉高出貨。

如圖 1-5 青島雙星（000559）的 K 線圖所示，該股長時間處於底部盤整走勢，2020 年 4 月 20 日突然漲停，但隨後股價繼續向下創出新低，5 月 6

日開低略作下探後，開始向上逐波拉高，股價衝至漲停。此時主力利用前期整理平台的壓力，故意不封住漲停板，而是在漲停價位開板震盪，獲得了散戶的大量賣盤，之後幾天股價繼續盤整，其建倉效果非常好。

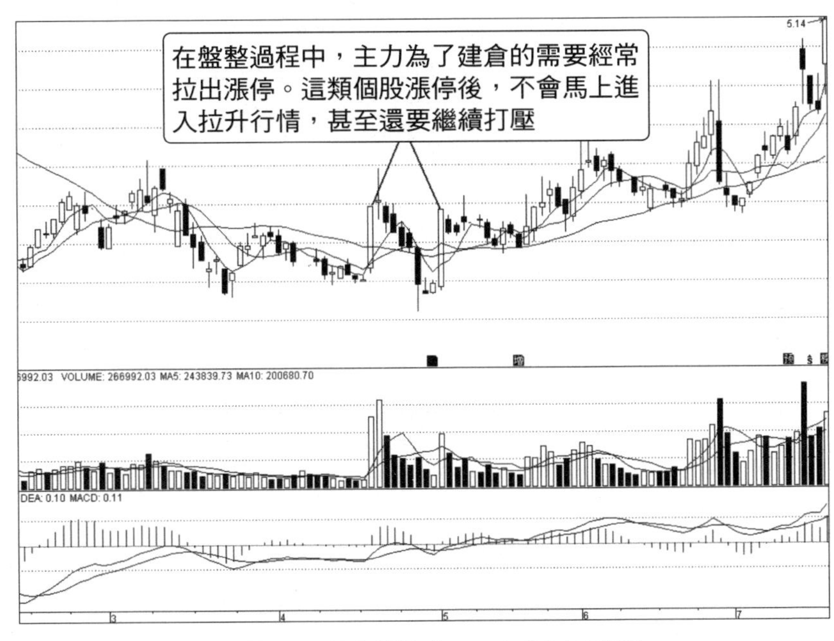

▲ 圖 1-5 青島雙星（000559）日 K 線圖

第三，在升勢中途：股價見底後出現小幅上漲，然後進行洗盤換手或繼續加倉，這階段也經常出現開低漲停現象，只要上漲趨勢保持完好，30日均線沒有走跌，散戶可以適當追漲買入。

如圖 1-6 東方通信（600776）的 K 線圖所示，該股成功見底後，2018 年 11 月初開始股價漸漸向上爬高，均線系統呈現多頭排列，多次整理都得到均線系統的支撐而走強，最後股價出現加速上漲。

如圖 1-7 金力永磁（300748）的 K 線圖所示，該股從 2019 年 5 月 16 日開始進入拉升行情，在拉升過程中主力為了釋放浮動籌碼，利用前期盤整區附近的壓力作用進行換手，而開低震盪是最好的洗盤方式。

一來達到洗盤目的，二來不影響盤面拉升氣勢。所以只要升勢保持完好，價位又不高，這類個股就可短線介入。

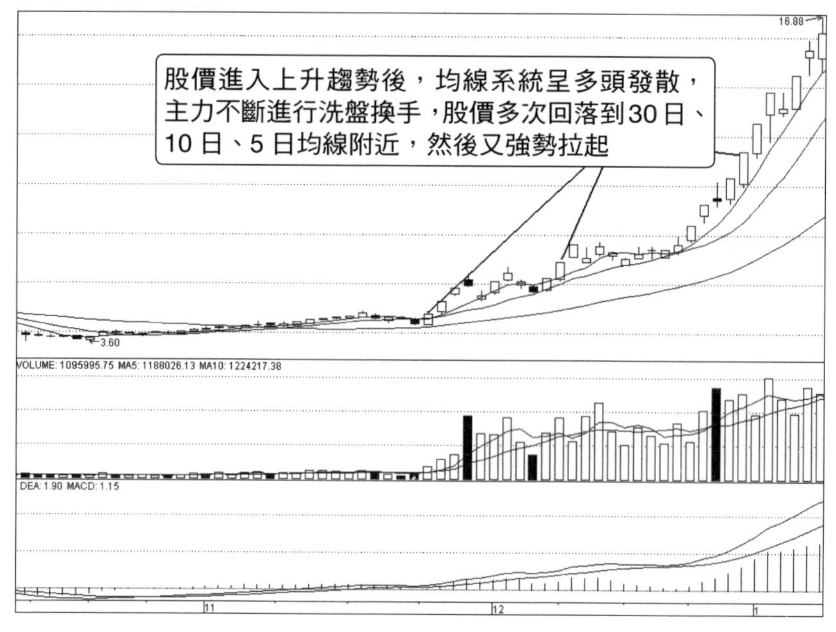

▲ 圖 1-6　東方通信（600776）日 K 線圖

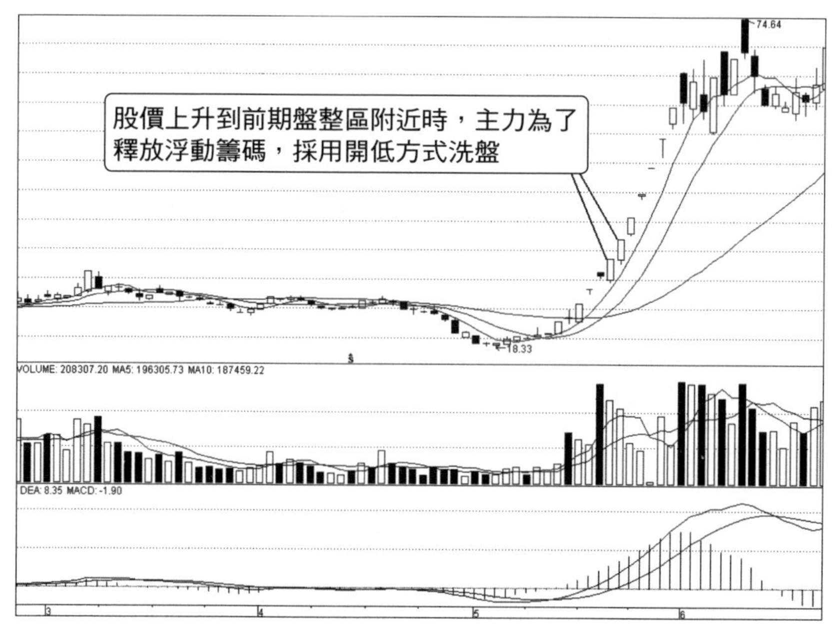

▲ 圖 1-7　金力永磁（300748）日 K 線圖

建倉性開低的操作技巧如下：

⑴ 底部區域出現買入：此所指的開低漲停形態，主要是指股價底部出現的形態，短線介入風險比較小，一般都有利可圖。如果出現在高位，往往是主力誘多行為，短線介入風險比較大。

⑵ 開低穩步拉升買入：因在底部區域連續回檔或橫盤整理中出現，均線系統一般會出現空頭排列或者糾纏在一起，這時可以在開低穩步推高股價時買入。

⑶ 次日開高可適當追漲：在底部區域出現此種 K 線形態，一般是主力急於進場，其戰略意圖在於追求速戰速決，有可能立刻進入拉升期。所以如果次日跳空開高走高，即可追漲殺入。注意倉位不宜過重，半倉即可。

2. 試盤性開低漲停

有時主力也採用開低漲停的方式進行試盤，以測試底部支撐程度，從而決定後市是否拉升。在 K 線上有以下特徵：

⑴ 股價處於整理的後期，主力基本上完成建倉計畫。

⑵ 均線系統呈現糾纏或初顯多頭發散跡象。

⑶ 盤面上漲要有氣勢，否則試盤不成功，繼續盤整。

其操作技巧為，在試盤成功後的快速拉升時跟進，也可以在次日繼續走強時介入。如果突破某一個技術壓力位，表示股價將進入上漲行情，可以加倉做多。

如圖 1-8 華揚聯眾（603825）的 K 線圖所示，該股回升到前期整理區域附近時遇阻，盤面出現震盪。2019 年 10 月 29 日開始連收三黑，11 月 1 日開低震盪，以測試前期低點附近的支撐程度。在分時走勢中，開盤後弱勢震盪，之後股價直線拉漲停，拉升有氣勢，封盤後不開板，表示底部基礎穩固，經過一段時間的築底後，12 月 25 日向上突破，股價出現拉升行情。

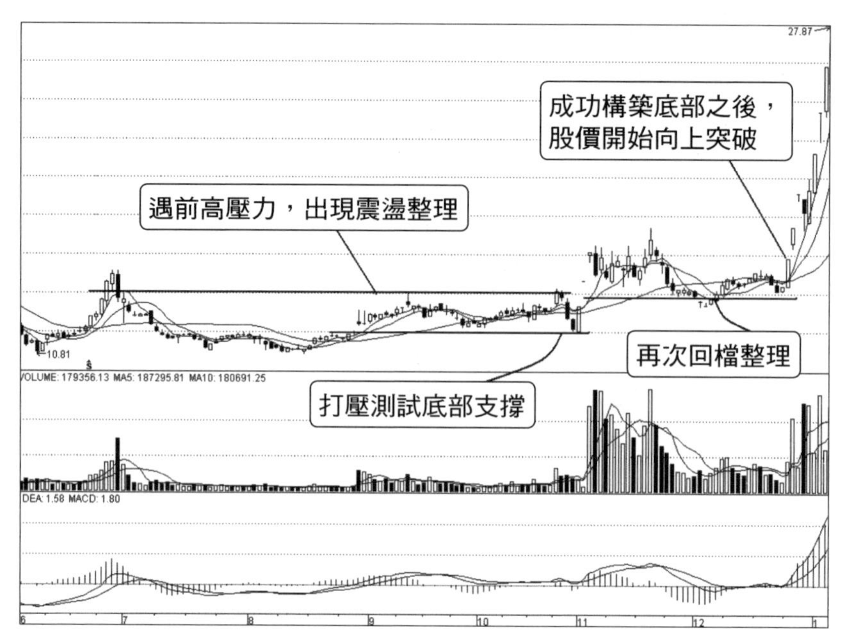

▲ 圖 1-8　華揚聯眾（603825）日 K 線圖

3. 反彈性開低漲停

市場受快速下跌或超跌影響，出現恐慌情緒，容易出現慣性開低。此時由於空方能量得到較好釋放，往往出現報復性反彈行情，股價大幅開低甚至以跌停開盤，然後快速拉起直至漲停收盤。其 K 線特徵如下：

⑴ 股價出現快速下跌，市場出現恐慌氣氛，或者長期處於下跌狀態，累計跌幅較大，做空能量消失。

⑵ 股價遠離均線系統，負乖離率越來越大。

⑶ 股價嚴重超賣，技術指標出現底背離，或長時間低位鈍化。

操作技巧為，在股價快速下跌或累計跌幅超過50%以上時，可以少量試探性輕倉介入。開低幅度越大，反彈的機率越高，儘量避免追漲，然後在30日均線附近減倉或退出。

如圖 1-9 金貴銀業（002716）的 K 線圖所示，該股由於基本面不佳，股價一路下行，在低位出現若干次修復性反彈走勢，但每次反彈力道都不大。在分時走勢中，股價開低後被拉起並封於漲停，但持續性不強，這屬於典型的反彈性開低漲停形式，投資人可以輕倉參與，並在 30 日均線附近賣出。

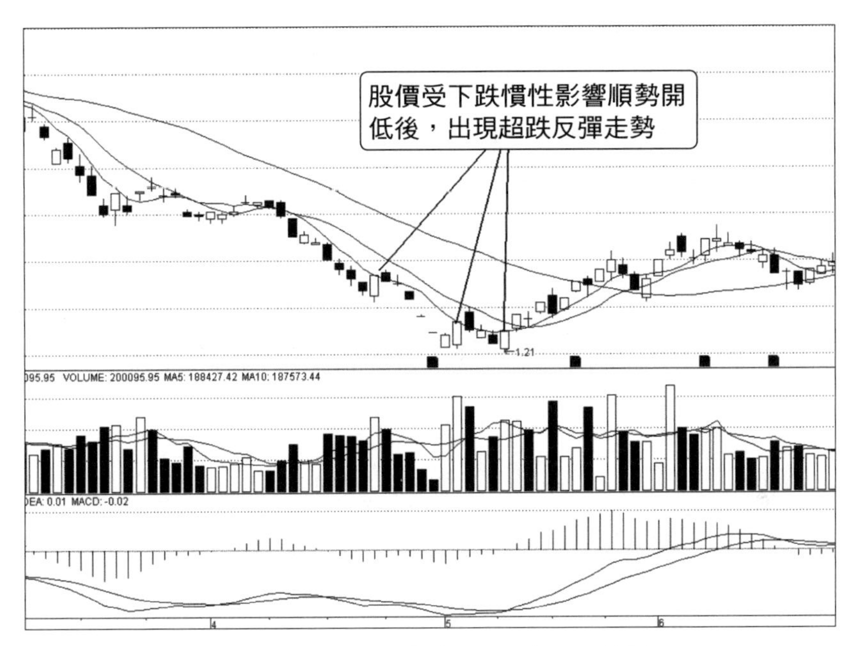

▲圖 1-9　金貴銀業（002716）日 K 線圖

4. 出貨性開低漲停

這種形式一般出現在連續漲停或大幅上漲的個股中，短期累計漲幅巨大，主力已經賣出了部分獲利籌碼。但是還沒有完全出場，之後大幅開低甚至以跌停開盤後，打開跌停並衝擊漲停時，吸引跟風盤，並將手中剩餘的籌碼出貨。其 K 線特徵如下：

(1) 股價已經有了較大幅度的上漲，一般出現在最後的加速衝刺階段，或者出現在頭部震盪區域，主力出貨意願強烈。

(2) 股價遠離移動平均線，正乖離率較大，短線有回歸均線附近的要求。

(3) 成交量出現大幅放大，主力對倒手法明顯。

操作技巧為，持幣者不參與操作，持股人在衝高時堅決離場。如果前幾個交易日出現快速上漲，當天突然大幅開低，此時持股者也不必心慌。這種情況大多在盤中有衝高動作，因為盤中有大資金在攪動，當股價快速上衝到昨日收盤價附近時減倉處理，當股價拉到漲停附近時，立即掛低幾個價位果斷清倉（不要求賣在最高位）；如果在高位震盪階段出現開低，此時賣出的目標價要低於前者，因為主力已經賣出了不少籌碼，盤中不見得會有大幅拉高動作，所以可以在昨日收盤價附近賣出全倉，後面是否漲停與投資人無關，也不必為此後悔。

如圖 1-10 供銷大集（000564）的 K 線圖所示，該股從 2020 年 4 月 21 日開始經過三大波上漲後，主力基本上完成了拉升計畫，股價累積漲幅已大，顯然主力已經暗中出貨。出現 A 浪回落後，6 月 12 日開低 3.31%，三波拉漲停，形成 B 浪反彈。在分時走勢中，主力利用漲停出貨跡象明顯，封板後開板震盪，次日衝高再次出貨，之後股價向下走低。

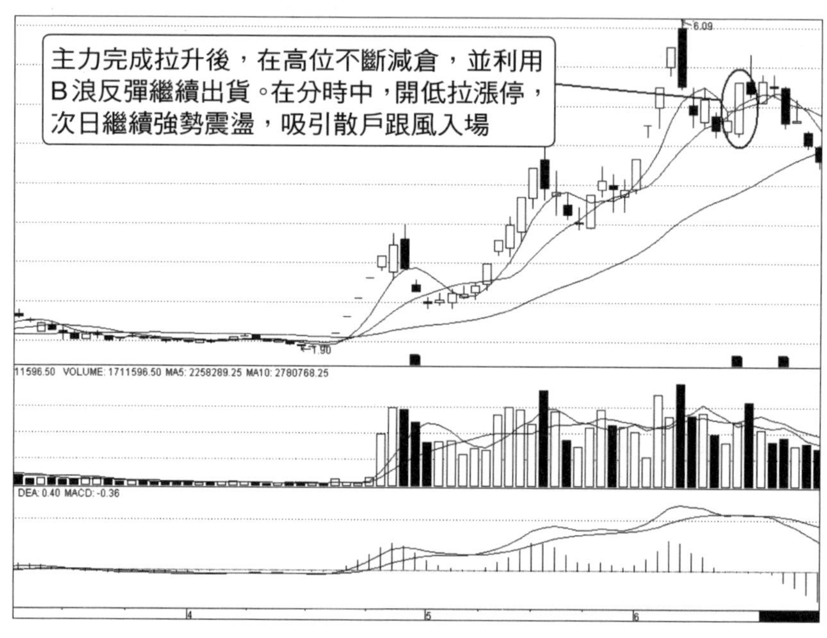

▲ 圖 1-10　供銷大集（000564）日 K 線圖

開低漲停形態

這裡介紹一種特殊的開低漲停組合——「登天梯形態」。登天梯指的是要攀登高處時所用的梯子，由於攀登的目標極高，稱之為天梯。而股市中的登天梯指的是兩根 K 線組合而成的一種形態，由於出現這種形態後，股價後市繼續慣性衝高的機率大，並且兩根 K 線組合而成的形態，看上去與天梯的形態極其相似，故稱之為登天梯形態。

這種形態的圖形是，股價在前一天拉出一根放量漲停之後，次日開低走高，再次拉出第二根漲停。雖然次日股價開低，卻能再次拉起封於漲停，說明市場上攻力量強大。如果該形態出現在市場相對低位，後市短線往往有不錯的慣性上漲。在實盤操作中，兩根 K 線可作彈性處理，若一根為漲停大陽線，另一根為接近漲停的大陽線，也可以視作登天梯形態。

1. 經典實例

登天梯形態最好在股價充分整理之後，剛剛底部止跌反轉的時候形成，而且伴隨著登天梯形態的出現，盤中要不斷地持續放量，形態才能夠更加完美，後市短線的獲利才能有保證。

如圖 1-11 高瀾股份（300499）的 K 線圖所示，該股經過長時間的整理後，成功構築底部區域。2020 年 1 月 22 日，股價放量漲停，第二天股價開低 1.72% 後，盤中直線拉漲停，成交量持續放大。兩根漲停 K 線組合構成標準的登天梯形態，股價有效突破前期盤整區，打開上升空間，之後股價出現強勢上漲行情。

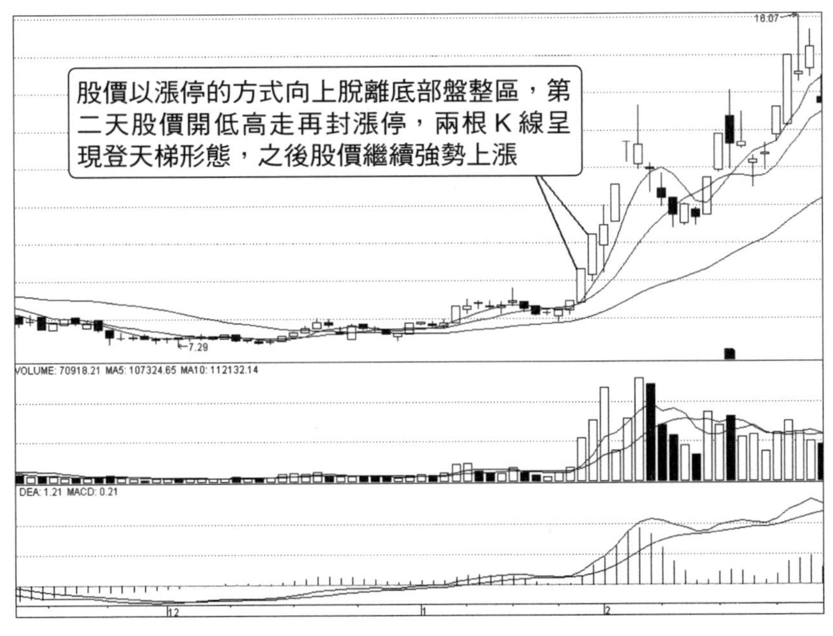

▲ 圖 1-11　高瀾股份（300499）日 K 線圖

在主升段的加速拉升過程中，也經常出現登天梯形態，這是第一天股價漲停後，主力在次日開低快速換手，然後繼續拉升，這反而給投資人一次介入的良機。因為股價一旦進入主升段階段，主力只能一氣呵成，強勢拉升，容不得主力有更多時間進行洗盤整理了，否則會影響拉升士氣，一旦失手有可能前功盡棄，功虧一簣。

如圖 1-12 天華超淨（300390）的 K 線圖所示，該股經過前期的震盪爬升行情後，股價進入加速上漲階段。2020 年 2 月 11 日，股價放量強勢漲停。第二天開低 2.12%，經過 10 多分鐘的整理後，強勢上漲再拉漲停，成交量持續放大，之後股價繼續強勢上漲。

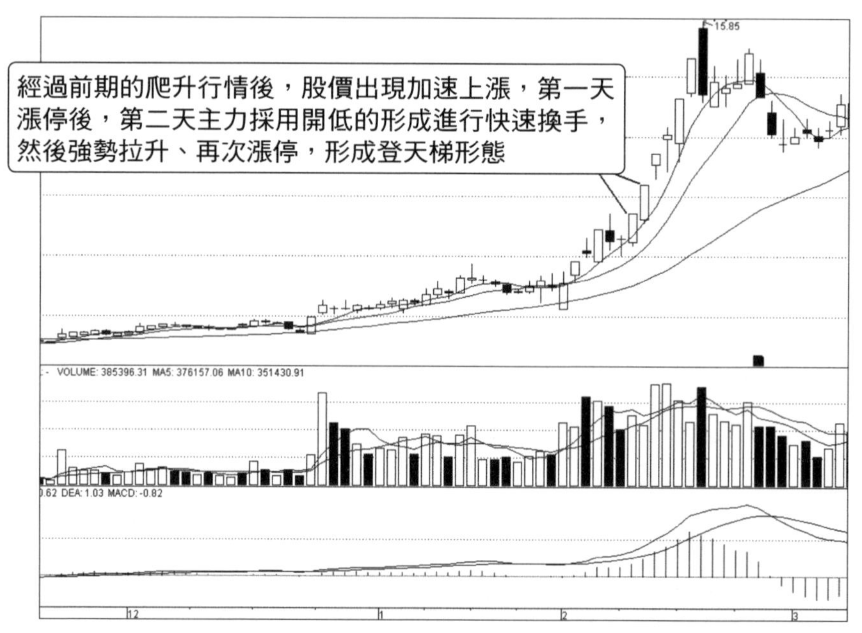

▲ 圖 1-12　天華超淨（300390）日 K 線圖

2. 操作技巧

在 K 線組合有可能形成登天梯走勢時，一定要配合成交量的持續放大，一起研判登天梯的真實性與可靠性，而且必須是在股價的相對低位，剛啟動出現上攻形態的時候。

當股價在相對低位拉出第一根放量漲停之後，可以把該股加入自選板塊中，密切關注第二天的走勢。次日該股盤中一旦開低過多，分時圖顯示該股盤中再次放量向上攻擊欲望時，不妨經由分時圖盤中提供的買賣訊號擇機介入。也可以等待該股盤中放量走高越過第一個漲停價時，掛單買入。

如果登天梯形態出現在漲幅較大的高位，就要謹防主力拉高出貨了，此時不能盲目追漲。

如圖 1-13 國電南自（600268）的 K 線圖所示，該股主力在低位吸納了大量的低價籌碼後，2020 年 4 月 14 日開始放量拉升，股價連拉 7 板，短線漲幅較大。在日 K 線中，4 月 21 日股價探底回升，尾盤強勢封板。次日開低 2.67% 後，股價強勢拉漲停。兩根漲停 K 線構成登天梯形態，但是由於該形態出現在快速上漲後的高位，不宜過分看漲，之前一天的漲停 K 線有主力出貨嫌疑，所以應謹防主力拉高出貨。可見，無論再怎麼好的技術形態，股價漲高了就要提高風險意識，所有技術形態都有其兩面性，登天梯形態也是如此。

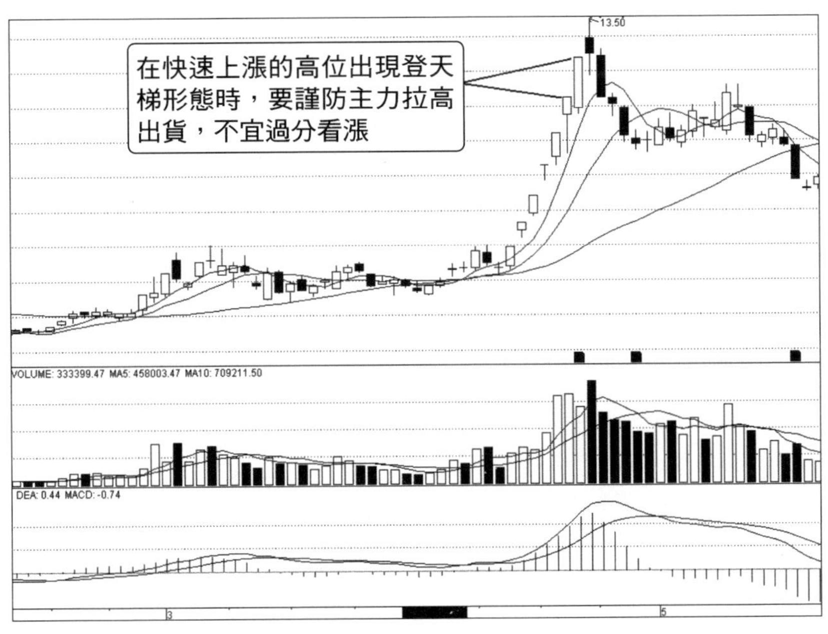

▲ **圖 1-13 國電南自（600268）日 K 線圖**

3. 風險提醒

按照分時圖提供的買點介入之後，只要股價盤中能夠持續放量，該股則極有可能當天再次拉出漲停，完成標準的放量「登天梯 K 線組合」走勢。這種走勢一旦形成，後市股價上漲的機率將大於 90% 以上，股價在兩三天之內極有可能出現借力使力的慣性上漲行情，連續快速拉升，獲得不錯的短線收益。登天梯形態在實盤中比較多見，成功機率也較高，投資人應多留意。

如果早盤股價開低放量上攻，在分時圖中沒有越過前一天漲停價之前介入的，停損位可以設置在前一個漲停的開盤價附近；如果是在分時圖越過前一個漲停價之後介入的，停損位可以設置在前一個漲停的二分之一位置；如果是在第二板追漲入場的，停損位可以設置在前一個漲停收盤價附近。如此設置停損位，可以降低風險，增加收益。

如圖 1-14 迪安診斷（300244）的 K 線圖所示，該股以登天梯的形式向上突破底部盤整區，然後回測確認，股價在第一個漲停價附近得到較強的支撐，之後股價繼續震盪攀高。可見，停損位本身也是支撐位，股價不破停損位時，可以持股或加倉。

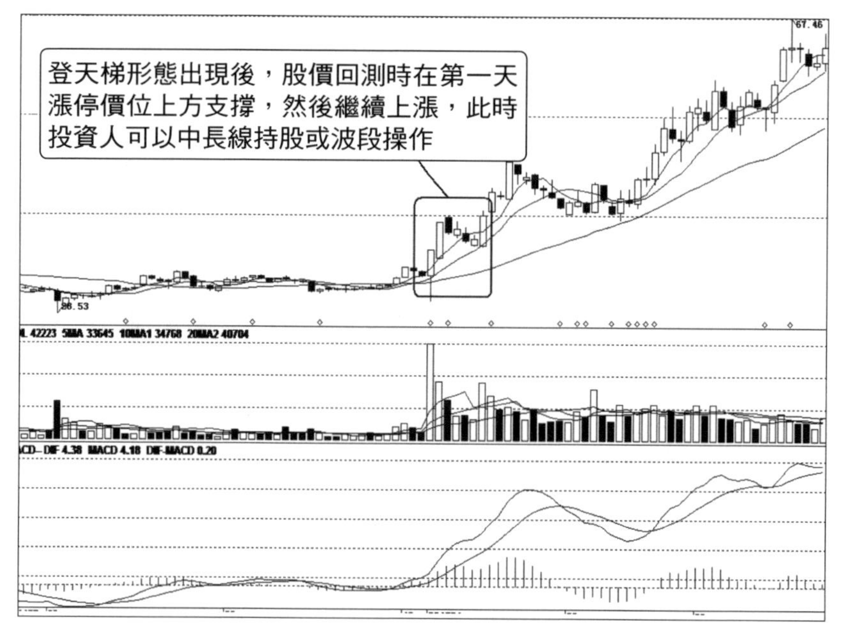

▲ 圖 1-14　迪安診斷（300244）日 K 線圖

1-2

開高後且快速漲停：多頭完全控制盤面

開高漲停有 2 種因素

開高漲停是好事，但很少有投資人真正用心去研究這個問題。開高漲停是一種非常極端的上漲特徵，股市以高於上一個交易日的收盤價開盤，而後上漲至漲停，表示主力願意以更高的價格買進股票，同時也防止市場散戶撿到便宜貨，說明市場處在強勢之中，多頭完全控制盤面。一般情況下，開高漲停由以下兩種特別的因素所決定。

其一，受突發的利多消息所刺激。如國家政策性利多、上市公司重大重組事件、上市公司業績大幅提升等。其二，受主力投入鉅資在集合競價時買入所致。一般情況下，主力為了提高散戶跟風買進的成本，而大幅拉高股價，以促使更多散戶在高價區買入，為自己將來出貨打下基礎。

開高快速漲停的技術分析

所謂快速漲停，通常是指開盤後股價在半小時內到達漲停位置。強勢股全天封單不動，有的個股因某些原因，如主力洗盤換手、遇其他大戶賣壓或遇大盤跳水等，盤面可能會有一次或若干次開板，但最終當天都能封於漲停。開高漲停顯示出盤面強勢，做多熱情高漲，後市行情樂觀。

這種漲停方式一定要結合盤面形態、趨勢和價位進行分析。如果在上漲趨勢之中，前期形態良好，價位又不高，這時出現開高快速漲停時，有加速上漲之勢，可以直接在開盤價買入；如果在跌勢之中出現的開高快速漲停，多數為反彈行情，可在昨日收盤價或今日均價線附近輕倉介入，或等待股價回落到昨日收盤價附近進場，以短線操作為主；如果在盤整之中，結合大盤強弱視情而定，出現突破走勢的話，以中短線波段操作為主。

1. 開高快速直線拉漲停

股價開高後不作任何形式的整理，而是伴隨著成交量的同步放大，直接向上拉升，甚至直線式一波拉至漲停。這種拉升方式顯示出盤面強勢，主力做多堅決，後市股價續升可期。

這種漲停方式如果出現在漲勢之中，股價具備良好的上漲基礎，後市股價繼續看漲，投資人可以大膽參與，請看下面這個實例。

如圖 1-15 軸研科技（002046）的 K 線圖所示，該股主力完成建倉計畫後，股價放量向上拉起，2020 年 5 月 8 日和 11 日，股價開高後快速漲停，股價呈直線式上漲，盤面勢如破竹，不可阻擋。在日 K 線圖中，該股處於突破後的加速上漲階段，前兩天都是漲停 K 線。在這樣的盤勢之中，多頭力量自然噴薄而出，股價拉升如利劍出鞘，不到絕頂不甘休。投資人遇到這樣好的形態時，可以在開盤價上方或漲停價位掛單買入，享受短期暴利帶來的樂趣。

這種漲停方式如果出現在跌勢之中，股價上漲基礎是不扎實的，漲停也是不可靠的，後市股價不宜過分樂觀，短線技術高手可以輕倉參與，一般散

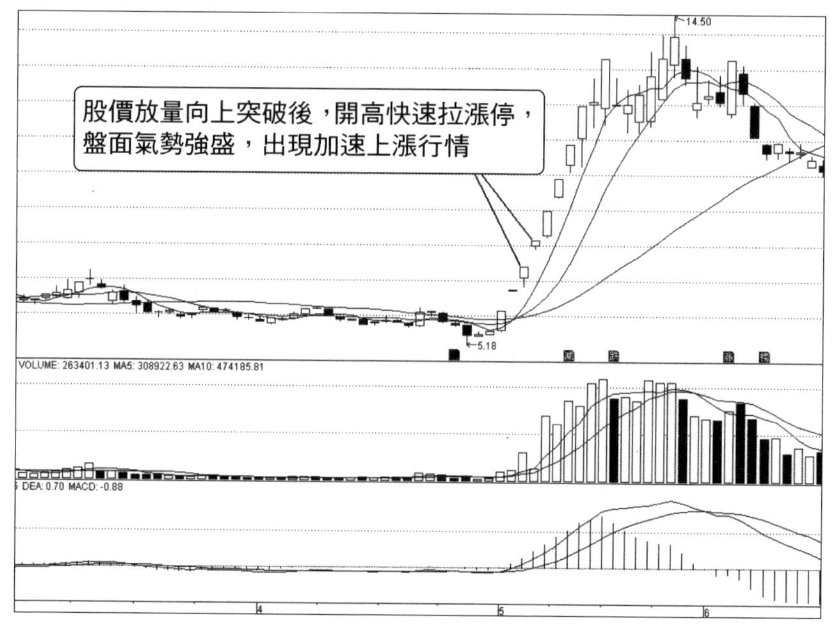

▲ 圖 1-15　軸研科技（002046）日 K 線圖

戶還是觀望為宜，下面這個實例就是很好的佐證。

如圖 1-16 長城影視（002071）的 K 線圖所示，該股出現在跌勢之中，股價經過一波下跌後出現反彈，2020 年 4 月 9 日開高後直接向上拉至漲停。在分時走勢中，該股與前一個實例沒有多大的區別，但日 K 線形態完全不同，前一個實例發生在升勢之中，而該股出現跌勢之中，後市漲幅和持續性就值得懷疑。所以，跌勢之中的開高快速漲停，不僅要謹慎對待，而且是短線減倉的機會。

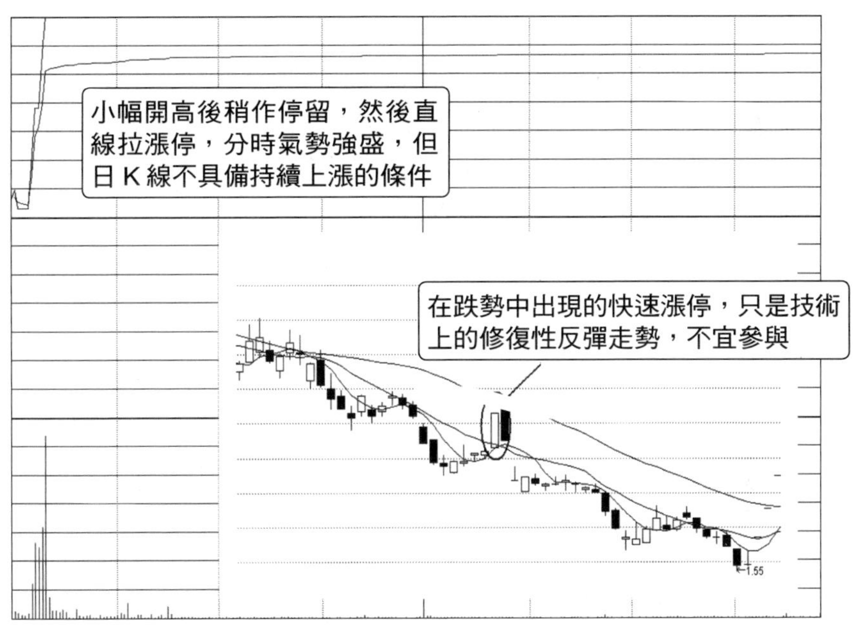

▲ 圖 1-16　長城影視（002071）日 K 線和分時走勢圖

這種漲停方式如果出現在盤局之中，股價上漲基礎也不好，市場運行方向不明確，技術高手可以短線參與，一般散戶應保持觀望。盤局行情比較複雜，可以分為漲勢中途盤局、跌勢中途盤局、高位築頂盤局和低位築底盤局，在技術分析時務必弄清盤局的性質。也就是說，明確了市場屬於哪種盤局，才能對後市作出較為客觀的結論，避免操作失誤。

2. 開高震盪之後拉漲停

股價開高後不直接上漲，也不明顯打壓，而是圍繞開盤價進行短暫的震盪走勢，然後向上發力拉升，甚至直線式一波拉漲停。這種拉升方式盤面也十分強勁，主力對籌碼掌握得比較好，集拉、洗、試於一體的操盤模式，後市股價向上。

這種漲停方式也要區別升勢中的漲停、跌勢中的漲停和盤局中的漲停。這幾種漲停的後市走勢是大不相同的，投資人可結合上述的幾種思路，自我做歸納，這裡舉幾個典型的實例進行分析。

如圖 1-17 所示，該股主力在低位完成建倉計畫後，放量向上拉起，脫離底部區域。2020 年 4 月 14 日，股價開高 1.27%，開盤後主力並不急於拉升，而是在開盤價附近作震盪整理，充分消化上檔壓力，然後股價快速二波拉至漲停。這種漲停方式正好給散戶一個買入的良機，散戶可以在開盤價或均價線附近買入，或者快速拉升時追進。

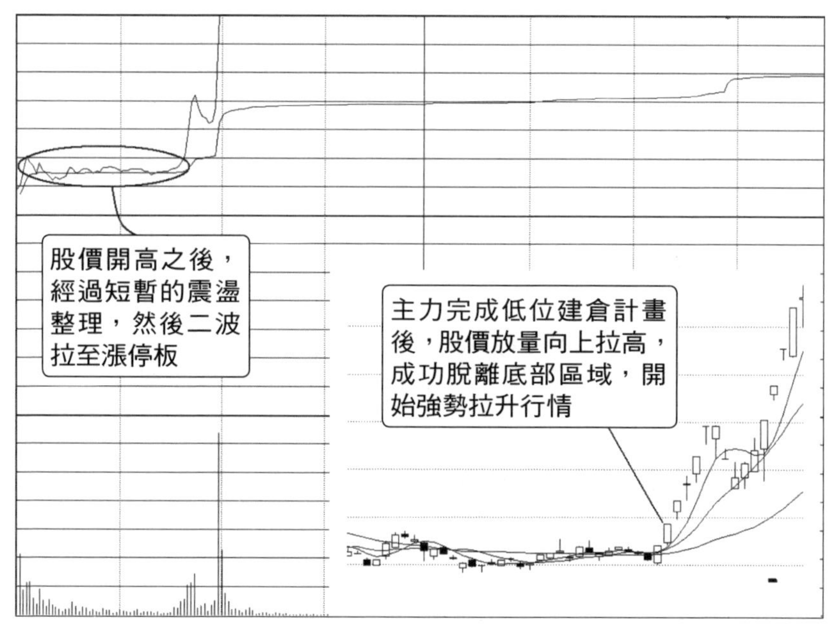

▲ 圖 1-17　神馳機電（603109）日 K 線和分時走勢圖

如圖 1-18 所示，該股在長時間築底過程中，主力成功吸納了大量的低價籌碼。2019 年 12 月 31 日，股價跳空開高 5.04%，然後進行短暫的震盪整理後股價開始快速直線拉漲停，且全天封盤不動，突破前期高點壓力。突破之後出現短期蓄勢整理，2020 年 1 月開啟一波主升段行情。投資人遇到這種盤面時，可以在開盤價附近介入，或者快速拉升時追進，或是在隨後股價回落到缺口附近時進場，對穩健型投資人來說，也是一個不錯的時機。

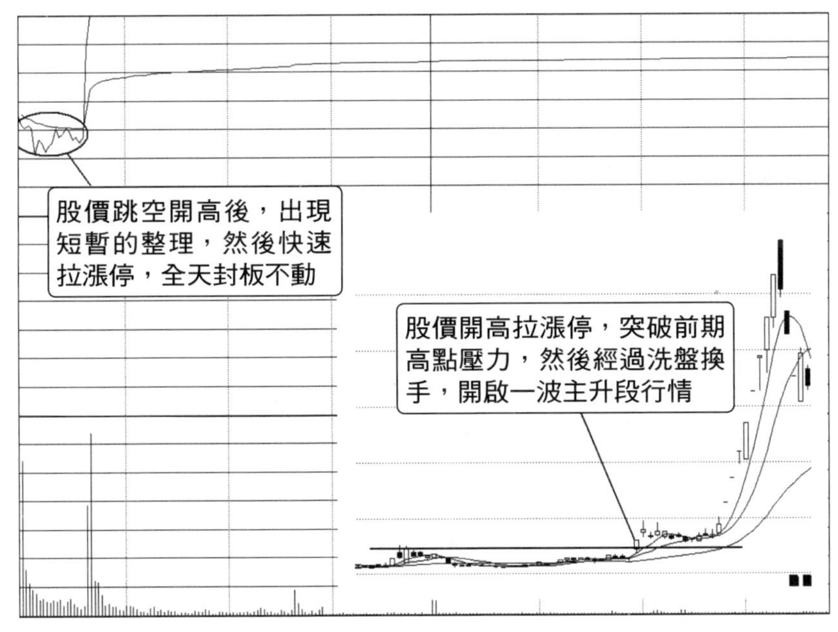

▲ 圖 1-18　魯抗醫藥（600789）日 K 線和分時走勢圖

3. 開高下探之後拉漲停

股價開高後先出現一波小幅的下探走勢，然後向上發力拉升，甚至直線式一波拉漲停，在日線上形成一根帶有下影線的漲停 K 線。這種拉升方式盤面也非常強勁，主力基本上達到高度控盤，下探的目的是為了震倉作用，嚇唬膽小散戶離場，然後在快速拉升過程中，又有一批浮動籌碼退出，隨後把股價拉至漲停。

通常下探的幅度不會很深，在昨日收盤價附近基本上會扭頭向上拉起，稍大一點的也不會超過3%的跌幅。如果下探幅度大了，就會增加之後的拉升難度，也影響到市場人氣。當股價開高後下跌幅度超過3%時，這可能不是正常的下探動作，而且真正的弱勢下跌，當天大多不會再拉漲停。

如圖 1-19 所示，該股主力向下打壓製造空頭陷阱後，股價出現止跌回升走勢，很快地返回到前期盤整區附近。2020 年 2 月 25 日，股價小幅開高後，盤中出現回探走勢，然後放量直線拉漲停，一舉向上突破前期整理盤整區，從此開啟一波主升段行情。

主力這麼做的目的是讓短線獲利者離場，並做加倉和洗盤，然後頑強拉升，一波式拉漲停。投資人遇到強勢個股時，開高回落而幅度不深，在強行拉起時要敢於買入，後市往往是一波快速拉升行情。

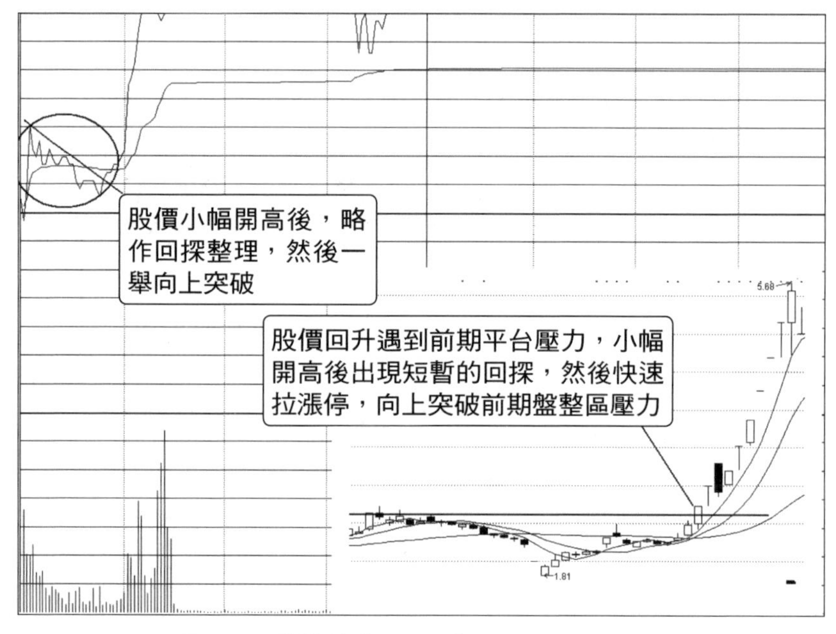

▲ **圖 1-19　搜於特（002503）日 K 線和分時走勢圖**

這種拉升方式大多出現在大盤或個股非常火爆時段，主力利用市場人氣拉升股價，講究的是速戰速決策略，不允許主力有更多時間的迴旋餘地，因此後面仍有不錯的衝高行情。

如圖 1-20 所示，該股經過快速打壓後漸漸回升，股價向上脫離底部區域，做多動能得到進一步聚集。2020 年 5 月 29 日，跳空開高 3.58%，之後股價向下稍作回探，短期浮動籌碼得到換手，股價出現直線拉漲停。從日 K 線來看，股價前幾個交易日非常強勁，行情不可能就此結束，下探之後一定有回升行情出現，所以在下探時買入勝算率較高，被套的可能性不大。

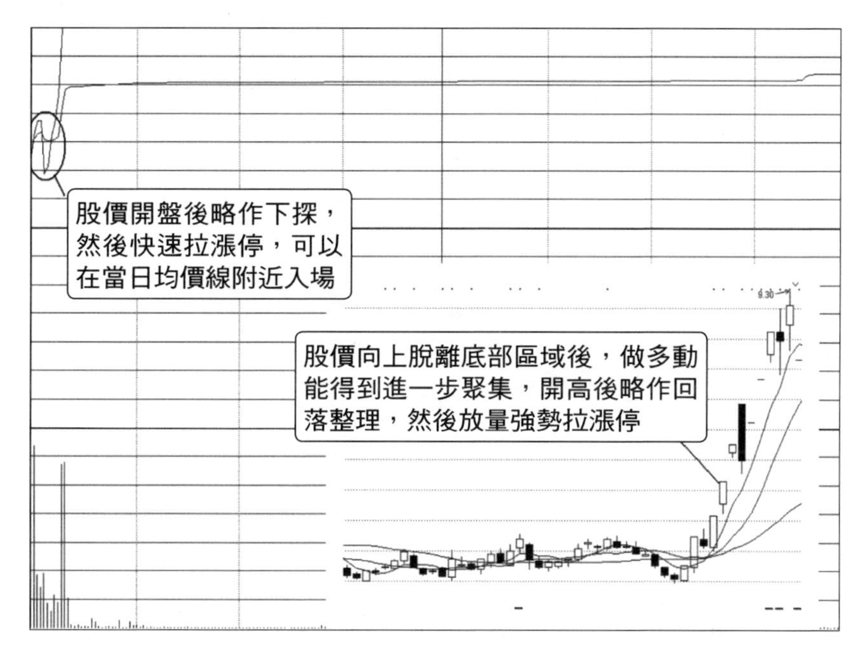

▲ 圖 1-20　佳雲科技（300242）日 K 線和分時走勢圖

開高漲停類型

一般來說，開高漲停是強勢盤面的表現，預示後市行情走勢較樂觀，但是不同階段、不同位置出現的開高漲停，其技術分析意義和實盤操作價值是不相同的。

1. 跌勢反轉

市場經過長期的下跌整理到了底部區域，股價幾乎跌無可跌，此時出現開高漲停時，意味著股價即將見底反轉，是一個見底訊號。其盤面特徵為：

⑴ 股價前期大幅下跌或長時間整理，最好跌幅超過50%。

⑵ 前期成交量大幅萎縮，交投十分低迷。

⑶ 股價遠離長期均線（如半年線、年線）。

其操作技巧為，在昨日收盤價附近輕倉介入，穩健型投資人等待股價真正轉強後買進。如有利多配合，可以直接在開盤價介入。

如圖 1-21 天成控股（600112）的 K 線圖所示，該股整理時間較長，累計跌幅較大，已無下跌空間。2020 年 5 月 21 日股價開高，然後一波拉漲停，盤面非常強勁。出現如此強勁的拉升，說明跌勢將告一段落，股價進入短線反彈階段，投資人不妨積極做多。

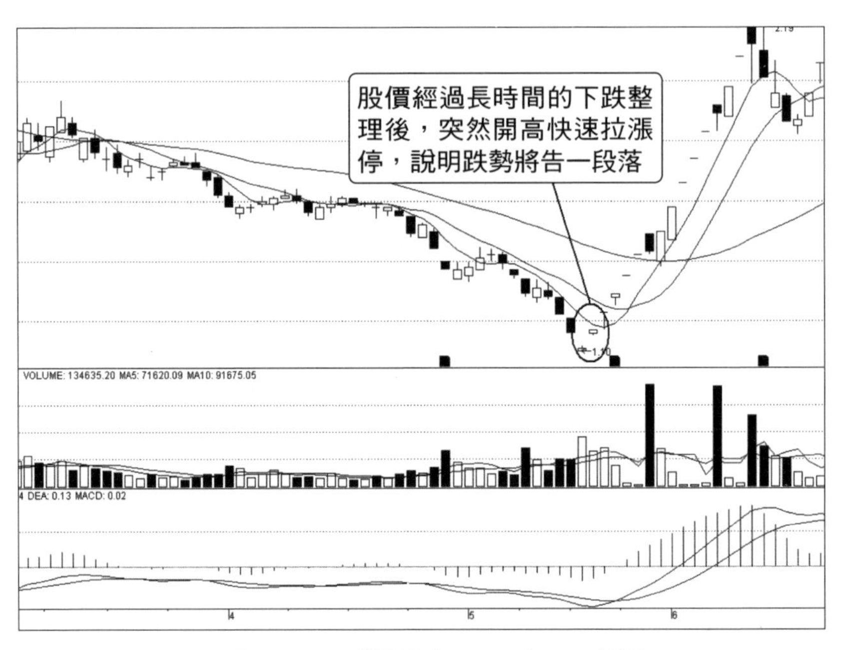

▲圖 1-21　天成控股（600112）日 K 線圖

2. 拉高建倉

有時候主力未能在低位拿到足夠多的低價籌碼，又因時間緊迫（如公司重磅利多即將公佈），這時主力不得不選擇拉高建倉手法，高價收購散戶的籌碼。這對主力來說，雖然成本高了一些，但可以節省時間成本，一樣划算。其盤面特徵如下：

⑴ 股價前期大幅下跌或長時間整理，最好跌幅超過 50%。

⑵ 前期成交量大幅萎縮，交投十分低迷。

⑶ 股價處於築底階段，整理時間充分，盤面已有止跌跡象。

其操作技巧為，短線可以在開盤價、今日均價線附近輕倉介入。或是等待股價回落到昨日收盤價附近進場，因為此階段股價大多出現再次回檔走勢，當天的開盤價基本上是主力的成本價，在此買入較為穩妥。如有利多配合，可以直接在開盤價介入。

如圖 1-22 所示，該股經過長時間的整理後止跌盤整，主力暗中悄然吸納低價籌碼。2020 年 1 月 23 日，跳空開高 2.82%，稍作整理後快速拉漲停，形成突破之勢，但封盤並不堅決，反覆開板，前期低位跟進的散戶見封盤不堅決，便選擇獲利退出。主力輕鬆接走籌碼，為了保持盤面的完整性，尾盤還是以漲停收盤。但第二天股價突然跌停，使股價重回盤整區之內，第三天又大幅開低 3.46%，然後震盪拉高封漲停。經由兩天的異常走勢，主力加快建倉步伐，並產生一波強勢拉升行情。

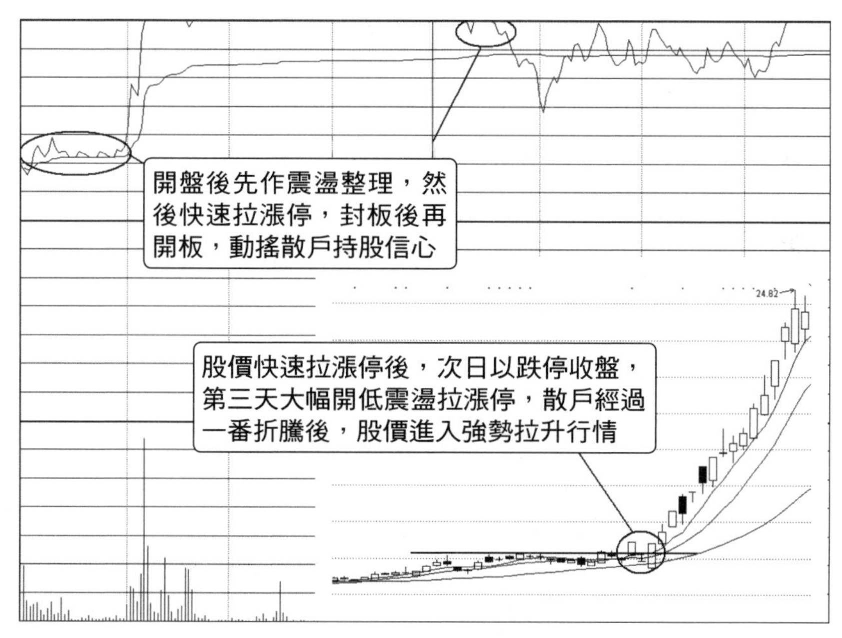

▲ 圖 1-22 天銀機電（300342）日 K 線和分時走勢圖

3. 整理結束

股價整理可以分為下跌後的築底整理，和漲勢中的蓄勢整理兩種。築底整理通常是股價經過長時間的下跌整理後，在低位成功構築底部形態，常常以開高漲停的方式結束整理走勢，這種整理方式一般需要3個月左右的時間。蓄勢整理通常是股價已經見底，並有小幅回升，由於主力洗盤換手，股價出現滯漲震盪，然後以開高漲停的方式向上突破。這種整理方式在20個交易日內結束，強勢市場中3~5個交易日就結束整理。其盤面特徵如下：

⑴ 股價前期累計跌幅較大，出現長時間的築底走勢。或小幅上漲後，籌碼換手積極，蓄勢充分。

⑵ 成交量出現不規則的脈衝式放量，但沒有持續性，表示多頭蠢蠢欲動。

⑶ 均線系統呈現黏合或頻繁交叉，或已經初步形成多頭排列。

其操作技巧為，在築底整理中，可以在股價回檔到前一日收盤價或當日均價線附近買入，穩健型投資人可以等待股價回落止跌時進場；在蓄勢整理中，可以直接在開盤價掛單，或當日均價線附近買入。

如圖1-23所示，這是築底整理的實例。主力向下打壓製造空頭技術陷阱，止跌後漸漸向上回升，2020年3月4日股價跳空開高5.83%後，直線「秒

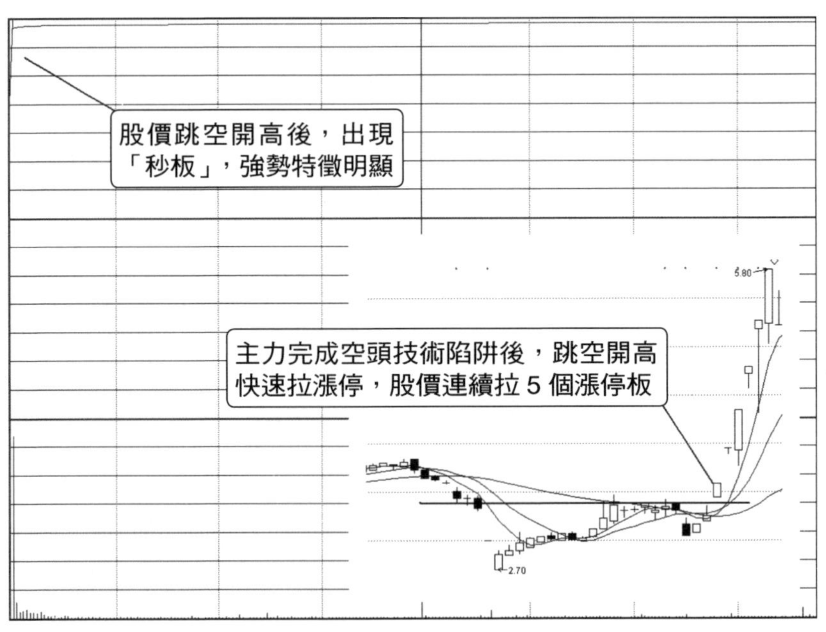

▲圖1-23　遠大智控（002689）日K線和分時走勢圖

板」，封盤不動，從而產生一波快速拉高行情。這類個股散戶可以直接以開盤價或漲停價掛單買入，如有開板的話，也可以在開板之時入場。

如圖 1-24 所示，這是蓄勢整理的實例。該股成功構築底部後，2020 年 5 月 29 日向上突破，脫離底部區域。然後回落蓄勢整理，也是對突破的一次回測確認過程，股價回檔到突破起漲點附近，該位置對股價具有較強的支撐作用，阻止股價進一步走低。6 月 9 日開高 1.67% 後，出現「秒板」，之後股價出現加速上漲。

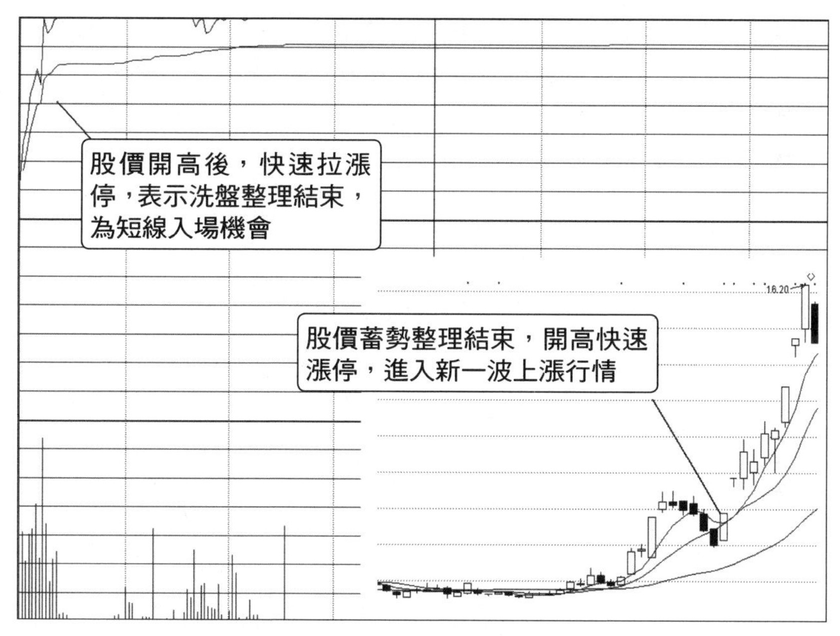

▲ 圖 1-24　百聯股份（600827）日 K 線和分時走勢圖

4. 主力試盤

主力完成建倉計畫後，在進入拉升之前，往往要對盤面進行一次測試，觀察市場賣壓和跟風情況，以檢驗籌碼鎖定性，從而決定是否拉升以及採用何種方式拉升，所以此時也經常出現開高漲停的情況。其盤面特徵如下：

⑴ 盤面整理蓄勢充分，股價即將進入拉升。

⑵ 均線系統呈黏合或初顯多頭排列。

操作技巧為，短線可以在開盤價、當日均價線附近輕倉介入。中線將此作為一個提示訊號，等待股價回落止跌並再度走強時進場，以回檔30日均線作為買入點。

如圖1-25凱撒文化（002425）的K線圖所示，該股長時間處於底部震盪，主力成功完成建倉計畫，在進入拉升之前，出現了兩次明顯的試盤現象。第一次是2020年4月28日向下打壓試盤，以測試底部支撐情況；第二次就是5月8日向上拉高試盤，以檢驗市場跟風情況。先下後上兩次試盤，效果很好。

5月8日股價開高1.59%後，直線「秒板」，全天封盤不動，之後出現短期的蓄勢整理，當股價回落到30日均線附近時，得到有力支撐而再次走強，之後進入強勢上漲行情。這類個股通常有兩個買點，一是30日均線附近逢低埋伏，二是向上突破之時積極跟進。

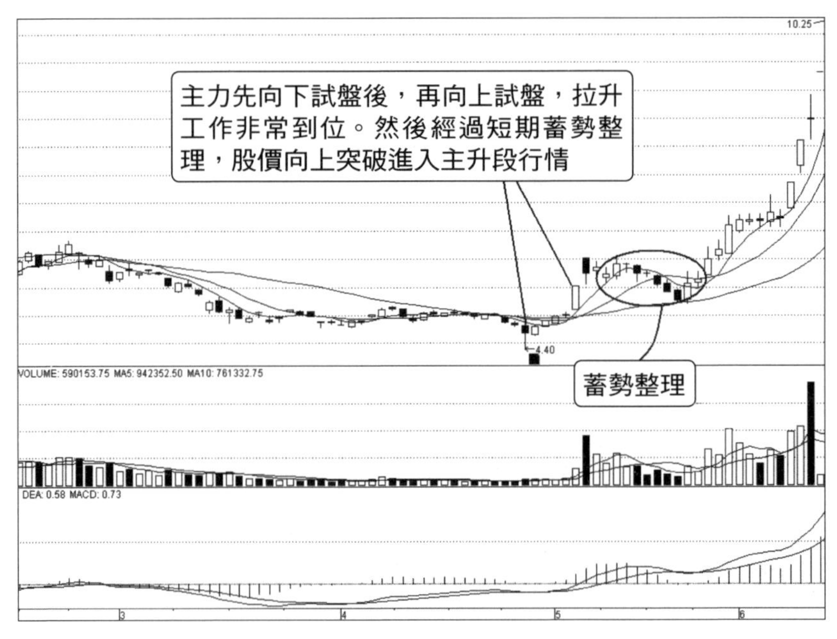

▲圖1-25　凱撒文化（002425）日K線圖

5. 超跌反彈

前期股價大幅下跌或短期急跌後，股價出現超賣現象，此時容易產生開高漲停。由於這種漲停是對技術的一種修復性走勢，一般難以扭轉市場下跌趨勢，反彈之後仍將以下跌為主。其盤面特徵如下：

⑴ 市場處於下跌趨勢之中，盤面弱勢難改。

⑵ 股價向下遠離移動平均線，有向上回歸均線附近的要求。

其操作技巧為，以短線參與為主，在昨日收盤價或今日均價線附近介入較好。強勢反彈在 30 日均線附近賣出，弱勢反彈在 10 日或 5 日均線附近賣出。

如圖 1-26 棕櫚股份（002431）的 K 線圖所示，該股反彈結束後快速下跌，短期股價遠離 30 日均線，需要反彈修復技術形態。2019 年 5 月 16 日，大幅跳空開高 4.68% 後，盤中出現「秒板」，全天封板不動，看似非常強勢，實屬反彈走勢。在日 K 線中，短期股價出現急跌行情，指標嚴重超賣，技術上需要一次反彈走勢來修復，次日開高後快速回落走低，之後股價繼續盤弱。這種反彈行情一般持續時間不會很久，投資人應適可而止，防止後市股價繼續下跌。

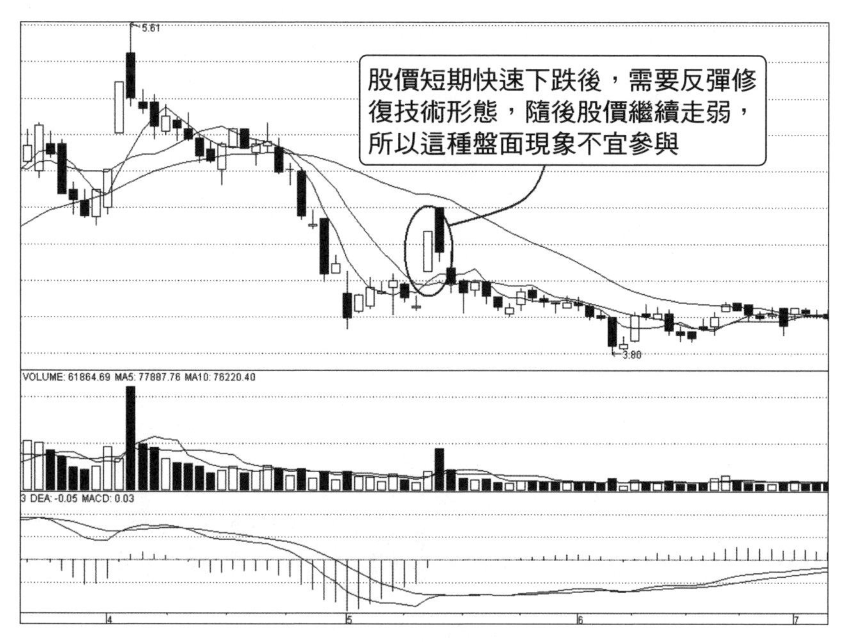

▲ **圖 1-26　棕櫚股份（002431）日 K 線圖**

6. 拉高出貨

漲停出貨是主力常用的操盤手法，經由製造虛假的成交量，進行誘多拉升，誤導散戶入場接單。所以，在大幅上漲後的高價區域出現的開高漲停現象時，要多提防主力出貨，不應盲目追漲。其盤面特徵如下：

⑴ 股價處於高位，波段漲幅超過 50%，累計漲幅超過一倍，特別是已有二～三倍以上漲幅的個股要格外小心。

⑵ 成交量較大，主力對敲行為明顯。

⑶ 股價遠離中長期移動平均線，如半年線、年線等。

其操作技巧為，不提倡追漲操作。若是短線技術高手，可以在股價回落到昨日收盤價或今日均價線附近輕倉操作，倉位在 30% 以下較合適。原先持股者在漲停價附近賣出，守住獲利，持幣觀望。

如圖 1-27 九鼎新材（002201）的 K 線圖所示，該股從 2019 年 7 月 18 日開始出現兩波較大的上漲行情，短期股價漲幅超過三倍。9 月 5 日，大幅跳空開高 7.81% 後，盤中出現「秒板」，似乎股價要展開第三波上漲行情。但第二天股價開高走低，接近跌停收盤，成交量較大，顯然有主力對倒出貨。

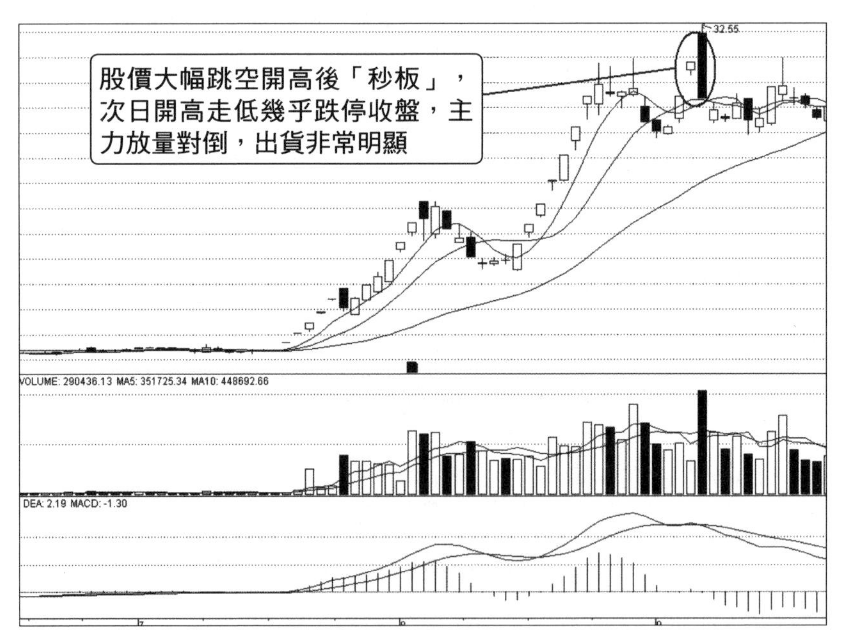

▲ 圖 1-27　九鼎新材（002201）日 K 線圖

這個漲停就是典型的最後拉高動作，此後股價開始下跌。

那麼，為什麼說這是最後的拉高走勢呢？一是次日股價巨大收黑，表示賣壓加重；二是已經出現滯漲跡象，風險即將來臨；三是實盤中很少有第三波強勢上漲行情，主力也沒有力量繼續拉升股價。

依開高幅度等級分析

股價開高可以反映出主力操縱股價的動向，也顯示出主力對籌碼的控制程度。開高幅度的大小，不僅能夠展現主力的實力強弱，更能反映主力的控盤意圖，以及盤面氣勢和運行趨勢，所以對當日及後續股價走勢產生重要影響。根據開高的幅度大小，可以分為以下幾個等級：

1. 正常開高

這個等級的股價開高幅度小於2%，要求股價處於上升趨勢之中。股價回檔不破當日開盤價，或者開高回檔不破前一日收盤價，最多只能稍稍跌破前一日收盤價後快速拉起。

操作技巧為，符合上述條件的，出現持續放量，可以在股價回檔到昨日收盤價附近時跟進做多，也可以在當日均價線附近買入，或者在漲停價及次日強勢上漲時跟進。

如圖 1-28 八方股份（603489）的 K 線圖所示，這是回檔末期的實例。該股大幅整理結束後，出現止跌回升走勢，形成堅挺的上升趨勢線，股價多次回檔到 30 日均線附近，由於 30 日均線堅挺上行，對股價形成強勢支撐。2020 年 4 月 30 日和 5 月 29 日，股價小幅開高後，均出現強勢的盤升拉漲停走勢。這類個股在分時級別上，股價回落到當日均價線或前一日收盤價附近時做多；在日線級別上，可以在 30 日均線附近做多。

如圖 1-29 所示，這是上漲中繼平台整理末端的實例。股價經過小幅上漲後形成平台整理，2020 年 4 月 16 日股價開高 1.11%，然後穩步向上推升，之後股價封於漲停。針對這類個股，投資人可以根據當日分時走勢情況，在前一日收盤價附近或當日均價線附近逢低買入，也可以在封板時跟進。

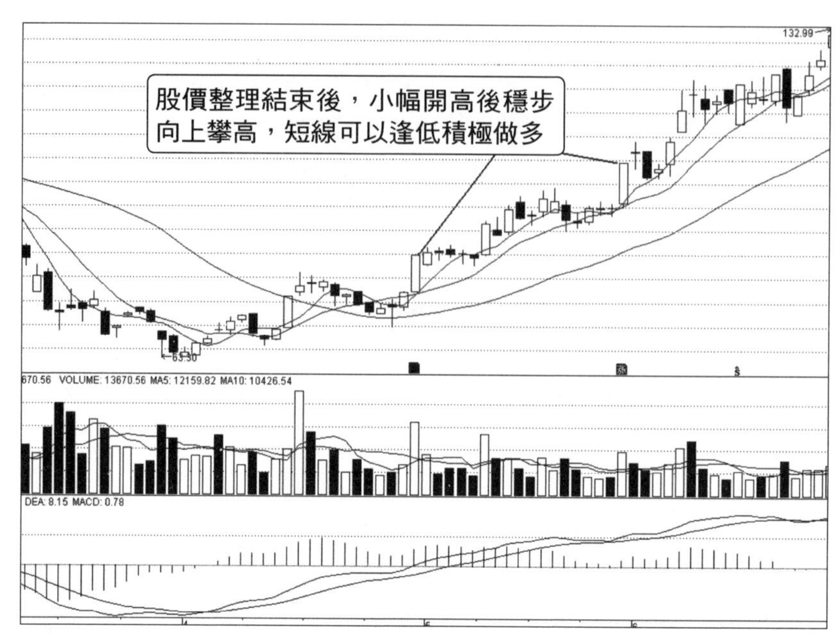

▲ 圖 1-28　八方股份（603489）日 K 線圖

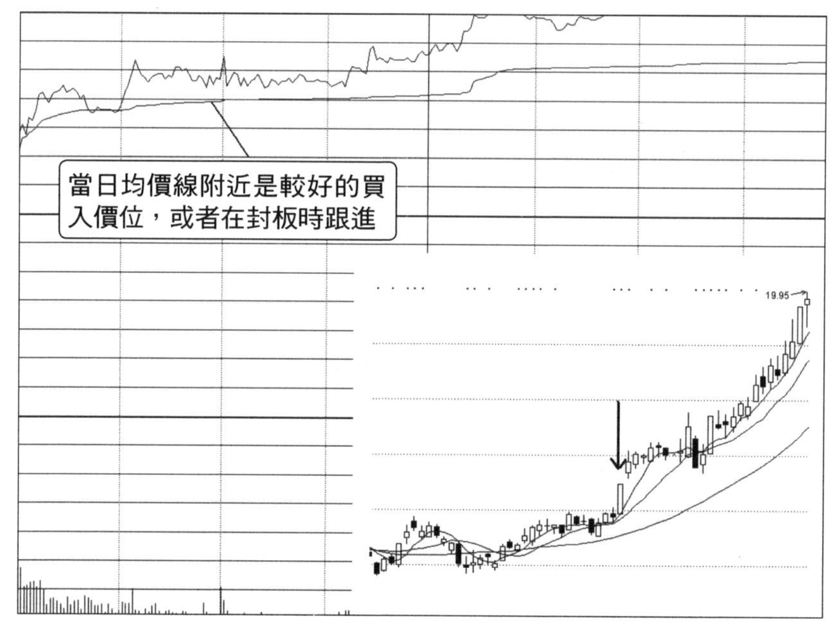

▲ 圖 1-29　南極電商（002127）日 K 線和分時走勢圖

2. 強勢開高

股價開高幅度在 2%~4%，股價處於強勢之中，上升趨勢明顯，或者進入加速上漲階段。股價回檔不破前一日收盤價、不破當日開盤價、不破當日均價線，偶爾跌破也會很快拉起。

實盤技巧為，在前一日收盤價、當日開盤價或當日均價線附近買入，也可以直接以開盤價買入，或者在漲停價及次日強勢上漲時追進。

如圖 1-30 所示，該股主力完成低位建倉後放量向上突破，2020 年 6 月 10 日強勢拉漲停，日 K 線呈現「上升三法」形態，次日開高 2.94% 後，不作任何回檔，而是直接「秒板」，之後幾日股價出現快速上漲。

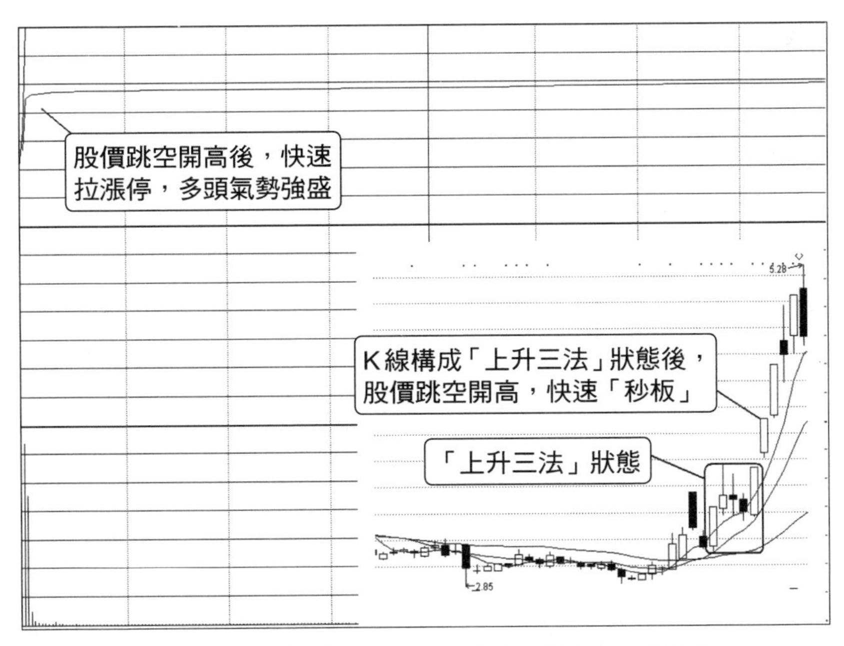

▲ 圖 1-30　華聞集團（000793）日 K 線和分時走勢圖

如圖 1-31 所示，該股主力在低位吸納大量低價籌碼後，2019 年 12 月 20 日一根放量漲停大陽線拔地而起，股價成功脫離底部區域。第二天延續強勢跳空開高 1.97%，盤中一筆打壓後迅速拉起，一波拉至漲停，全天股價封板不動，為實現 6 連續漲停板發揮了關鍵作用。投資人遇到這種走勢時，可以在股價快速打壓之時買入，也可以在拉高時跟進，或在漲停價位追進。

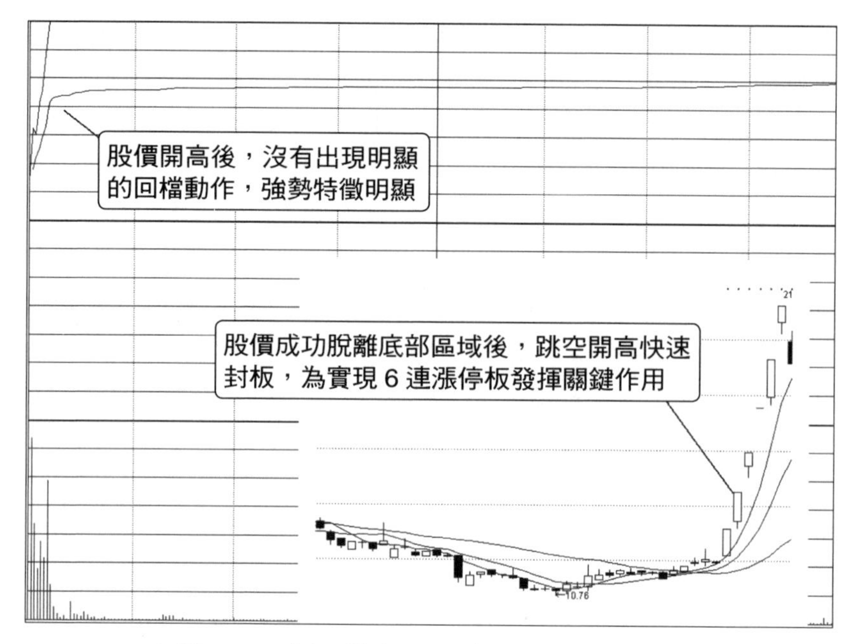

▲ 圖 1-31　威唐工業（300707）日 K 線和分時走勢圖

3. 超強開高

股價開高幅度 4%~7% 處於強勢之中，上升趨勢明顯，或處於加速上漲階段。股價回檔不破前一日收盤價、不破當日開盤價、不破當日均價線，偶爾跌破也會迅速拉起。

實盤技巧為，在前一日收盤價、當日開盤價或當日均價線附近買入，也可以直接以開盤價買入，或者在漲停價及次日強勢上漲時追進。

如圖 1-32 所示，該股成功構築底部後開始向上緩緩走高，均線系統呈現多頭發散。2019 年 10 月 18 日跳空開高 4.36% 後，在連續交易時一波拉漲停，股價成功向上突破，開啟一波快速拉升行情。投資人遇到這種開高盤面時，應直接以開盤價或漲停價買入。

如圖 1-33 所示，該股前期小幅上升後，出現震盪整理走勢，盤面呈現箱體運行。2020 年 5 月 26 日，股價跳空開高 5.54% 後，盤中不作任何回檔，而是直接快速「秒板」，盤面氣勢十分強盛。投資人遇到這類個股時，應直接以開盤價或漲停價買入。

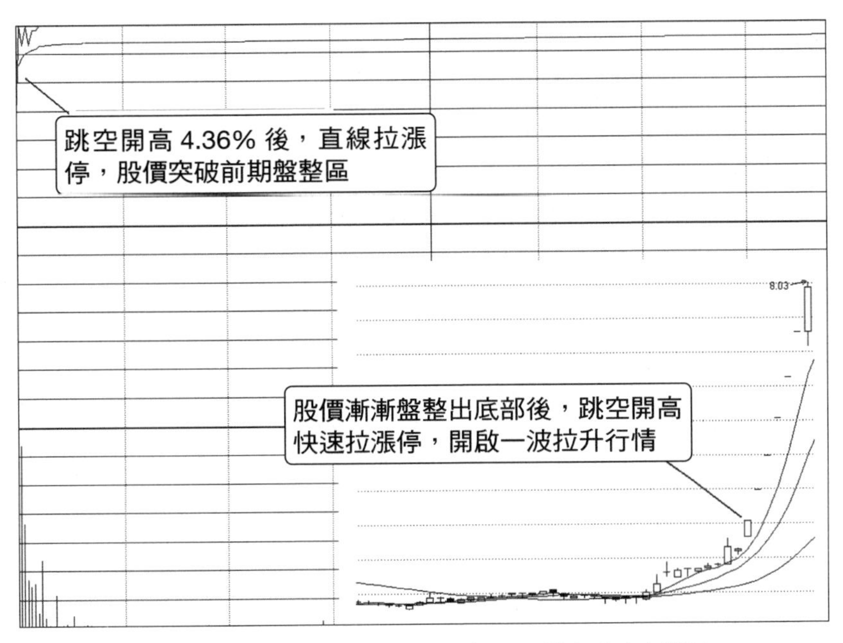

▲ 圖 1-32　魯商發展（600223）日 K 線和分時走勢圖

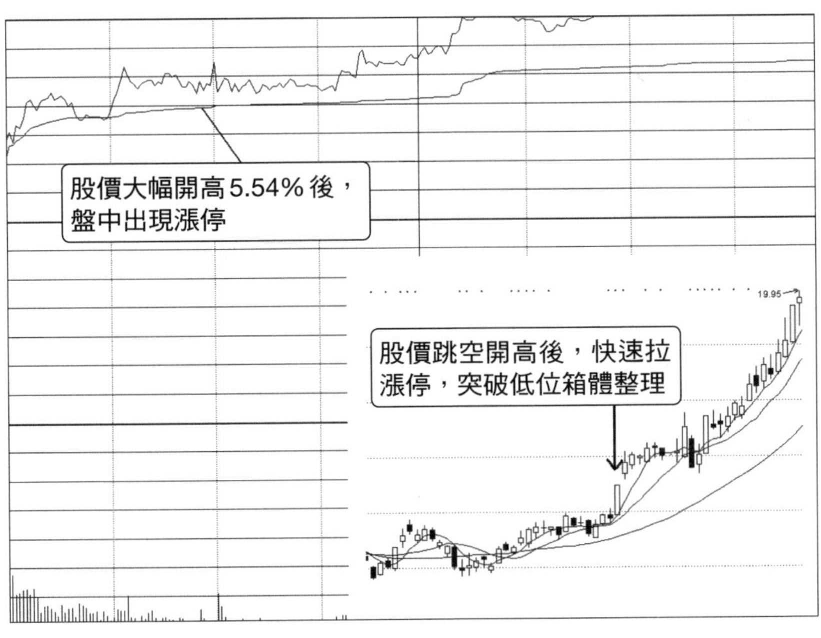

▲ 圖 1-33　藍帆醫療（002382）日 K 線和分時走勢圖

4. 極強開高

股價開高幅度 7% 以上，股價處於強勢之中，上升趨勢明顯，或處於加速上漲階段。股價回檔不破昨日收盤價、不破當日開盤價、不破當日均價線，偶爾跌破必須快速拉起。

這種盤面上漲速度非常快，不少個股在連續交易時立即拉漲停，因此投資人可以直接以開盤價半倉買入。穩健型投資人可以在前一日收盤價、當日開盤價或當日均價線附近買入。

如圖 1-34 所示，該股主力向下打壓製造空頭技術陷阱後，股價漸漸止跌向上爬高。2020 年 6 月 1 日，跳空開高 6.93% 後，股價直線拉漲停，順利突破前高壓力，反映主力操盤手法強悍，預示股價將進入拉升行情，投資人此時應積極關注。

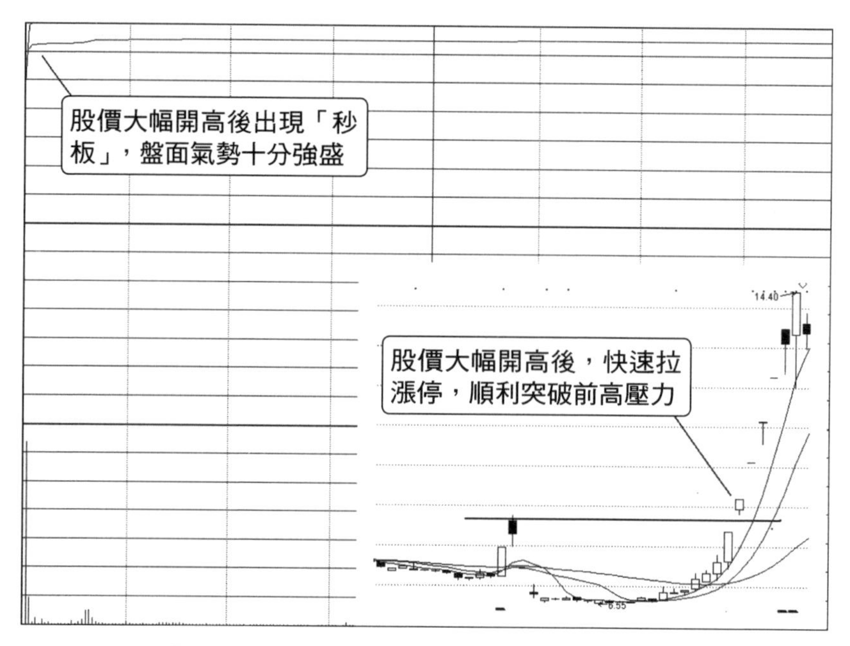

▲ 圖 1-34　百廣股份（002187）日 K 線和分時走勢圖

如圖 1-35 所示，該股小幅上漲後進行平台整理，主力對盤中浮動籌碼進行換手處理。2020 年 2 月 20 日向上突破，收出放量漲停大陽線，上漲空間被有效打開。第二天延續強勢走勢，股價跳空開高 8.24% 後快速拉漲停。

為了日後能順利拉升，封板後「開閘放水」，之後再次封板，股價進入加速上漲階段。對於突破後的開板洗盤個股，投資人可以積極關注。

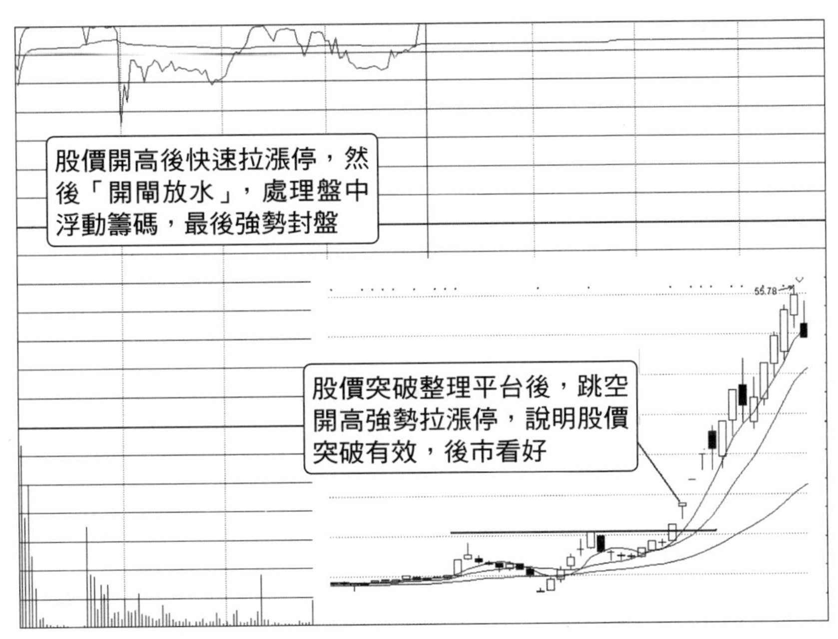

▲ 圖 1-35　上海洗霸（603200）日 K 線和分時走勢圖

上述四個等級的開高幅度標準，沒有太多本質上的區別，只是為了強化這方面的理解。當然，在實盤時還是開高越多越好，開高越多對後期趨勢的影響越大。但實盤中必須要有成交量的積極配合，否則可能會成為主力誘多的犧牲品。

那麼成交量又有什麼標準呢？不能一概而論，應根據該股較長一段時間的放量情況，來鑑別是否屬於正常放量上漲，若以統一的量化標準來研判是否屬於放量，是很不科學的。

1-3

從 4 個要素分析漲停盤面

關於漲停的時間

漲停時間早的比晚的好，最先漲停的比尾盤漲停的好得多。**一般情況下，在當天交易中第一個封漲停的最好，漲停時間最好限制在 10:10 分以前**。因為短線跟風盤十分注意當天出現的機會，出現在前面的漲停股票，最容易吸引短線盤的目光，並且在開盤不久就能漲停，也說明主力是有計劃進行拉高，不會受大盤當天漲跌大小影響（相對於強勢股而言）。

如果這時技術形態也不錯，在眾人的集體追捧下，漲停往往能封得很快，而且買單可以堆積很多，上午收盤前成交量就可以萎縮得很小，在下午開盤時就不會受到什麼衝擊，漲停封死的可能性就非常大，第二天獲利也就有了基本保障。

下午開盤後，能在 1:15 以前封漲停的也是相當不錯。在開盤不久就能封漲停，表示主力有拉高計畫，只是由於短線盤很多，已經集中在上午的漲停，下午的漲停吸引力相對小一些。

至於其它時間段漲停的股票則相對差一些，其中 10:10~10:30 以前漲停的股票，如果漲停時換手不大（普通股票換手要求低於 2%），分時圖上股價走勢比較連續正常，沒有出現尖峰情況，分時成交也比較連續，沒有出現大手筆對倒，則還可以。這類股票之所以相對差一些，一是這時候漲停的可能是跟風上漲的股票，主力事先可能沒有拉高計畫，只是由於盤面影響，臨時決定拉高。所以嚴格限制換手率條件，儘管拉高倉促，賣壓比較小，次日才有機會衝高；二是由於漲停時間比較晚，在上午收盤前成交量不一定能萎縮得很小，那麼在下午開盤時，受到賣盤的衝擊相對大一些，風險也相應大一些。

在 10:30~11:10 漲停的股票，這種風險更大，經常有下午開盤後漲停就被打開的現象。在下午 1:15~2:00 漲停的股票，如果漲停時換手很小（低於 1%），分時圖表現為在衝擊漲停前，只有非常稀少不連貫的成交，在衝擊漲停才逐漸有量放出，並且在衝擊漲停時股價走勢比較連貫，沒有大起大落，則也可以。

在 下午2:00~3:00 漲停的個股，除非大盤在連續下跌後，在重大消息的刺激下出現反轉走勢，或者是在下午走強的板塊中的龍頭股（這時大盤還必須處於強勢中），否則不要輕易去碰。理由很簡單，這時候的漲停是主力尾市做盤，目的一般是為了第二天能在高點出貨。在上午和下午買進的散戶獲利很大，第二天的賣壓也就很重。主力在尾盤拉高不是用資金去硬做，而是一種取巧行為，此時跟進，風險非常大。

從分時攻擊量峰判斷

個股漲停的形態各式各樣，這裡介紹一種比較易辨別、易操作的技巧。易辨別是指特徵明顯很容易看得出來；易操作是指有足夠時間讓你買進。**利用分時圖中追擊漲停個股的方法，做短線大多可以輕鬆獲利**。主要操作要點如下：

⑴ 早盤出現明顯攻擊量峰：「攻擊量峰」是指成交量比當日其它交易時段放大好幾倍，甚至超過十倍，這才是有效的攻擊量峰，形態呈現「山」字堆量。如果只是比平時多一兩倍，應稱為「量峰」，不能稱之為攻擊量峰。如果選股時當天有多檔股票出現攻擊量峰的情況下，就選當天最大攻擊量峰的個股。

⑵ 換手區（整理）縮量，換手區縮量是指比攻擊量峰少幾倍的交易量，差不多或少一點都不叫縮量，最好是地量。

⑶ 午盤 1 點到 2 點前，股價在 6%~8% 之間運動，必須不破 6%（有時也會破到 5.5% 左右，但會迅速拉回 6% 以上）。選股方法很簡單，就是從漲幅榜中觀察那些漲到 6%~8% 的股票，符合條件的就盯著看一段時間，如果都沒有跌破 6% 的，就可以擇機買進，等待拉漲停。

⑷ 換手率在 5%~7% 之間，才可以買進股票，換手率太低則不要進貨。

⑸ 午後 1 點半至 2 點半前買入股票，有經驗的投資人可以在第一波攻擊量峰出現後，股價回落至 6% 左右買進。

⑹ 當日股價分時線必須在均價線上方運動，分時線走得比較平滑為最佳（會漲的股票不會跌，會跌的股票不會漲）。

⑺ 日 K 線最好是創近期新高的，這一點很重要。

⑻ 當天主力資金流入越多越好。選股時還要分析主力資金在近幾天是不是出現淨流入狀態，主力資金線是不是呈現為上坡形態。

如圖 1-36 碩世生物（688399）的分時圖所示，這是該股 2020 年 4 月 16 日的分時走勢圖。股價開盤後沒作下探，然後穩步攀高，盤中不斷出現攻擊性量峰。股價上一個台階後進行換手整理，整理時不破當日均價線，個股由於距離漲停價較遠，所以上漲一波後又進行整理，當日形成一根接近光頭的大陽線。而且這根大陽線具有突破意義，在盤中量價配合良好，上升頗具規律，盤面節奏感強。這種盤面走勢，後市應有繼續衝高能力，短線投資人可以逢低關注。

在這裡補充一下漲停盤面表現：

⑴ 當股價漲幅超過 5% 時，有大買單掛單出現，或在跌破 5% 時，出現大買單阻止股價下行。當阻止的大買單被打掉後，還會連續出現大買單，總之就是不讓股價跌破 5%。

⑵ 在上漲 8% 左右時，有大賣單出現，目的是阻止股價上行，讓散戶在 5%~8% 之間高位換手。

⑶ 在大波段拉升股價時，會在上方掛出多個大賣單，目的為對敲拉升。準備拉漲停時，在股價上到 9% 以上時，會有大賣單出現，越是上面單子越大。

大賣單的作用有以下：一是對敲拉升；二是阻止股價上漲引出賣盤，在換手率不足的情況下，有加速換手的作用；三是主力顯示自己實力，可以吃掉這麼多大賣單（其實都是自己的單子），給想入場的散戶增加信心，一同把股價拉上漲停。

如圖 1-37 密爾克衛（603613）的分時圖所示，這是該股 2020 年 2 月 17 日的分時走勢圖。股價開盤後不作任何下探，而是直接上攻，形成攻擊量峰，成交量逐波放大，量價配合默契，上漲節奏完美，多頭攻擊性強，顯示主力實力強大。

從上述實例分析，可以知道個股的攻擊性如何，如果其他方面沒有什麼問題的話，當天大盤又沒有出現明顯的下跌，則個股漲停或者大漲的機會很

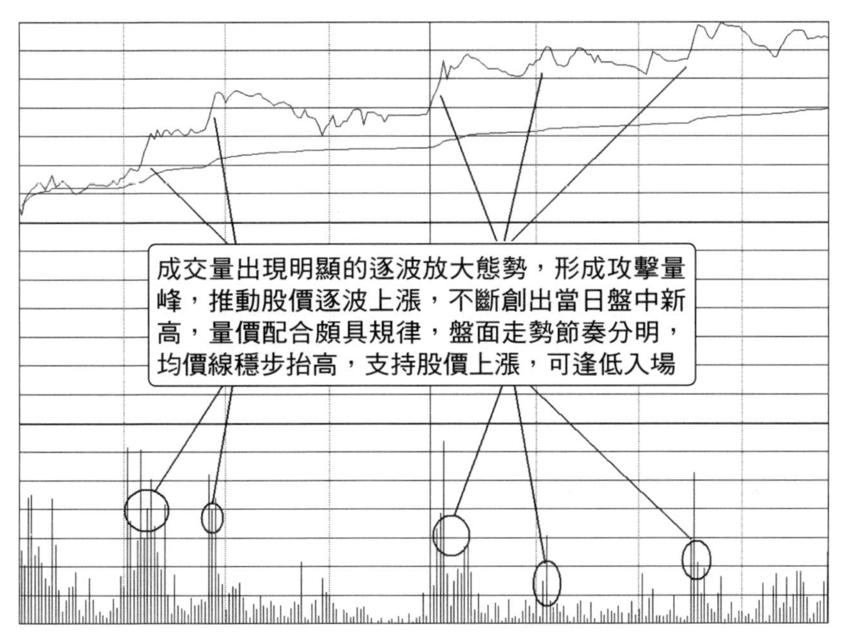

▲ 圖 1-36　碩世生物（688399）分時走勢圖

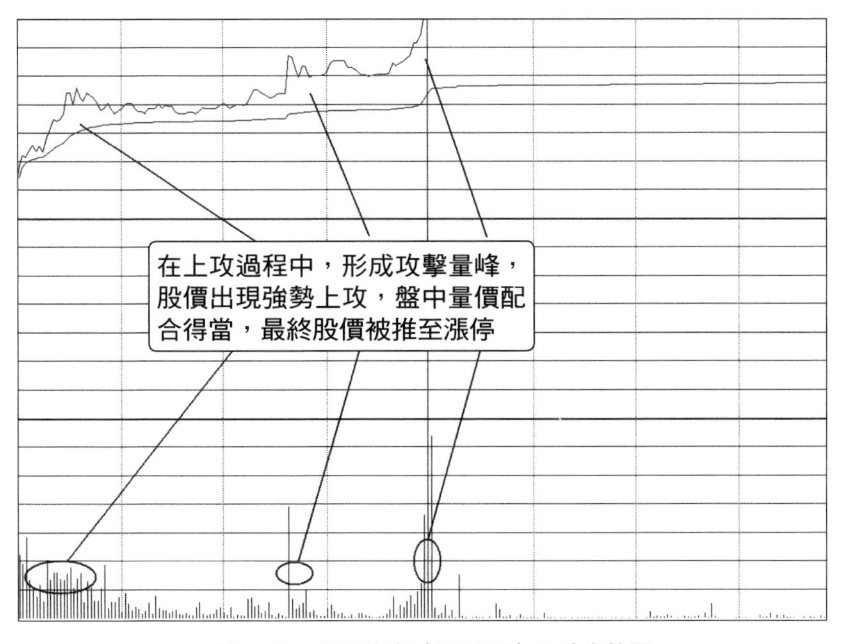

▲ 圖 1-37　密爾克衛（603613）分時走勢圖

大。當然，這是一種判別模式和方法，一種比較經典的當天盤中容易漲停的形態，強調漲停機率很大，並不是說只有這種狀態的股票才能漲停，其他很多情況也能漲停。比如說一些袖珍小型股，分時圖的攻擊性不一定會很強，但是也可能出現連續漲停的勢頭。

推高震盪漲停的操盤技巧

在實盤操作中，很多漲停個股並沒有什麼明顯的規律，甚至是霧裡看花，特別是震盪式推高漲停的個股，買賣點更是難以掌握，所以需要很高的操盤技巧和盤感。

這種盤面在分時走勢中，沒有明顯的拉升動作，也沒有刻意打壓行為，成交量比較溫和，一切於無聲之中。但往往反映主力高度控盤，實力雄厚且志在高遠，大多成為市場的大牛股。這類個股操作難度較大，散戶想等待股價回落介入，但回檔幅度又不深；想在拉高時追進，但介入容易被套。就這樣，在散戶猶豫糾結時，股價在不知不覺中已漲停了。這裡介紹一些分時看盤技巧：

⑴ 分時走勢中強勢上攻，快速拉高，同時成交量放大。在推高過程中，一般呈現加速上攻的形態。

⑵ 當日均價線應該是開盤後保持向上趨勢，支持股價上漲。

⑶ 分時圖裡股價從盤整到衝擊漲停，如果盤整區離漲停價位距離在5%以內，那麼衝擊漲停速度越快越好；如果盤整區離漲停價位比較遠，那麼最好是不要一直衝向漲停，而是衝高一下再盤整（盤整區提高），然後再迅速衝向漲停。

⑷ 分時圖裡的成交分佈問題，要求上漲成交量要放大，但是放大要適當，並且較均勻連續。比較忌諱的是突然放量很大，一下又迅速縮小的個股，這表示主力心態不好，也會引起追漲盤的懷疑。

⑸ 看委託盤：真要漲停的股票，一般顯示出來的委託買進盤不會比委託賣出盤大，因為主力的真正買盤是及時成交的、看不見的。而那種很大的買盤托著股價慢慢上漲的，基本上可以認為是主力在出貨，不能追進。

如圖1-38所示，該股見底後穩步向上攀高，股價呈現波段上漲。2020年4月20日開盤後，股價略有下沉，然後主力發力向上推升，成交量溫和放大，股價震盪走高，當日以漲停收盤。從分時走勢中，盤面十分強勢，但波峰浪谷並不清晰，散戶介入難度比較大，只能從日 K 線中尋找機會。

在日 K 線中，疑似構築雙頂跡象，但 MACD 指標並不支援股價走低，且平行的 30 日均線也沒有發出做空訊號，表示這是強勢中的盤整態勢。只要股價能返回到盤整區之內，後市應當還將繼續上漲，準備買入的散戶可以及時跟進，或在漲停附近買入。

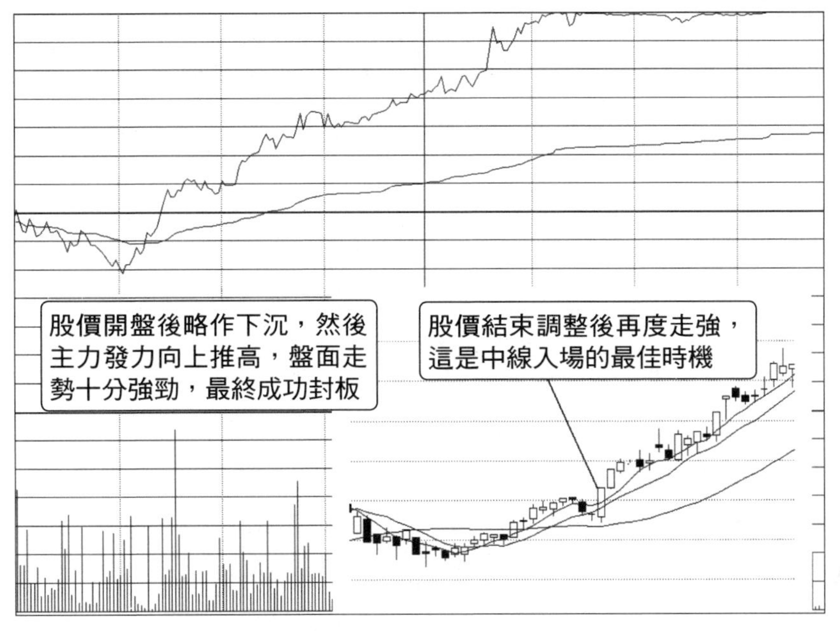

▲ 圖 1-38　江山歐派（603208）日 K 線和分時走勢圖

如圖 1-39 所示，該股處於上升整理結束後，回檔得到 30 日均線的支撐，2019 年 8 月 14 日開盤後逐波推高，量價配合默契，之後成功封於漲停，成功突破箱體整理區域。在分時走勢中，表面上看比較淩亂，上漲有氣無力，但柔中帶剛，走勢堅挺，量價合理，顯示主力對盤面掌控得非常好。這時可以根據日 K 線形態，參考均價線選擇買點介入。

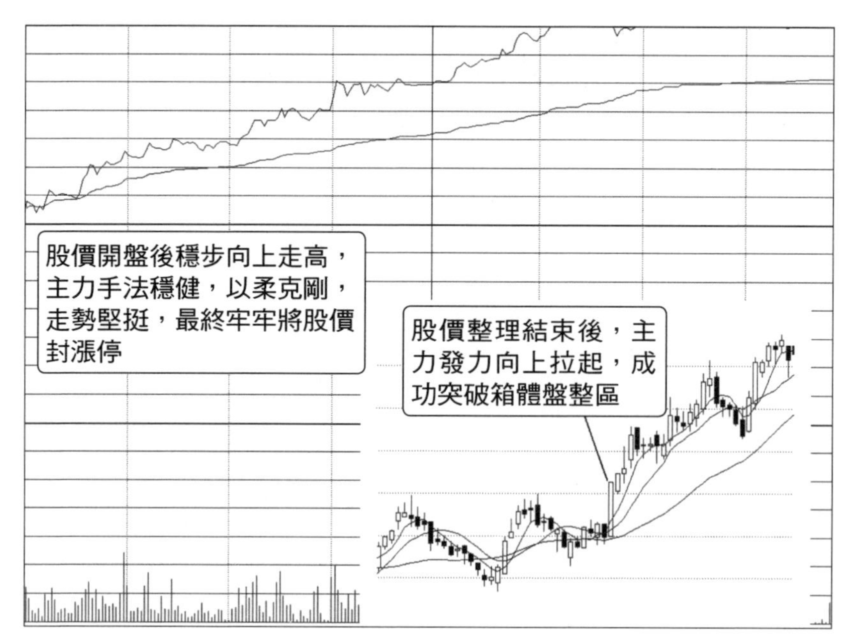

▲ 圖 1-39　珀萊雅（603605）日 K 線和分時走勢圖

橫盤突破漲停的操盤技巧

⑴ 在分時圖中，股價開盤後就出現一波拉高走勢，然後小幅回落震盪。分時圖中基本上維持在高位運行，回檔以均價線為限，具有強烈的抗跌性，最後發力拉向漲停，這種在高位盤整不跌的就是好股票。

如圖 1-40 該股 2020 年 5 月 15 日的分時走勢圖。開盤後先將股價拉高，然後小幅回落，圍繞當日均價線作橫向震盪整理，以消化上檔賣盤壓力。當浮動籌碼被趕出之後，主力開始放量上攻，將股價封於漲停，顯示出盤面十分強勢。

⑵ 股價拉高一波後進行橫盤整理，然後再向上拉高一波，再出現橫盤震盪，最後將股價推向漲停。像這種分時圖中股價逐級上行，也是一種非常好的股票。

如圖 1-41 該股 2020 年 6 月 4 日的分時走勢圖。股價開盤後維持橫盤震盪整理一段時間，然後出現一波有力的放量拉高行情，之後進行平台整理，股價沒有出現大幅回落走勢，表示盤面運行強勢，這種走勢一旦大盤止跌回升，就會再次拉高。經過橫盤整理後，股價再次放量上漲，接著又進行整理，

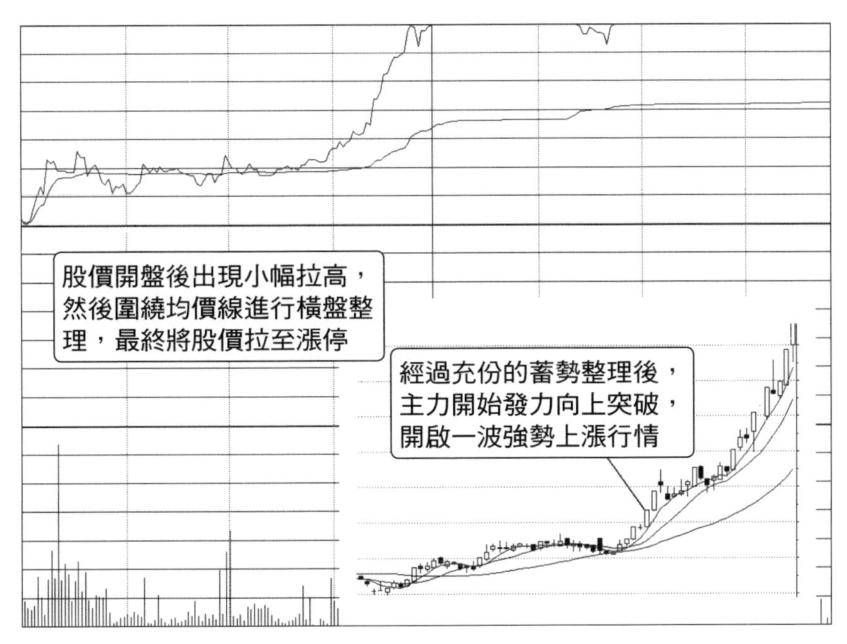

▲ 圖 1-40　奧翔藥業（603229）日 K 線和分時走勢圖

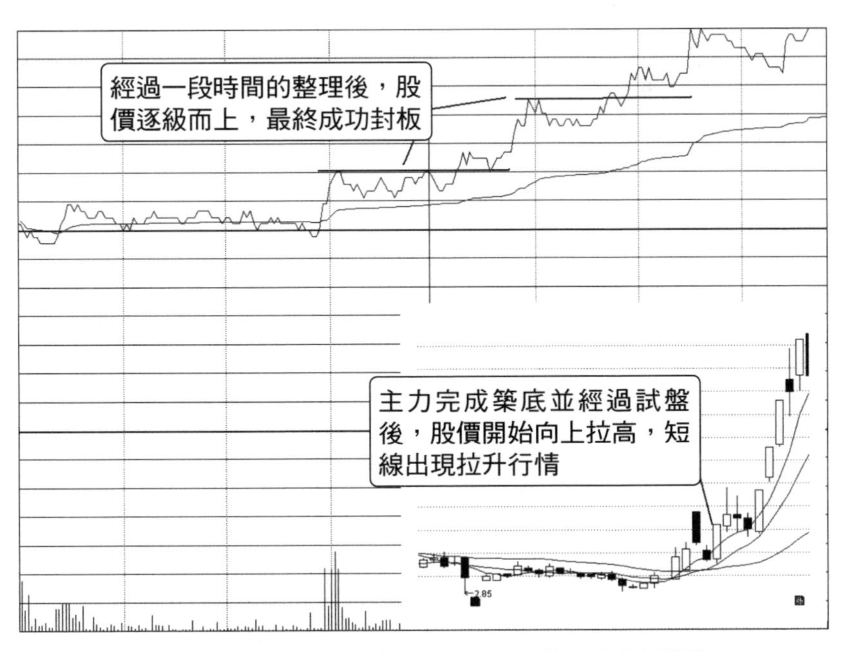

▲ 圖 1-41　華聞集團（000793）日 K 線和分時走勢圖

然後再次走高，股價逐級上漲，當天強勢封於漲停。對於這種盤面走勢，投資人在股價向上突破分時整理平台時，可以積極掛單買入。

⑶ 有的個股開盤後一直保持橫盤震盪走勢，盤面似乎很弱，但在上午收盤前或下午突然放量拉起，股價封於漲停，這也是大牛股的一種常用手法。

如圖 1-42 該股 2020 年 6 月 3 日的分時走勢圖。開盤後股價基本維持橫盤運行，成交量大幅萎縮，之後開始放量拉升，打破沉悶的盤面，形成攻擊性量峰，直線式跳躍上漲，將股價封於漲停。從日 K 線上看，股價處於底部區域，短線仍有上攻空間和潛力。

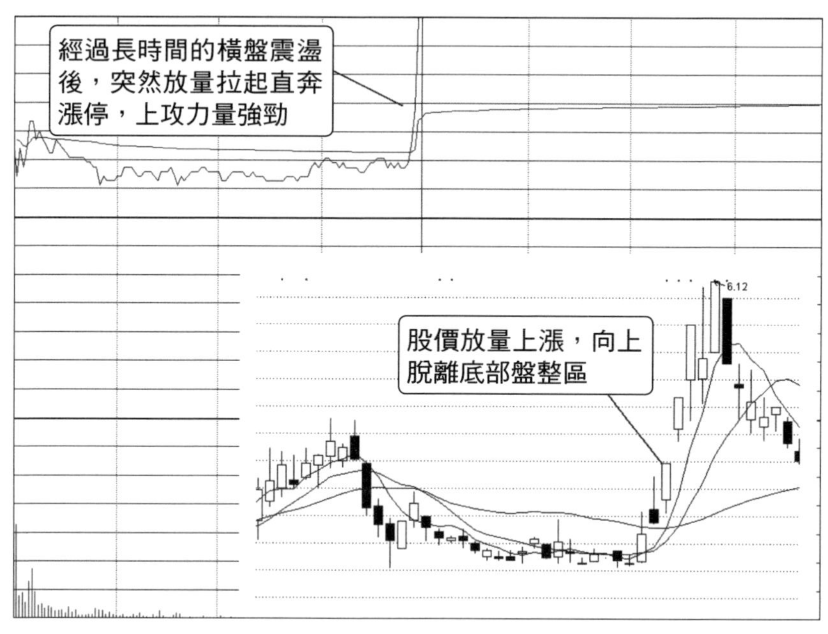

▲圖 1-42　西安飲食（000721）日 K 線和分時走勢圖

⑷ 在實盤中，經常出現個股臨收盤前開始向上發力上攻，如果在盤面符合「衝高後高位橫盤整理」這一特徵的，也是不錯的個股，可以及時追進。當然，有的個股突然拉高，經快速整理後再次拉升，中間不作長時間的橫盤整理，這也是十分強勢的盤面表現，在分時走勢中也經常看到。

如圖 1-43 梅雁吉祥（600868）的分時圖所示，該股開盤後全天在低位橫向震盪，似乎沒有主力關照。但之後開始快速拉起，成交量成倍放大，形成攻擊性量峰，拉升股價進入強勢整理。股價略有回落，但能夠堅挺在當天的高位震盪，表示抗跌性極強，最後在尾盤半個時內快速拉漲停。這種盤面走勢，說明主力準備十分充分，股價將進入主升段。

上述這幾種盤面表現形式，都是強勢盤面的表現，主力採用「以時間換空間」的手法控盤，反映「會漲的股票不會跌」的特性，投資人可以在漲停價位大膽追進，後市大多獲得較好的利潤。

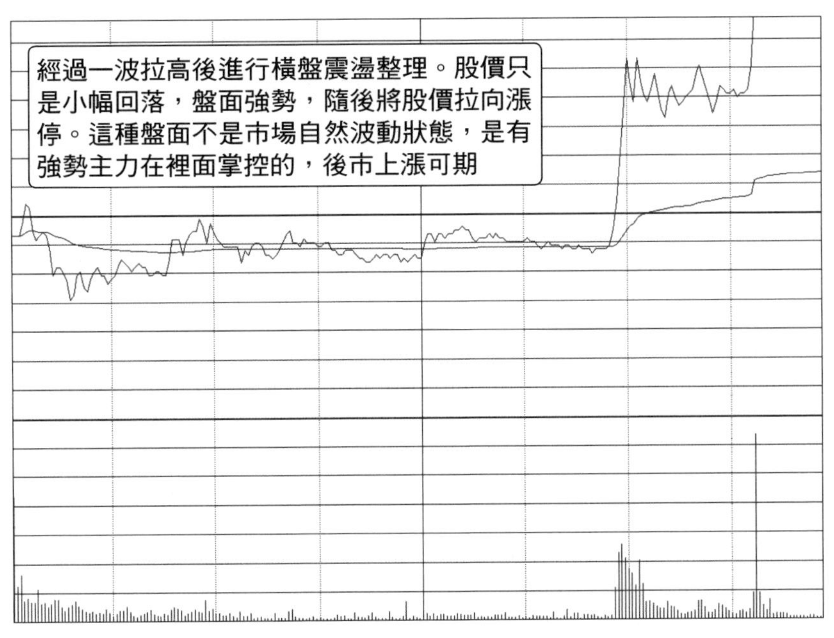

▲ **圖 1-43　梅雁吉祥（600868）分時走勢圖**

1-4

尾盤快速漲停時，要跟緊主力低買高賣

在實盤操作中經常發現，一些個股在臨近收盤的時候，股價突然快速拉起直奔漲停，不少投資人對此頗為關切。尾盤急速漲停的個股是好股票嗎？這可從以下幾方面進行剖析。

快速漲停——不買

在收盤前的最後半小時甚至最後幾分鐘，主力操縱股價瞬間飛速上漲，一波拉升到漲停，這種漲停方式大多屬於虛張聲勢，次日常常衝高回落下跌或開低震盪走低。

操盤技巧為，尾盤快速漲停的個股大多不宜買進，反而是一次逢高離場的良機。若當日收盤前時間許可，則在收盤前掛低幾個價位賣出；若當日來不及賣出（尾盤一筆大單「秒板」），次日無論開高開低，都在開盤價附近賣出。即使後市真的走強，也不必後悔。

如圖 1-44 所示，2020 年 6 月 19 日，股價小幅開低後基本上維持弱勢震盪走勢，盤面走勢非常沉悶，臨近尾盤的大單，將股價從下跌 1.80% 直接拉至漲停，氣勢極為猛烈。從日 K 線分析，該股已有一定幅度的上漲，且盤面氣勢並不強盛，在此位置大幅上漲機率不大，並不適合追漲入場。

如圖 1-45 所示，該股分時走勢中，全天維持在弱勢震盪，基本上在平穩的市場格局中運行，但在收盤前的集合競價時，一筆 10381 張的大買單，將股價從微跌直線拉到漲停價，這種異常波動的確令人費解。從分時成交顯示，在收盤最後時刻以當天漲停價 21.68 元（本書所有金額皆指人民幣），共成交 10381 張，股價以漲停價收盤，那麼在尾盤這筆大買盤是如何交易成功的，令人匪夷所思。該股收盤時成交總額共 5879 萬元，但僅僅尾盤最後

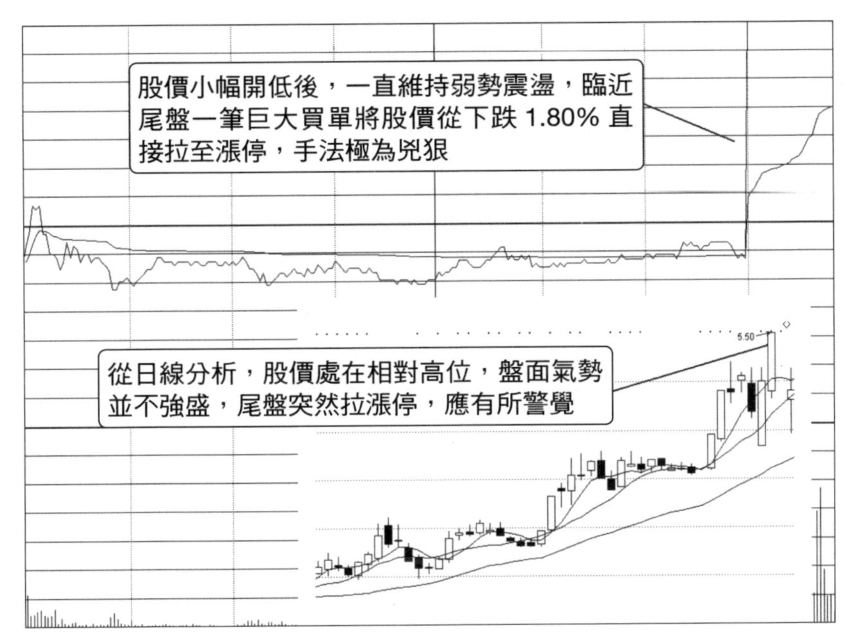

▲ 圖 1-44　力帆股份（601777）日 K 線和分時走勢圖

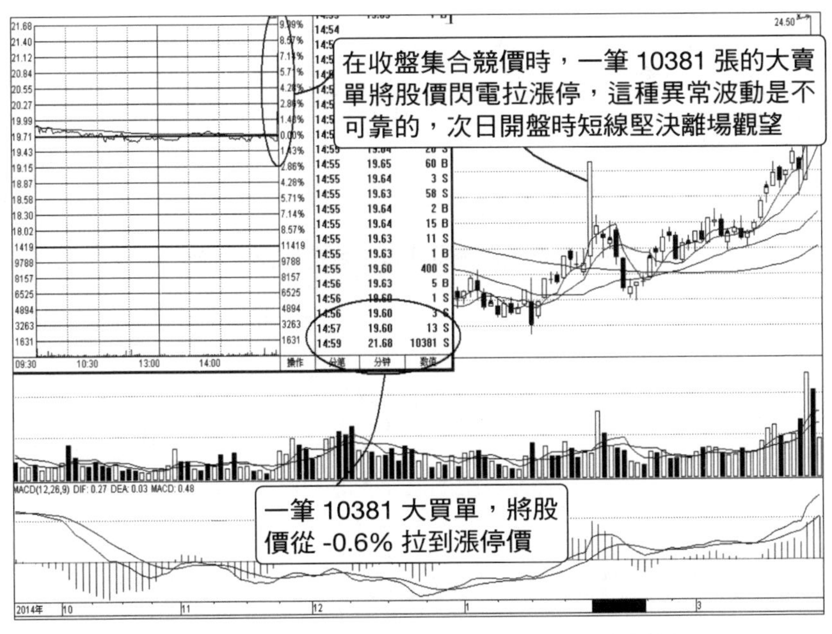

▲ 圖 1-45　全聚德（002186）日 K 線和分時走勢圖

一分鐘成交的 10381 張，要耗資 2250 萬元，佔全天成交額近 4 成。

這絕不是一般散戶所為，從均線系統分析，30 日均線還處下行狀態，不支援股價持續走強，且大勢環境也不佳，此時更多的是反彈性質或擔當護盤角色，次日立即開低震盪走弱。

消息面上，當天該股並無突發重大事件，公司基本面也沒有出現重大變化。投資人對這種莫名其妙的巨陽漲停，應保持清醒的頭腦，持幣者絕對不可以介入，持股者應在次日開盤價附近短線賣出，離場觀望。

在實盤操作時，要特別注意高位的尾盤快速漲停，十之八九是主力出貨行為，持有這類個股的散戶應果斷退出，下面這個實例會有更多的啟示。

如圖 1-46 所示，該股前期大幅炒作，股價累計漲幅巨大，主力獲利豐厚。在高位股價突然開低 6.77%，全天在低位弱勢運行，一度觸及跌停。在臨近收盤 10 分鐘內，股價接近 90 度快速拉到漲停，10 分鐘的成交量就超過全天的成交量，換手率達到 18.21%。主力出貨行為表露無遺，第二天開低震盪，此後出現暴跌行情。投資人遇到這種尾盤異動拉升時，應堅決離場，不要被當天的漲幅所誤導。

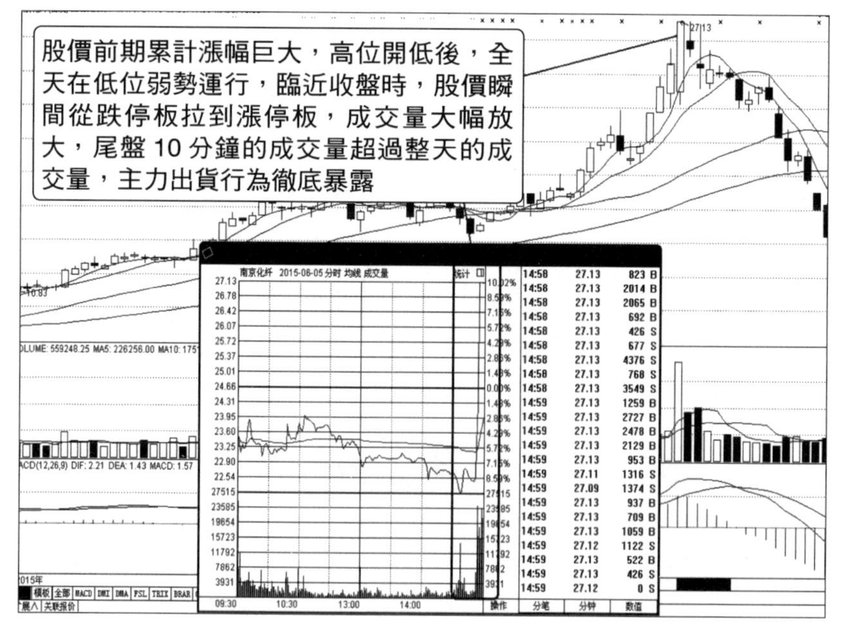

▲圖 1-46　南京化纖（600889）日 K 線和分時走勢圖

勉強漲停——高賣

在股價到頂之際，盤面經常出現虛張聲勢現象，主力採用以寡示眾、以弱示強的誘多漲停手法，實現金蟬脫殼的目的。尤其是在沒有力量的條件下，惡意拉漲停，故意顯示力量有餘，以此設疑陣迷惑散戶。

這種漲停方式一般發生在收盤前半個小時，主力突然發力，成交量大幅放大，股價直線式上漲到漲停，但盤中幾次向下，賣單也巨大，最後 3~5 分鐘勉強封於漲停。在分時圖顯得極為勉強，但無論怎麼看這種漲停都感到意外，這就向市場發出警告訊號：頂部馬上就要到了。

通常次日極有可能伴隨一個 K 線見頂訊號，如衝高回落的長上影流星線、開高走低的「烏雲蓋頂」、開低震盪的「陰包容」形態、開低走低的「傾盆大雨」等，此時階段性頂部確立無疑。

操盤技巧是，這種漲停方式大多在次日有一個衝高動作，一般會達到 2%左右，散戶應隨時作好賣出準備，在衝高無力時掛低賣出。有時可能一閃而過，在 K 線上形成一根上影線，而分時圖中卻看不到上漲痕跡，此時應儘快離場。如果次日直接開低幅度不大（5% 以下），也不必驚恐，大多在盤中有一次脈衝上漲到收盤價附近的機會，這時可以在比昨日漲停價低幾個價位賣出。如果次日開低幅度較大（5% 以上），可以在跌幅縮小到 1% 左右賣出。

如圖 1-47 所示，該股經過成功炒作後，股價漲幅已經接近 3 倍，主力獲利十分豐厚，高位兌現獲利籌碼已是當務之急。2020 年 6 月 9 日，股價小幅開高後強勢震盪走高，股價一度衝板，但主力並不封盤，而是在漲停板下方作強勢整理，尾盤勉強封板。但第二天股價開低 4.49% 後，全天維持弱勢震盪走勢，沒有任何上攻動作，表示主力前一天利用漲停出貨。因此，投資人面對這類個股走勢時，不應盲目跟風。

股價上漲高位，在實盤中有一種現象就是全天基本上處於震盪態勢，主力並無拉漲停跡象，但尾盤突然發力拉起並封板。這種漲停顯得非常勉強，第二天大多是開低弱勢運行，通常是主力拉高出貨所為。

如圖 1-48 所示，該股倒 V 形反轉後大幅回落，2020 年 4 月 2 日開始出現強勢反彈，股價連拉 2 個漲停後，4 月 8 日出現高位震盪，表示上方壓力較大，主力暗中不斷出貨，同時也反映跟風盤寥寥可數，股價重心漸漸下移。主力為了維護盤面的完整性，尾盤開始強勢上攻，勉強收於漲停。

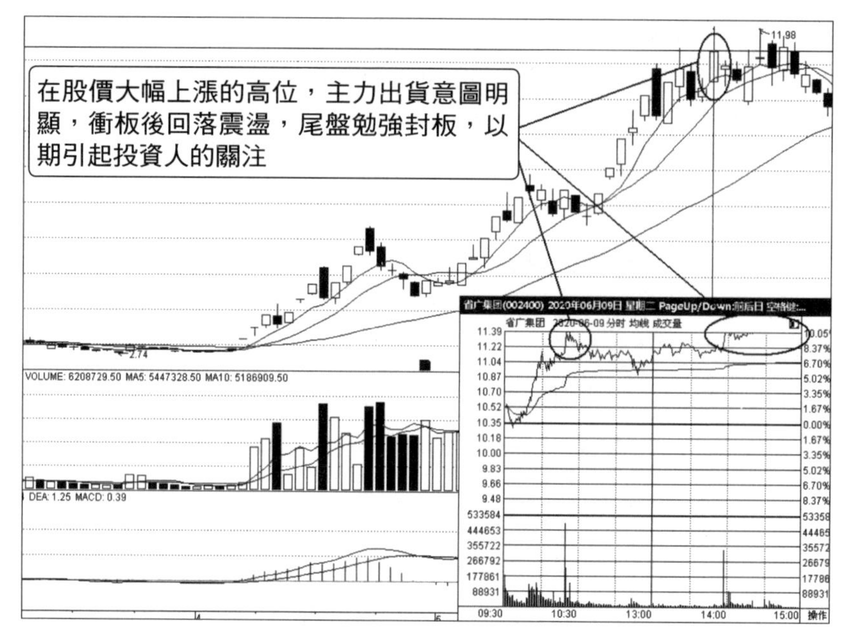

▲圖 1-47　省廣集團（002400）日 K 線和分時走勢圖

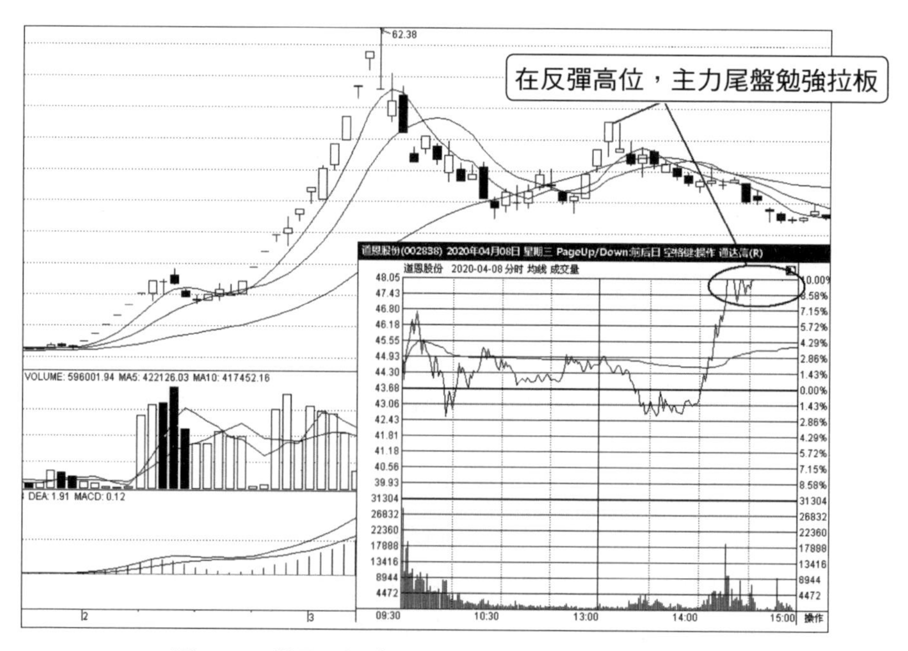

▲圖 1-48　道恩股份（002838）日 K 線和分時走勢圖

該股在分時走勢中，盤面出現典型的量價背離走勢，一度出現放量下行，說明前期頭部區域壓力較大，尾盤拉漲停有主力誘多嫌疑。次日，股價大幅開低 9.97%，盤中衝高回落，主力出貨意圖進一步顯現，之後股價漸行漸弱。

搶籌漲停——短炒

所謂搶籌就是搶購股票籌碼，是指投資大眾認為一檔股票有上漲潛力時，就會爭相買進（甚至不計成本），以期在股票上漲後獲得利潤。在對象上，有機構與機構之間搶籌，機構與散戶之間搶籌。對主力來說，只有收集到了足夠多的股票作為籌碼，才能達到控盤的效果，對股票的走勢產生影響。

能夠引發尾盤搶籌漲停的因素，大致有以下幾種：一是遇到突發性利多消息（哪怕是傳聞）；二是近日有重大事項公佈（如重組、高配股等）；三是暴跌後的強勁反彈；四是大盤或板塊強勁拉升（跟風漲停）；五是大量閒置資金入場。遇到這些潛在消息或市場現象時，容易出現尾盤搶籌現象，從而出現尾盤漲停。

操盤技巧為，必須明確漲停原因，結合股價所處位置和盤面表現，倉位不能過重，控制在半倉以內，以短線操作為宜。這種漲停方式下，股價衝高後大多會回落整理，即使是實質性利多，短線也有一個回檔過程。

如圖 1-49 所示，2020 年 6 月 1 日，該股由於受「地攤經濟」的消息刺激，短線資金迅速湧入，成交量突然放大，很快就強勢封板，股價也突破了底部盤整區的壓制。受到短線資金的熱捧，盤中出現搶籌，且技術面也有見底跡象，股價漲停也在情理之中。

隨著 Covid-19 疫情的逐步得到控制，各地管控措施相繼放開，「地攤經濟」成為了經濟復甦的新動力，一方面拉動就業人數上升，另一方面帶動消費。因此相關概念股在市場作出反應，其他相關個股也出現或多或少的漲幅。

如圖 1-50 所示，2020 年初 Covid-19 疫情開始在世界各國爆發，作為「醫療、抗流感」等多重概念的江蘇吳中，自然是板塊受益個股。2020 年 1 月 21 日，股價跳空開高 4.15%，然後經過一段時間的強勢震盪，主力發力向上拉起，在拉升中出現搶籌現象，股價輕鬆被拉至漲停。

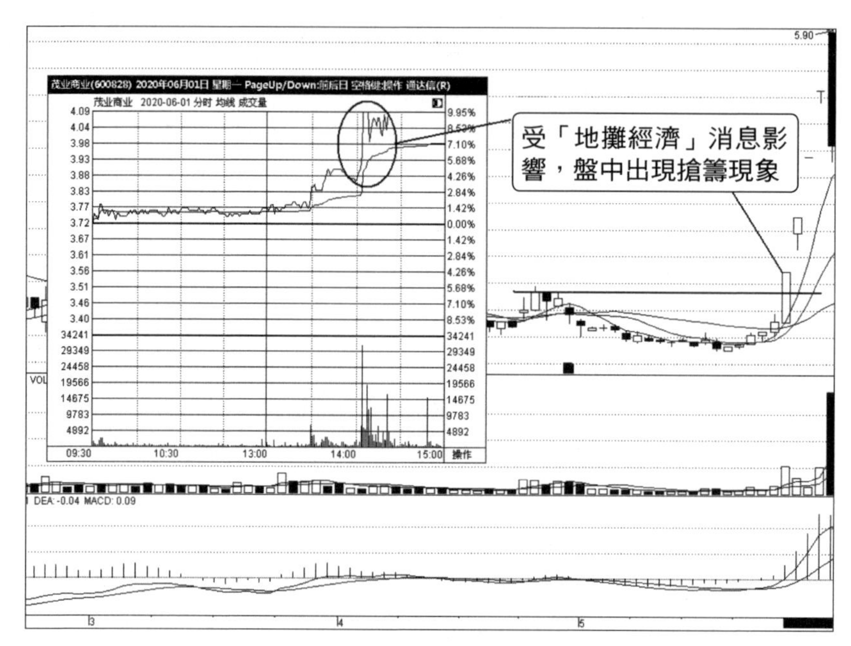

▲ 圖 1-49　茂業商業（600828）日 K 線和分時走勢圖

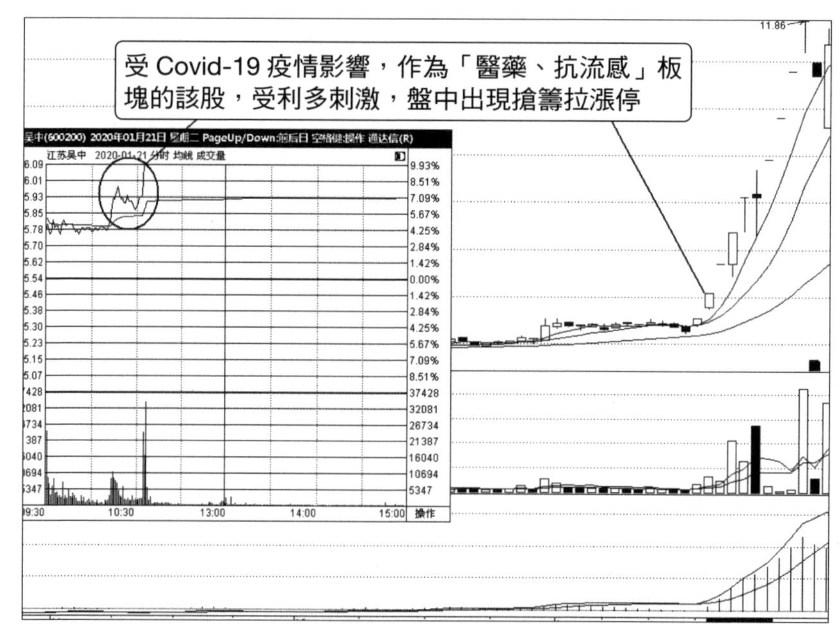

▲ 圖 1-50　江蘇吳中（600200）日 K 線和分時走勢圖

強勢漲停——買入

股價先前已有小幅上漲，市場處於強勢之中，當天開盤後保持橫向震盪，成功進行洗盤換手後，出現一波拉高行情，然後再次橫盤震盪，在尾盤拉高漲停。或者，主力當天在低位獲得了所需的籌碼，然後在尾盤快速脫離成本區。

操盤技巧為，結合股價所處位置和盤面表現，在第二波上攻時積極跟進，一般來說，後市仍有不俗表現。

如圖 1-51 所示，該股經過前期大幅下挫，在低位形成震盪築底走勢，連續出現兩個一字形漲停，盤面漸漸轉強。這天開盤後全天在低位橫盤震盪，之後股價開始突然拉高，第一波拉到 7% 以上，然後保持在高位強勢整理（沒有大幅回落，就暗示主力將繼續拉高），在尾盤半小時內放量漲停，股價向上突破，形成標準的 W 底形態，顯示主力做多決心。隨後該股連續拉出多個漲停，成為耀眼的強勢股。

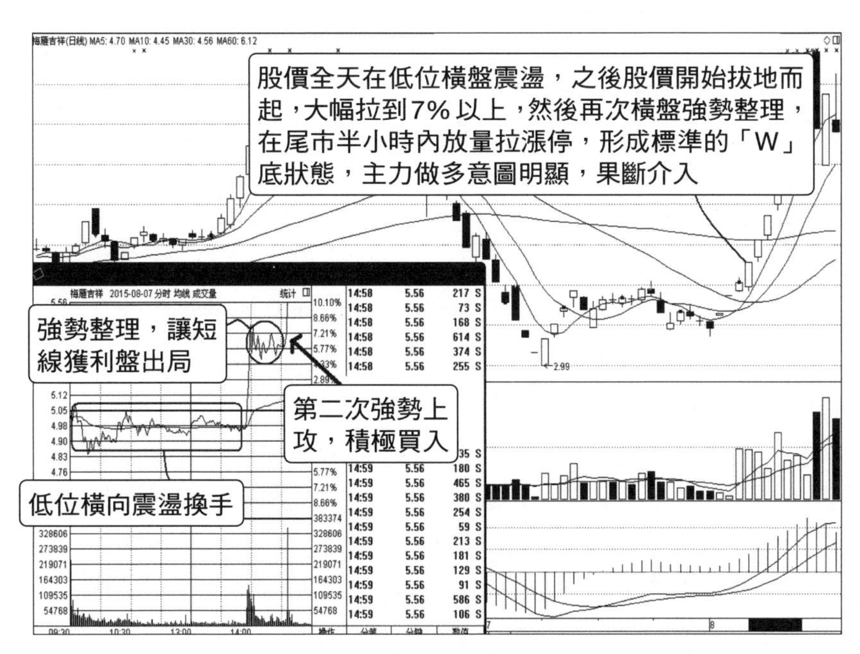

▲ **圖 1-51　梅雁吉祥（600868）日 K 線和分時走勢圖**

如圖 1-52 所示，該股開盤後在低位橫盤震盪換手，下午快速拉起，第一波拉升到 7% 以上。之後小幅回落，維持強勢整理，讓獲利籌碼離場，在尾盤放量拉漲停。

這種盤面反映主力洗盤換手成功，短期仍有上攻潛力。不要認為尾盤漲停不是什麼好事，投資人在第二波拉起時快速跟進，一定能獲利。

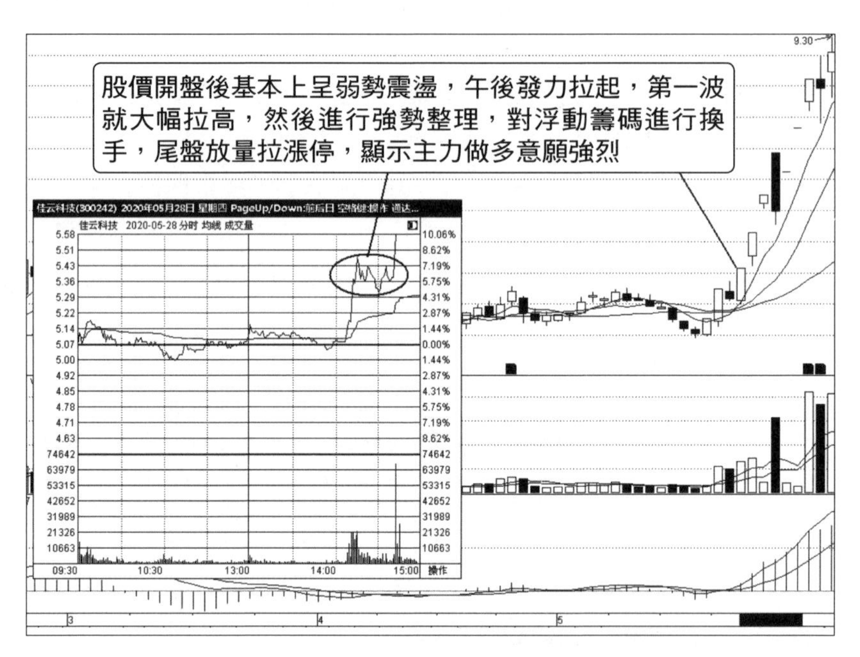

▲ 圖 1-52　佳雲科技（300242）日 K 線和分時走勢圖

收盤漲停一跟進

收盤漲停是指全天保持強勢震盪，最後以漲停的形式完美收盤，強勢結束一天的行情。在分時圖上，股價全天或大部分時間在次高位徘徊，尾盤順勢拉漲停，說明追買人氣足，有短線資金買盤湧入，預示明天可能會開高或繼續上漲。或者股價逐波上漲，漲跌有規律，尾盤時順勢推向漲停，說明主力控盤程度高，做多意味猶濃。這種盤面顯示出主力不費吹灰之力，尾盤臨門一腳，股價輕鬆封漲停，當天行情完美收盤，做多意圖顯現。

操盤技巧是，結合股價所處位置和盤面表現，在尾盤大膽跟進，倉位控制在 80% 以內，一般後市仍有強勢上漲。

如圖 1-53 所示，該股經過前期的爬升行情後，進入蓄勢整理，持續時間較長。2020 年 1 月 10 日，開盤後立即出現向上推升走勢，然後在漲停板下方維持盤整，基本上保持堅挺的盤面運行（不跌就預示著後市要上漲）。在臨近尾盤，主力輕而易舉地將股價封於漲停，當天行情完美收盤，之後股價繼續強勁上漲。

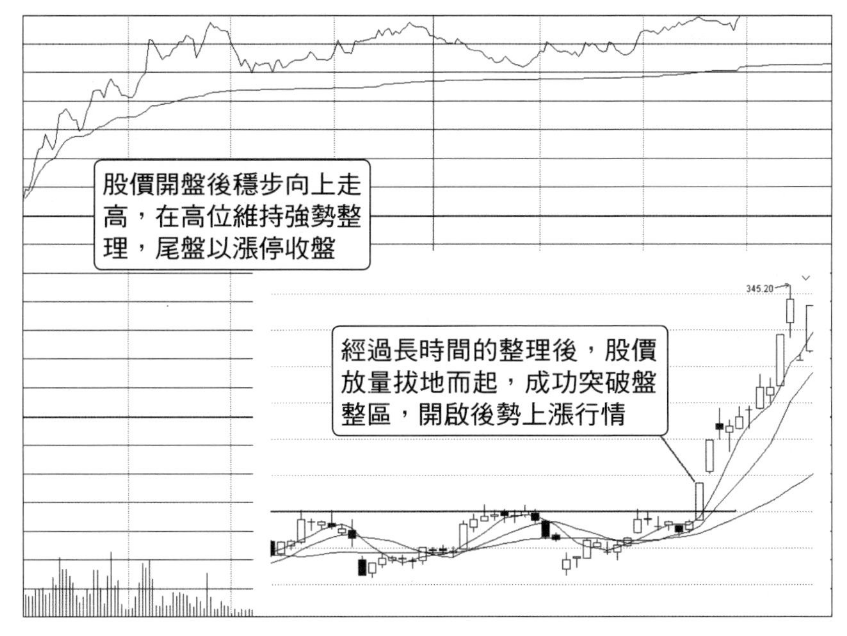

▲ 圖 1-53　匯頂科技（603160）日 K 線和分時走勢圖

如圖 1-54 所示，2020 年 5 月 29 日，股價開盤後略作下探，然後穩步逐波走高，盤面走勢堅挺，量價配合理想，尾盤輕鬆漲停，一天行情完美收盤，表示前期高點的壓力已經不大，預示日後行情依然美好。

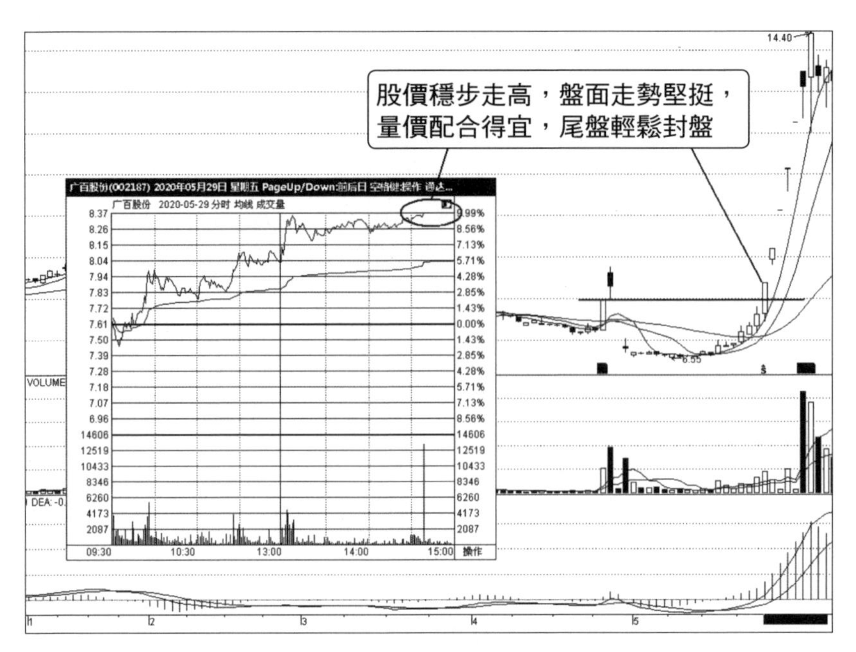

▲ 圖 1-54　百廣股份（002187）日 K 線和分時走勢圖

1-5

尾盤漲停陷阱多，看出走勢變化是秘訣

尾盤漲停玄機

一天的戰鬥快要結束了，尾盤的走勢能反映一天的多空交戰到底誰強誰弱，所以最後半小時內的走勢，對第二天的走勢來說是非常重要的指標。那麼這種尾盤拉升有何玄機呢？一般來說，出現尾盤拉漲停有以下幾個原因：

⑴ 主力為保留實力，在賣盤比較少的尾盤拉升，消耗資金少。

⑵ 主力還沒有出完貨，需要快速拉高，在高位繼續出貨。

⑶ 主力當天在底部獲得所需的籌碼，需要快速脫離成本區。

⑷ 突然獲得利多消息，如近日有重大事項公佈等，主力進場掃單。

⑸ 全天在高位徘徊，最後封漲停，表示主力做多決心大。

⑹ 全天在次高位徘徊，大盤尾盤向上，追買人氣足，漲停則意味明天可能會開高或繼續上漲，會有短線資金買盤湧入推至漲停。

⑺ 主力為修飾 K 線圖，拉出光頭陽線，顯示做多信心，但實際上卻為出貨籌碼做準備。

尾盤漲停方式

從收盤價來看，股票的變化只有兩種，一是漲，二是跌，但僅以此判斷未來股價的走勢遠遠不夠，想更瞭解盤面具體的變化，一定要看分時走勢的變化，在此重點探討在尾盤時急速拉升的盤面現象。

1. 直線拉升

前幾天和當天一整天的走勢都很平淡，在收盤前最後幾分鐘時，股價出現異常放量拉升，股價的變動呈跳躍波動，中間不出現震盪回檔，幾乎是一條直線。成交量快速放大，不給任何人以低價追進的機會。

這種尾盤拉升的手法只是市場投資人短時間的需要，可能是為了粉飾帳面利潤或技術圖形，也可能是為引起市場關注，大多是一種信心不足的表現。這種手法在股價大幅上漲之前一般不會出現，在股價主要趨勢完成以後才比較常見。一般來說，如果全天的成交量因為尾盤的放大而明顯放大，顯示主力籌碼無法順利出貨，必須採取拉高再想辦法出貨。後市主力還會以出貨為主，走勢不太看好。

如圖 1-55 所示，該股經過一波快速拉升後，2019 年 9 月 24 日開盤後，盤中出現寬幅震盪，股價大起大落。之後股價從下跌 8.73% 開始直線拉到漲停，出現異常放量現象，股價跳躍式上漲，收盤時略有回落。這是主力在尾盤採用「四兩撥千斤」的偷襲手法，也是主力結束拉升之前的最後瘋狂表現。這種惡意拉高股價行為，充分透露主力出貨意圖，後市股價不宜過分樂觀。

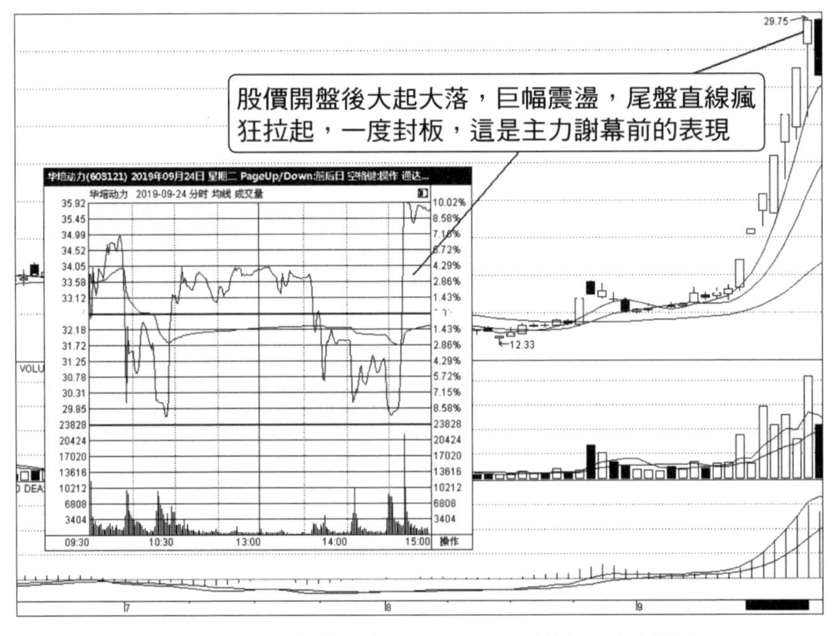

▲圖 1-55　華培動力（603121）日 K 線和分時走勢圖

2. 量價齊升

尾盤最後 1 小時左右，開始出現放量震盪拉升。全天成交量明顯比先前大，K 線上看起來量價配合非常完美，出現正常的價漲量增態勢。此時股價流暢上揚，在很短的時間裡出現賞心悅目的上漲，成交量也呈現極有規律地持續放大。因為主力要在有限的資金量下，實現股價漲幅的最大化，所以大多選擇收市前半小時內完成整個拉升，給人的感覺是漲勢非常強勁，上漲已勢在必行。

這種尾盤的急升，主要是主力為了吸引市場投資人參與，集中資金和籌碼在短時間裡交易，做出極具實力的股價形態。實際上卻是主力不強的表現，這種尾盤的震盪拉高其實是一種對敲，主要目的還是吸引跟風入場，即降低主力拉升的成本，又為以後的出貨加大了空間。這種走勢出現後往往股價還能走高，但持續時間不會很長。此結論基於以下三點：

⑴ 主力並不想增大持倉量，在分時走勢的交易中，股價一口氣上漲，並不是主力拼命想要籌碼，而是在大量交易下，利用投資人心理喜好的變化有效抑制賣盤，上方看起來很大的賣盤，實際上是在主力的預期中。

⑵ 主力想要做高股價的幅度已經有限，所以選擇尾盤，否則完全可以開盤後拉升，就可以買到更多籌碼，尾盤拉升說明主力已無心戀戰。

⑶ 尾盤拉升不會給投資人充分的時間思考，一般會依據追漲心理行動，可見主力是想讓市場持有者安心持有，讓觀望者快速買進。

如圖 1-56 特力 A（000025）的分時圖所示，該股開低後下跌至跌停，然後打開跌停，之後開始放量震盪走高，尾盤兩度到達漲停，但最終無力封盤。在分時走勢中，股價全天大部分時間裡在跌停位置附近震盪，之後開始震盪上漲，特別在尾盤出現放量加速上漲，盤面呈現出流暢上揚的虛假態勢，成交量成倍放大，股價從跌停拉到漲停。主力急切推高股價並希望市場都來關注該股的上漲，顯而易見，該股主力是不想付出太大成本，而儘量在高位出貨籌碼。

能在尾盤急速拉升的股票，一定是控盤程度很高的股票，主力已不怕被散戶發現，完全是經由這種手段盡可能的讓人參與。也就是說，此時主力的目的多是出貨，而此後股價的整體上漲空間已經有限，對於投資人而言，此時追高參與無異於刀口舔血。

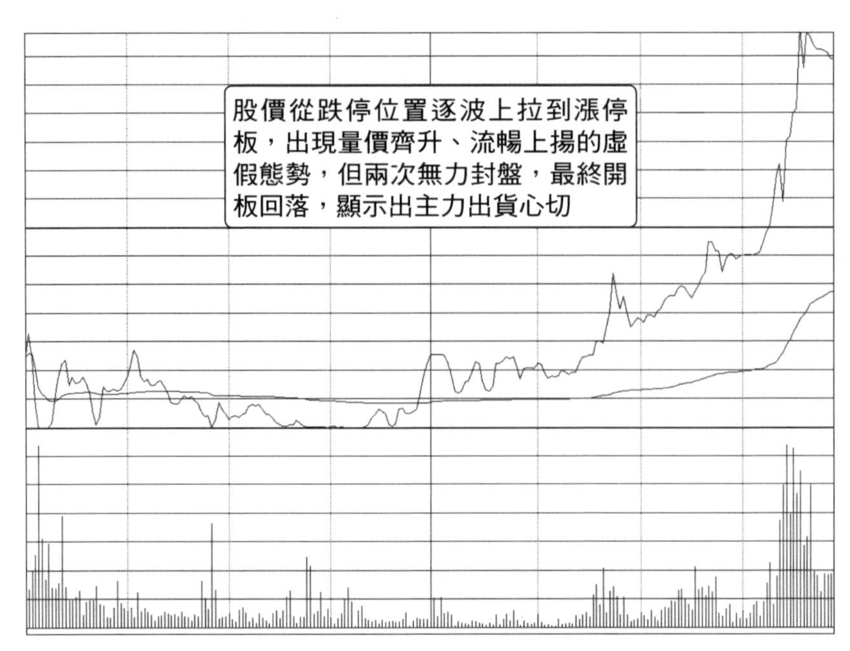

▲圖 1-56　特力 A（000025）分時走勢圖

3. 護盤拉升

以個股一天行情表現為例，護盤行為在實盤中可分為兩種情況：一是盤中拉升後，主力為了將股價維持在一定的漲幅，就要在盤中繼續買入部分賣單，直至高位收盤，這是一種維護股價當天漲幅的護盤行為。

二是股價當天處於下跌狀態，為了不讓股價跌幅過大或緩和股價盤中下跌速度，主力有時也出來護盤。當然，個股即使有大主力潛伏其中，也不是每到下跌時都會出來護盤。不護盤的理由甚多：主力資金有限、對大盤或該股不樂觀、市場賣壓過大等原因，都可以導致主力不護盤。

護盤的方式大概可以分為三類：一是直接入市買進拉高股價。二是在買盤掛出數量較大的買單，穩定場內投資人持股信心，減少賣壓從而穩定股價。有時主力會將前面所說二者結合操作，效果往往較好。三是尾盤採用偷襲方法，拉起股價讓股價不跌或少跌。

以下重點介紹主力以尾盤偷襲方式，拉高股價達到股價不跌或少跌的護盤行為。在實盤中，利用尾盤偷襲式拉高股價護盤並不少見，一般出現在當天大盤出現較大跌幅，或個股當天短線連續下跌後，其原因有以下幾點：

⑴ 主力對大盤或該股未來走勢不看好，不敢大量入市接籌護盤。但因自身已持有該股大量籌碼，卻對市場缺乏信心，這時怎麼辦呢？主力就利用尾盤偷襲方式拉高股價，既可以達到不用花費過多資金，又能拉高股價目的。主力著眼於收盤價做動作，其特徵是在臨收盤最後幾分鐘，利用少量資金快速拉起，這是信心不足的主力護盤動作。

⑵ 尾盤偷襲護盤動作，屬於主力實力有限所致。這類主力看著股價盤中下跌想進行護盤，但所調配的資金有限，也只能從做收盤價入手。這類主力的護盤特徵是在臨收盤最後一分鐘內，利用幾張大買單快速拉高股價，能拉回多少算多少，這是有心無力的主力護盤動作。

⑶ 實力主力對大盤當天或者短線走勢沒有把握，在盤中股價下跌時不敢輕易出手護盤。主力看不清大勢，甚至看錯大勢是再正常不過的事情，臨近尾盤大勢穩定或者出現轉勢時，主力利用臨收盤最後幾分鐘快速拉高股價，此舉也是護盤的一種。如果主力實力強而且對後市有把握和信心，那麼在下一個交易日股價，往往出現反彈收漲的走勢；如果主力實力一般或信心不足，那麼下一個交易日股價往往出現開低並繼續走弱。

如圖 1-57，這是該股 2020 年 5 月 12 日的分時走勢圖，當天大盤在盤中出現大跳水，該股在大盤止跌時向上走高，在尾盤出現明顯急拉護盤動作。

在實盤中，有時當天難以立刻判斷該股主力操縱尾盤屬於什麼意圖，此時就需要對個股繼續追蹤分析。經由股價後市短期價格走向和強弱表現，往往能說明主力在前期拉尾盤操縱的意圖是什麼。

根據追蹤分析判斷，得出的結論雖然晚了一些，但投資人能在為期不長的時間內，一定程度上瞭解潛伏在股票中的主力屬於什麼類型？當前主力操作意圖是什麼？這遠遠比看其他技術指標更有意義。

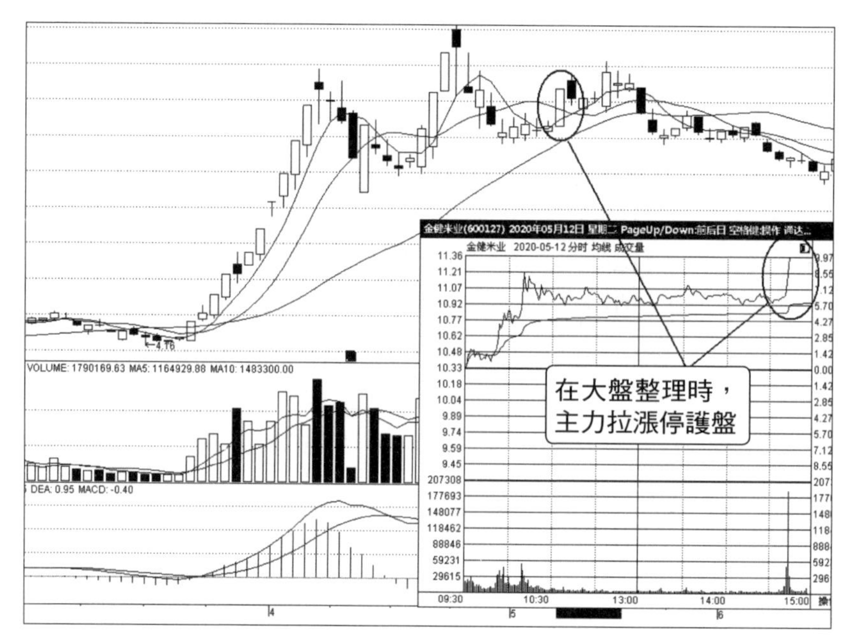

▲圖 1-57　金健米業（600127）日 K 線和分時走勢圖

4. 震盪拉升

前期股價走勢就十分活躍，成交量始終維持較高水準，但是股價無法繼續拉高，而是在當日尾盤突然拉升，甚至一直快速拉升到漲停，成交量放大非常明顯。雖然成交量中有對敲造勢的成分，但是也說明跟風盤非常踴躍。漲停可以最大程度地吸引市場跟風，而第二天開始股價卻沒有開高走高，反而突然疲軟。

這可能是主力利用人們的慣性思維，認為股價漲停後，後市必將拉高，如果不拉高就要賣的心理，順勢打壓洗盤，為後市拉高做足準備。這類個股往往在不久之後，就有不錯的拉升行情展開。

這種盤面的操作技巧為，一是看前期股價下跌幅度大小；二是分析漲停出現時的價位高低。如果前期跌幅大，股價處於低位，那麼漲停就是一個見底訊號。

如圖 1-58 所示，該股在低位出現長時間的築底走勢，主力吸納了大量的低價籌碼，2019 年 7 月 22 日股價小幅開低後，呈現逐波走高態勢，下午繼續走強，尾盤放量拉漲停，股價創出上漲新高，上漲空間被有效打開。之

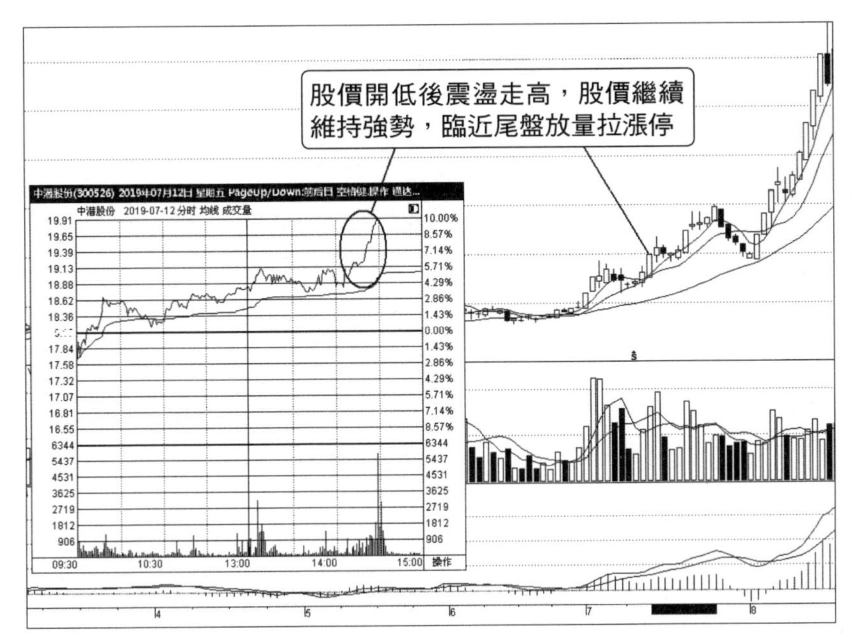

▲ 圖 1-58　中潛股份（300526）日 K 線和分時走勢圖

後主力洗盤整理，股價回落到該位置時，得到有效確認後，股價出現加速上漲行情。

尾盤漲停定式

一般來說，漲停的次日或隨後幾日的獲利機會較大。那麼，什麼樣的漲停較可靠呢？一般認為早盤的漲停可靠性大。但也有風險，萬一遇到大盤不好，個股尾盤隨大盤跳水，那麼在上午漲停買入的個股勢必有開板的風險，一般開板後次日還會下挫。

在尾盤漲停的個股由於有跟風的因素，投資人一般不追尾盤的漲停。但是，如果能找出主力決心大的尾盤漲停，賺錢的機會就來了。為此可以設計出一個尾盤追漲停的模型，符合限定條件的尾盤漲停還是值得追擊。

尾盤追漲停的技術模型，就是要符合一定條件的必勝圖形。

(1) 股價開盤後進行短暫的震盪整理，可以在前一日收盤價上方或下方，也可以圍繞前一日收盤價震盪。需要注意的是，如果在前一日收盤價下方運行，時間上應小於 30 分鐘，跌幅最好在 3% 以內。跌幅大既影響拉升難度，也容易傷害盤面氣勢。如果在前一日收盤價上方運行，時間上可以放大到一個小時，這樣即使放進新多頭，其介入成本也相對較高，方便次日繼續拉高。

⑵ 經過短暫的震盪後，一個拉升波將股價拉高到下一個箱體，然後又開始新一輪的震盪。如果前一箱體內執行時間越長，那麼拉升波要求有力度、有高度，拉升不能猶豫。

這裡告訴大家一個鮮為人知的大秘密，很多人都因此吃虧上當：實盤中如何分析震盪後的拉升波呢？就是震盪時間長的話，必須拉升堅強有力，才能說明這個震盪是主力有預謀的行為；否則就不成立，那麼就要放棄跟進，甚至要賣出。如果震盪時間短，則可以放寬拉升的力度，這是因為主力準備並不充分，但可以確定主力仍在控盤中。

⑶ 第二個箱體的執行時間不能超過兩小時。如果超過兩個小時，必須滿足兩個要求：一是高度必須足夠高，達到 5% 以上的漲幅；二是必須再有一個有力度的拉升波，不能猶豫。

⑷ 經過前面兩個有力度的拉升波後，股價拉到第三個箱體，這個箱體執行時間應小於半小時。需要特別指出的是，有的個股盤面比較簡單直接，經過較長時間的震盪整理後，第二個拉升波就直接把股價封於漲停。

⑸ 封盤後要快速縮量，最好不能有開板，即使出現開板，也要迅速重新封回。

下面結合幾個實例分析，看看它有什麼特點？盤面背後隱藏著什麼操盤本質？

如圖 1-59 特發信息（000070）的分時圖所示，在該股分時走勢中，開盤後先下探，在前一日收盤價下方整理半個小時，然後一個拉升波有力拉高，進入下一個整理平台。經過一段時間的震盪整理，又一個拉升波繼續拉到更高的平台，尾盤拉至漲停，這是一個非常標準的必勝圖形。下面按照時間順序來進一步解釋，與大家分享。

⑴ 開盤後不久迅速打壓股價，但並沒有產生恐慌下跌，而是在前一日收盤價下方作小箱體運行，跌幅在 3% 以內。這是主力有計劃、有預謀的表現，是主力控盤的結果。

⑵ 10 點左右一個拉升波將股價拉到下一個箱體，然後又開始新一輪的震盪整理。拉升波顯示出主力源源不斷投入資金，也能說明第一個時間段主

力是有計劃、有預謀的推斷。「現在，洗盤結束了，該拉升了！」這就是操盤手在盤面所透露出來的訊號，是一種強烈的做盤訊息。這就是透過盤面看本質，如果不是有計劃、有預謀，怎麼可能低位震盪過後出現一波有力的拉升波呢？這次拉升波幅度不大，但乾脆有力，沒有猶豫。

⑶ 第二個箱體執行時間不到兩小時，拉升幅度雖然不到 5%，但這是一個有力度的拉升波，符合上述條件。

⑷ 午後開盤不久出現第二個有力的拉升波，股價拉到第三個箱體，這個箱體執行時間雖然超過半小時，但盤面堅挺，回檔不破第二個箱體的上沿。

⑸ 尾盤單波拉到漲停，強勢表現無可爭辯。

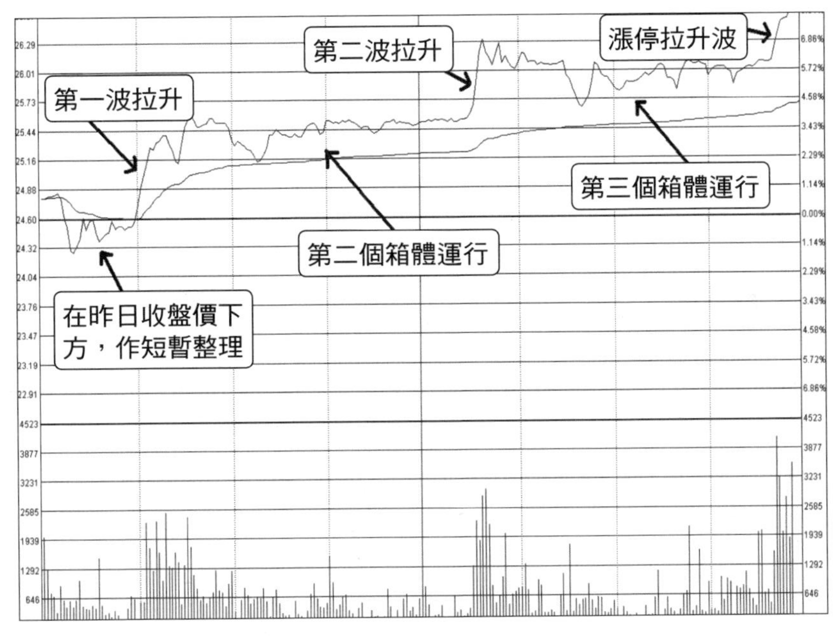

▲ 圖 1-59 特發信息（000070）分時走勢圖

如圖 1-60，這是該股 2020 年 3 月 23 日的分時走勢。開盤後，先出現一波拉升，然後形成橫盤整理。經過整理後再次出現一波拉升，接著又出現強勢整理平台。在整理時盤面呈現箱體震盪，股價不破當日均價線。尾盤股價拉至漲停，這是一個非常理想的必勝圖形。

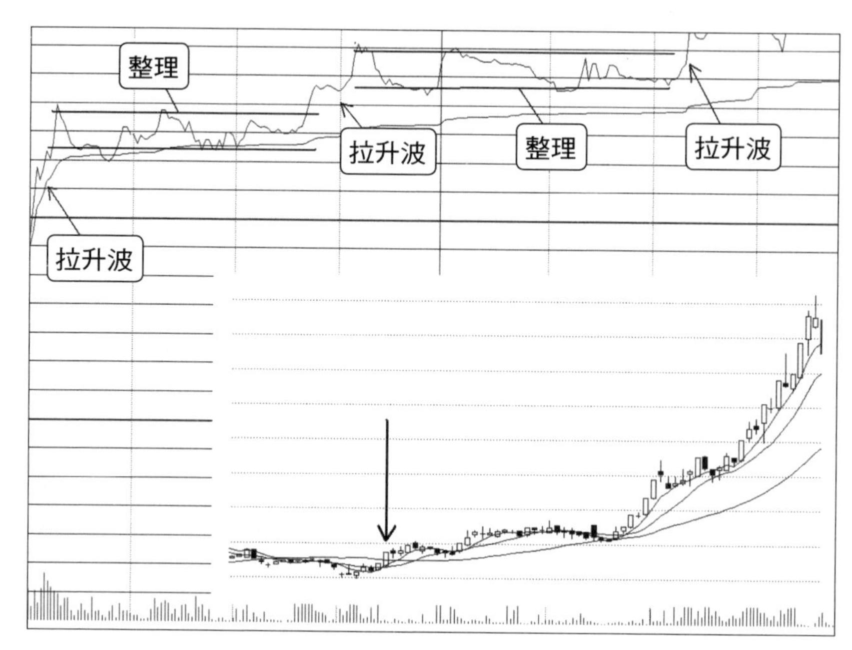

▲圖 1-60　奧翔藥業（603229）日 K 線和分時走勢圖

實盤中，有的個股盤面比較簡單直接，經過較長時間的震盪整理後，第二個拉升波就直接把股價封於漲停，但這種盤面的箱體整理時間，要比三波漲停要強得多。

如圖 1-61，這是該股 2020 年 1 月 17 日的分時走勢圖，股價開盤後出現一波拉升波，將股價維持在前一日收盤價上方進行橫盤整理，午後出現一波有力的拉升波，整理時間近 2 個小時，之後開始出現第二波拉升波，股價摸板後強勢震盪，尾盤強勢封板。這種盤面走勢，大多具有繼續上攻的動力，投資人可以積極跟進做多。

尾盤放量漲停分析

1. 為什麼出現尾盤放量漲停

指股價全天的大部分時間在低位橫盤運行，但主力在臨近收盤前的較短時間裡突然放量拉升，將股價拉升到漲停。

這裡所說的尾盤放量漲停，通常是指收盤前半個小時內，股價突然放量向上拉升，並且是一氣呵成地把股價拉至漲停。漲停之後，成交量迅速萎

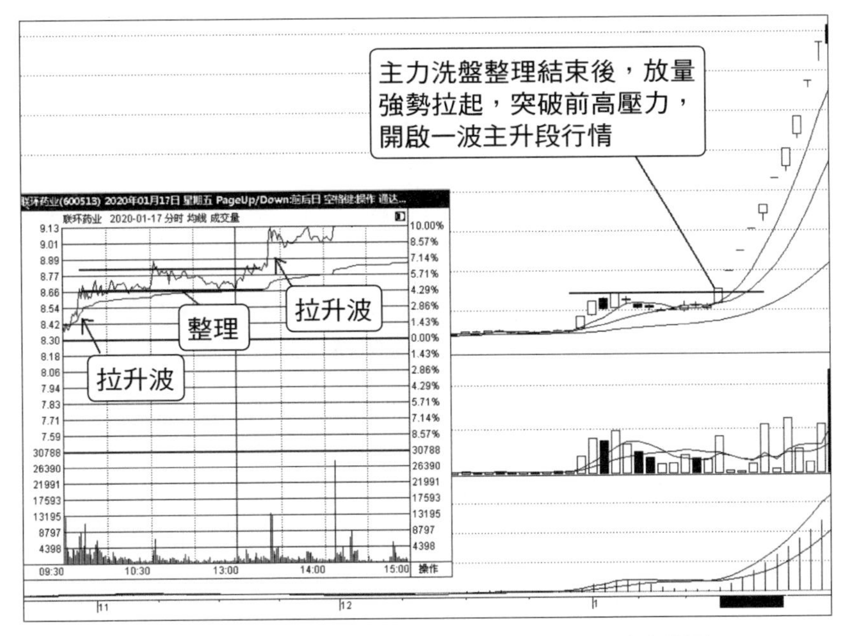

▲ **圖 1-61 聯環藥業（600513）日 K 線和分時走勢圖**

縮。出現這種走勢的個股，表示該股主力已經達到了高度控盤的程度。

出現這種走勢的個股，大部分都是一些強勢主力股，主力達到高度控盤。開盤之後，主力全天把股價控制在一個很小的範圍內波動，讓散戶在這個區域自由買賣，當股價到了關鍵的點位時，主力才出來干涉一下。

由於主力高度控股，盤中股價一直表現得比較低迷，即使此時大盤出現強勢上漲，該股依舊我行我素，始終處於這種沉悶走勢之中。當大家都對該股失去信心的時候，主力突然在尾盤對股價進行大幅度的拉升，並且迅速向上拉高，讓散戶根本來不及作出反應。

一般的散戶看到個股在一天的大部分時間裡，股價都是處於低迷的狀態，收盤前的半個小時內，不會對股價再抱有太多幻想，有的散戶甚至都不願意繼續關注盤面變化了。主力正是抓住散戶的這種心態，在尾盤採用對倒手法，把股價快速拉上去。成交量呈現出明顯的放大，而這個成交量往往是主力的自買自賣產生的。當股價被拉至漲停後，成交量又迅速萎縮。這表示在股價漲停後，很少有主動性的賣盤出現，主力對籌碼鎖定比較牢固。

除此之外，之所以在尾盤拉升還有一種可能，就是主力資金實力不是很雄厚。主力採用在尾盤拉升的最大好處，就是可以節省很多拉升成本。因為這時很多散戶來不及作出反應，股價就已經漲上去了，可以避免一些賣壓盤，增加主力接籌和拉升成本。

2. 尾盤放量漲停操作技巧

尾盤放量漲停一般都是主力行為，這是主力在拉升階段常用的做盤手法。當然，也不排除主力在出貨過程中採用這種手法拉升，引誘投資人入場接盤。因為，不少人以為主力搶籌次日必然再漲，殊不知這正是主力刻意操縱股價，製造上漲假象，為次日出貨而做的準備工作。

由於尾盤所剩的時間有限，有些持股人也未必能分辨出主力的目的而快速賣出，所以主力尾盤偷襲，所耗資金較小，又能拉出較大的出貨空間，次日則在高位出貨籌碼。特別是股價在高位，尾盤異動拉升漲停，暴露出主力的動機——騙術，目的就是出貨。持股者一旦發現，應借機賣出，切莫心貪渴望再漲。所以尾盤放量漲停時，要格外關注股價所處的位置。

⑴ 如果是在股價剛啟動的底部區域，或者是在股價上漲中途出現這種走勢，往往標誌著主力開始進入拉升階段，後市股價將會繼續向上攀升。此時，投資人可以在股價漲停的瞬間買進，或者在第二天開盤後股價繼續走強時果斷追進。

如圖 1-62 所示，該股成功構築多重底後，2020 年 6 月 16 日主力在尾盤放量持續拉高，短線資金入場積極，預示股價將進入強勢上漲行情，投資人可以漲停的瞬間或次日伺機介入。

⑵ 如果是在股價經過大幅度上漲之後的高位出現這種走勢，那麼投資人就要注意了，因為這很可能是主力在故意拉高股價，引誘投資人入場接盤，從而達到出貨的目的。在這種情況下，後市股價很可能會出現下跌行情。因此，投資人遇到這種走勢的個股時，一定要看清楚股價所處的位置。

高位出現尾盤漲停時，如果是主力在出貨，盤面上一般會有兩個明顯的特徵：一是在拉升之前的震盪過種中，成交量不會呈現萎縮的狀態，而是呈現時大時小的現象。

二是在股價封住漲停之後，成交量很少馬上出現縮量狀態，反而會出現持續放大的現象。所以，投資人如果遇到此種走勢的個股，要立即分析該股

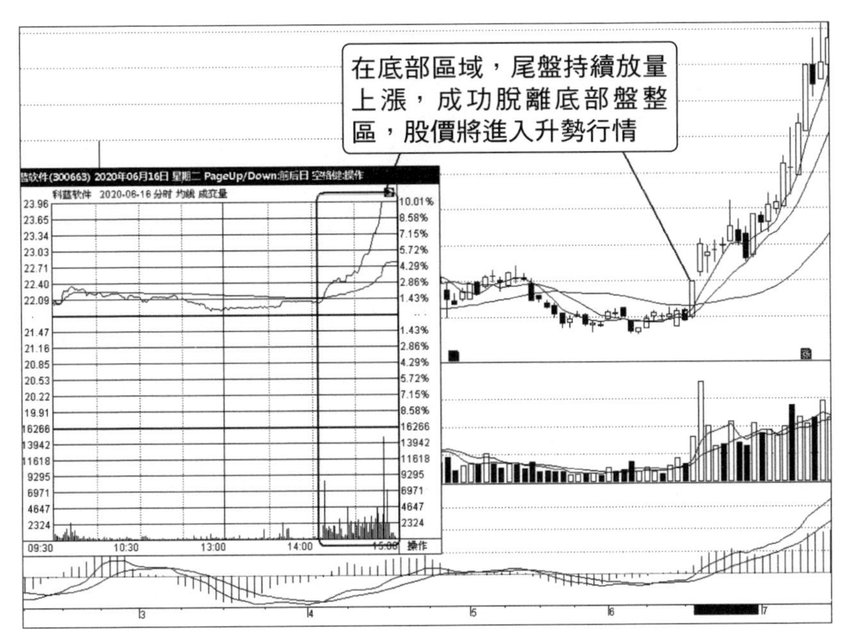

▲ 圖 1-62　科藍軟件（300663）日 K 線和分時走勢圖

的日 K 線走勢，看一下該股此時所處的位置。如果股價處於長期上漲後的高位區域，那麼投資人最好不要去碰它，這很可能就是主力準備出貨而故意設下的圈套。

如圖 1-63 所示，2020 年 3 月 5 日股價開盤後震盪走低，盤中跌幅一度超過 7%，成交量保持較高狀態，表示主力出貨意圖非常明顯。午後股價止跌回升，主力對倒強勢拉抬，尾盤封漲停。第二天股價衝高回落，形成階段性頂部。這種盤面走勢，一開始看起來非常強勁，事實上非常不安全。原因有三個：一是股價短期漲幅較大；二是封盤後仍然出現較大的成交量；三是日 K 線結構上有邊拉升邊出貨的嫌疑。

(3) 在大幅反彈的高點出現尾盤拉漲停，也要警覺到有反彈結束之意。

如圖 1-64 所示，該股見頂後逐波回落，之後出現超跌反彈走勢，2020 年 3 月 20 日在反彈高點，尾盤出現異常走勢。在分時運行中，開低後維持一段時間的弱勢橫盤整理，幾乎沒有任何上攻動力，在臨近尾盤時出現兩波快速拉升，將股價拉至漲停。這表示反彈行情即將結束，為多頭最後一衝的表現，投資人不宜參與。

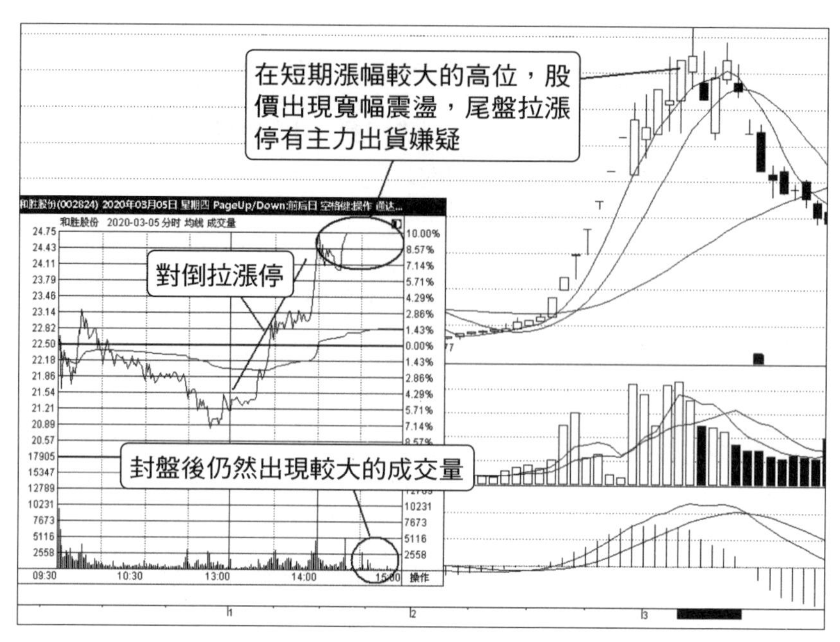

▲ 圖 1-63　和勝股份（002824）日 K 線和分時走勢圖

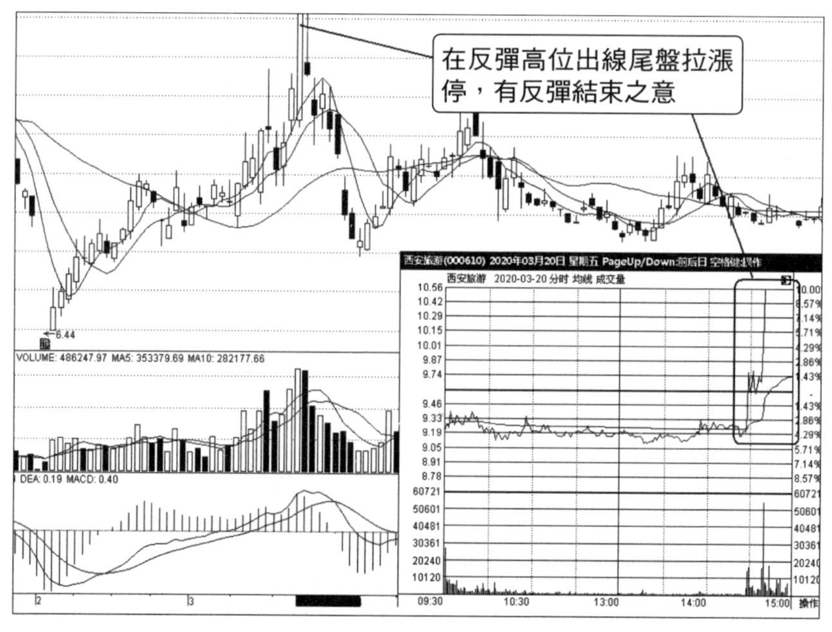

▲ 圖 1-64　西安旅遊（000610）日 K 線和分時走勢圖

尾盤分析方法

在實盤中經常遇到盤尾拉漲停，有些可以參與，有些則是陷阱。為了更能掌握買賣時機，提高操盤成功率、減少失誤率，根據上述實例為投資人歸納出以下思路：

⑴ 將個股價格和個股技術形態結合起來分析：如果一檔股票構築緩慢的上升通道，並進入最後的五浪加速期，這時候的急速拉高屬於本身趨勢形態上漲加速，在股價快速起飛的初期，可以適度跟漲；反之，則應該觀望。

⑵ 區別不同位置的尾盤漲停：在低位出現尾盤急拉現象，一般表示主力掌握的籌碼不足，拉高是為了吸籌，以備打壓股價之用。次日甚至此後數日，下跌機率極大。因此應對的辦法是逢高賣出，之後加強觀察。

在中位出現尾盤急拉現象，一般表示處於拉升中繼，如果全天股價均在高處，則次日上漲的機率較大；如果全天股價處於盤整狀態，而尾盤急拉，表示洗盤即將開始，尾盤拉升是為了加大洗盤空間，但同時又不願大跌，以免廉價籌碼被散戶搶去。因此應對的辦法是：既可以出場，也可以觀察待變。

在高位出現尾盤急拉，一般是為了加大出貨空間，逢高及時賣出是明智的選擇。對於主力嚴重控盤股票的尾盤拉升，一般可以不理會、不參與，因為主力可以隨意定義股價，既然可以拉升，也完全可以打壓。

⑶ 對於在高位橫盤經常出現尾盤急速拉高的個股，應有所警覺。特別是全天的交易時間裡，基本上保持震盪盤跌，而在臨近收盤時，就有大買盤主動推高股價，並且這樣的股票累積漲幅已經不小，應該思考是否為主力騙線做圖，掩蓋自身出貨痕跡。

⑷ 區分有量急拉和無量上漲的情況。前者屬於主力對敲做盤，從買賣檔可以看到很多大單、整數單大舉買進，這種情況十之八九是主力故意炫耀實力，引誘散戶跟風。後者則是突發刺激，場外資金急切搶進，股票無須放量就輕鬆漲停，這往往有兩個含義：一是主力惜售，二是籌碼高度集中。這種情況下的無量拉高，特別是封漲停，後市絕對可以看好。

⑸ 分析當天大盤強弱：如果當天大盤在尾盤出現急速拉升，而且市場中出現價量齊升的板塊，投資人可以順勢參與尾盤急速拉升的股票，但要注意控制好倉位，設置好停損位，一旦次日走勢偏弱，就應考慮停損出場。如果當天大盤走勢偏弱，分時圖上出現震盪下行的走勢，個股在尾盤出現急速

拉升，投資人可以借此良機逢高賣出，千萬不要猶豫，不要錯過減倉機會。

⑹股價與均價線之間的位置：如果股價在均價線的上方運行，表示當天的分時走勢比較強勁。當股價經過盤整後，突然擺脫盤整區域快速上漲，呈現跳躍式上升，且上升速度很快，上升角度很陡，投資人可以順勢追進。反之，則說明當天的分時走勢偏弱。當股價經過一波又一波的震盪下行後，遠離均價線，突然出現急速的尾盤拉升，投資人應謹慎對待此種上漲，不參與追漲較好，可以適當逢高減倉。

⑺分析成交密度和大單成交：成交密度就是股價在成交連續上的緊密程度，是指股價在1分鐘的單位時間裡的成交間隔度。成交密度越大，表示參與者越多，而參與者越多，則人氣越旺、成交越活躍，而成交越活躍，則尾盤拉漲停的機率極大。在尾盤拉升過程中，如果出現連續的大單掛單或者斷續的大單掛單，表明主力開始參與其中。反之，投資人就不必追高參與。

⑻根據流通盤大小區別對待：在大型股的炒作中，尾盤拉升出現的機率一般會大於小型股。因為在大型股的炒作中，主力必須努力解決不控盤問題。由於監管力度的加強，高控盤的炒作模式已被市場所否定。主力股的大跳水，給新的市場主力敲響警鐘。在近年的行情中，不難看到一種新的操作手法：不控盤操作正在被市場廣泛應用。那麼，如何做到既不控盤又能推高股價呢？

一是充分利用大盤氣勢和板塊效應；二是多次使用尾盤拉升的手法。因為尾盤的時間短、賣壓小、拉升時成交量不大，主力買入的籌碼有限。第二天如果大盤不是太壞，一般股價都能在高位撐住，看到尾盤拉升頻頻出現。在出現尾盤拉升走勢後，並不意味著股價會下跌，相反地，繼續上漲的機率較大。因此應對的辦法是：只要股價不在高位，表示處於拉升中途，仍可繼續持股。

第 2 章

牢記這幾種漲停的「K 線形態」，抓出獲利的買賣點

2-1

凹字型漲停：漲停—打開—再封漲停

特殊型漲停有以下五種形態：凹字型漲停、凸字型漲停、T 字型漲停、一字型漲停和天地型漲停，這五種漲停各具特色，又各有功能。讀懂了這些漲停的盤面語言，就可以在漲停出現時抓住機會，成為真正的抓漲停板高手。

凹字型漲停技術要點

所謂凹字型漲停，是指股價在快速封住漲停以後，盤中被打開一段時間又重新封盤的走勢形態。其分時圖如同一個「凹」字，故稱凹字型漲停，其過程簡單來說就是「漲停—打開—再封漲停」。

1. 凹字型漲停主要原因

為什麼會出現凹字型漲停走勢呢？主要原因有三：

⑴ 部分獲利盤或套牢盤在漲停時賣出。

⑵ 主力故意撤掉漲停封單或用自己的籌碼打開漲停，開板洗盤計畫完成後又重新封盤。

⑶ 這種形態如果出現在低位，大多是主力利用開板吸貨或洗盤。如果出現在漲幅較大的高位，這是主力利用漲停出貨的一種操盤手法。

2. 凹字型漲停技術要點

在實盤中操作凹字型漲停時，應掌握以下技術要點：

⑴ 均線系統向上，最好是剛剛形成多頭排列，或者是第二次多頭發散（洗盤結束）。在均線系統大幅擴散時，小心出貨性凹字漲停。

⑵ 成交量放大，但不是異常放大，以漲停前 5 日均量的 3 倍以下為宜，或換手率在 5% 以下，超過 10% 應謹慎。

⑶ 技術指標向上，如 MACD、RSI 等指標，剛剛形成黃金交叉或已經黃金交叉，BOLL 指標穿過中軌線。

⑷ 漲停當天如果伴有向上跳空缺口，則看漲意義更強，但前提是必須屬於突破性缺口或持續性缺口，而不是衰竭性缺口。

⑸ 收盤前重新封漲停，封盤後快速縮量，顯示出籌碼鎖定性好，資金沒有大規模出逃，否則應有所警覺，封盤後的放量一般不是好事。

⑹ 次日延續上漲或保持強勢狀態，如果次日盤面走弱，則後市有重歸整理的可能，或是出貨性凹字漲停。

凹字型漲停實盤技巧

1. 建倉性凹字漲停

建倉性凹字漲停通常出現在大幅殺跌後，量能極度萎縮的情況下，由於市場過於超跌導致惜售，主力很難吸籌，只能採用漲停建倉。這種漲停的內部結構是漲停後反覆打開，讓一部分散戶解套交出籌碼，漲停後短期很少出現持續上漲，因為主力後面可能還要進行整理或試盤，最後才是快速拉升。

如圖 2-1 所示，該股見頂後大幅回落，主力悄然入場低吸籌碼，由於投資人低位惜售心理，主力吸貨難以如願。2020 年 5 月 18 日，開盤後強勢拉起，股價直奔漲停板，主力經由拉漲停方式強勢收集籌碼。在當日分時走勢中，開盤後幾乎一波式拉漲停，封盤一段時間後「開閘放水」，然後又重新封單至收盤，封盤後成交量快速萎縮，籌碼立即鎖定，形成凹字漲停形態。

關於這種盤面現象，只要股價不是處在高位，後市一般還能創出新高，具有中短線投資價值。只要股價不破漲停的起漲點，就可以一路持有到主力出貨為止。該股此後強勢上漲，短期股價漲幅翻倍。

很多時候，凹字型漲停在分時走勢圖上，由於受突發性利多或主力急於拉高而形成一個向上跳空缺口，這是因為主力急於搶籌上攻所致。但往往由於攻得太急，反而導致空頭逢高減倉的欲望，所以漲停會被打開，當空頭籌碼賣盤已盡，多頭重新向漲停攻擊時，就是最後的買點。要注意的是，重新封上漲停後是放量還是縮量，是區分主力是出貨還是洗盤的關鍵。

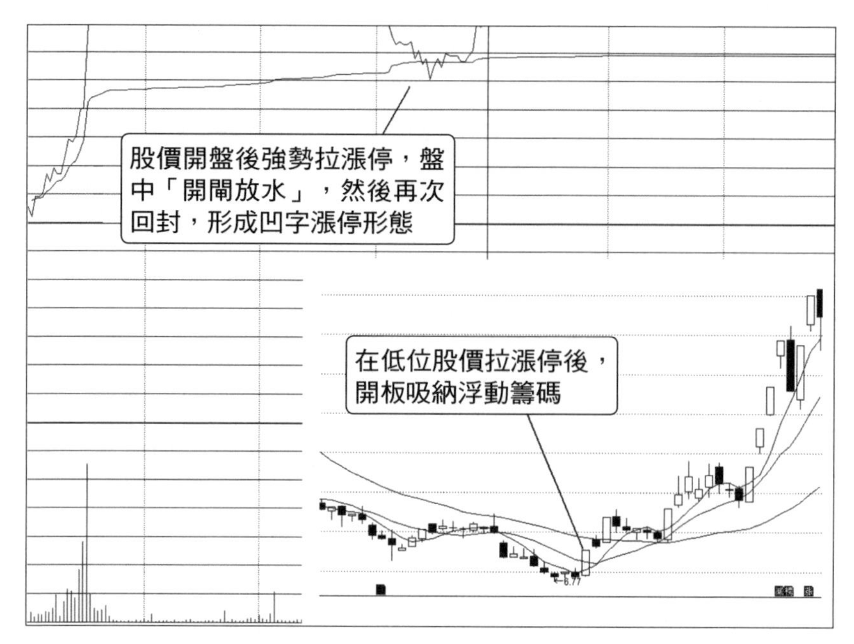

▲ 圖 2-1　新力金融（600318）日 K 線和分時走勢圖

2. 洗盤性凹字漲停

洗盤性凹字漲停大多出現在上漲初期，股價漲幅並不大，盤中一旦打開漲停，一般很快會重新封上漲停，即使當天沒有封盤，通常也會在 3 天內創出反彈新高，給漲停位置買入的散戶解套，以達到洗盤目的。在分時圖中，漲停打開的成交量，不能超過封漲停的成交量，即漲停量大、打開量小，這一點很重要。

如圖 2-2 所示，該股脫離整理平台後，進入強勢洗盤狀態，2019 年 5 月 16 日放量漲停，股價再次突破前期小高點，表示主力整理接近尾聲。在分時走勢中，股價直線拉漲停，然後開板洗盤整理，股價回落到當日均價線附近止跌，尾盤再次封漲停，形成凹字漲停圖形。結合日 K 線圖形分析，股價位置不高，均線系統多頭發散，屬於洗盤性凹字漲停，可在當日或次日果斷介入。

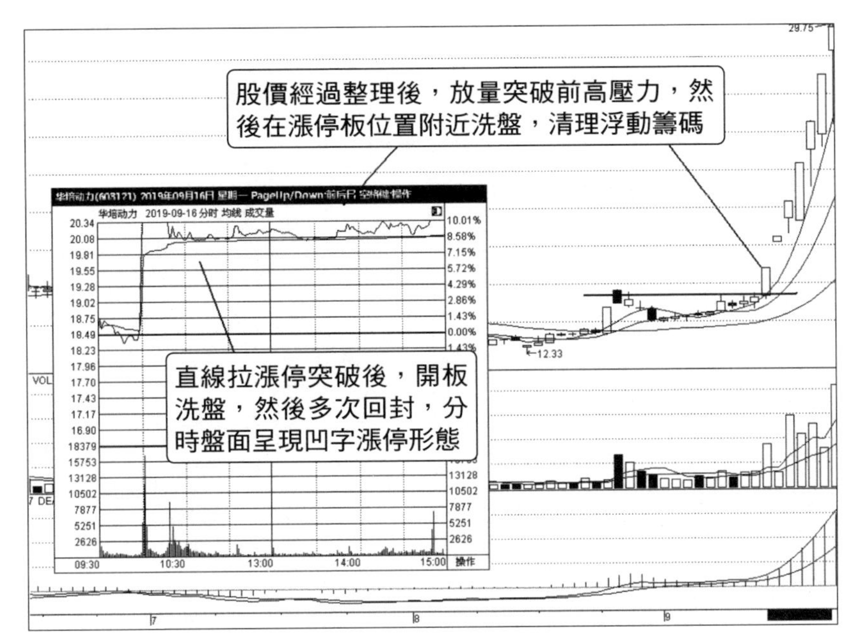

▲ 圖 2-2 華培動力（603121）日 K 線和分時走勢圖

3. 出貨性凹字漲停

股價經過大幅上漲或快速拉升後，在高位繼續漲停，但獲利籌碼兌現加大，盤中被迫打開封盤，雖然尾盤重新封漲停，形成凹字漲停形態，但主力出貨意圖已初露端倪，因此這種漲停屬於出貨性凹字漲停。

如圖 2-3 所示，該股停牌 20 天後，2020 年 5 月 14 日復牌，股價借助利多出現暴漲行情，9 個交易日拉出 8 個漲停，股價從 3.78 元飆升到 8.65 元，然後在高位出現震盪。6 月 3 日，開盤後股價震盪走高，上午收盤前漲停，但午後打開封盤，股價出現震盪，然後又重新封板。在盤中，籌碼賣壓不斷，雖然重新封漲停，但這是主力誘多手法。

從日 K 線結構上，似乎形成向上突破，打開新的上漲空間，給投資人無限的想像。可是，第二天開低 4.62% 後，股價震盪走低，收盤時下跌 8.19%。從前後兩天走勢分析，說明主力利用向上假突破吸引跟風盤，這時主力出貨意圖也全面暴露。

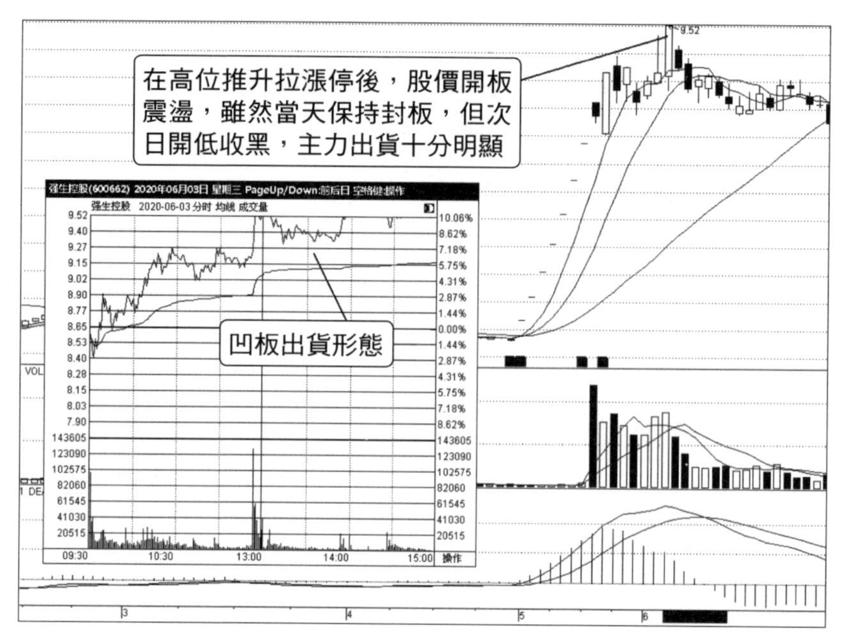

▲ 圖 2-3　強生控股（600662）日 K 線和分時走勢圖

4. 凹字漲停開板分析

出現凹字漲停時，中間開板後的震盪時間長短、回落幅度大小、開板次數多少，都對實盤具有重要影響。開板後能夠快速回封的，一定比開板後長時間不回封的要強勢得多。開板後小幅回落就能回封的，比大幅下跌後再回封的乾脆得多。開板次數多少也是十分重要的盤面訊息，開板次數越多，就越沒有安全感，但要結合股價所處位置進行分析。

實盤中可以參考以下幾個因素進行分析：

⑴ 分時拉升是否強勢，主力強勢拉升的，容易快速回封。

⑵ 是否有成交量的放大支持，價漲量升的比較理想。

⑶ 開板是否受外界影響（如大盤或板塊整體走弱），如遇大盤跳水，當大盤止跌後就會馬上回封。

⑷ 區分板塊中的龍頭股和跟風股，龍頭股易回封，跟風股看整體。

⑸ 前期上漲氣勢和股價所處位置，氣勢強盛且股價漲幅不大的，開板後通常會快速回封。

⑹ 有無當前市場熱點、題材等基本面消息。

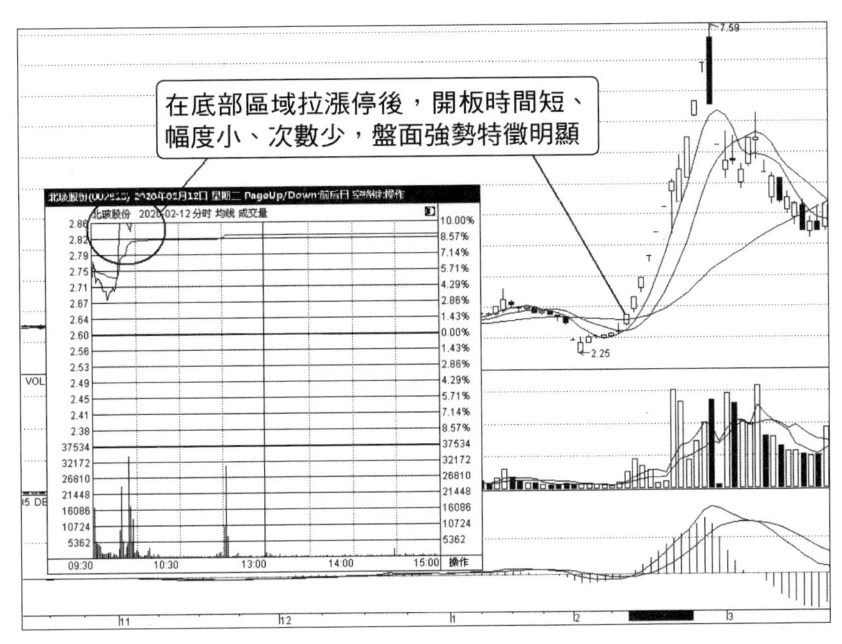

▲ **圖 2-4 北玻股份（002613）日 K 線和分時走勢圖**

如圖 2-4 所示，該股主力在底部製造空頭技術陷阱後，股價漸漸止跌回升。2020 年 2 月 12 日，股價開高略作整理，然後放量直線拉漲停。由於拉漲停過於急躁，遭到短線獲利籌碼的賣壓，盤中出現開板現象。開板 3 分鐘後，股價重新封板，直到收盤封板不動，顯示出主力風格果斷，從此股價出現拉升行情。

從盤中分析，該股處於底部區域，主力強勢拉升，開板後回落幅度很小，且快速回封後不開板，在基本面方面也有多重題材的支持。投資人遇到這類個股時，可以在當日追漲停買入，也可以在次日開盤入場。

如圖 2-5 所示，該股在 2020 年 5 月 18 日見底後，出現一波強勢拉升行情，股價短期漲幅較大。7 月 1 日，跳空開高 4.24% 後，股價震盪走高，在漲停位置反覆開板，回落幅度也較大，顯示上方壓力較重，主力繼續拉升面臨困難，股價存在潛在回檔風險。

從盤中分析，該股處於高位，股價遇到前高壓力，開板後回落幅度較大，震盪時間較長，反覆開板難以果斷回封，顯示多頭信心開始動搖。投資人遇到這類個股時，應當逢高了結，落袋為安。

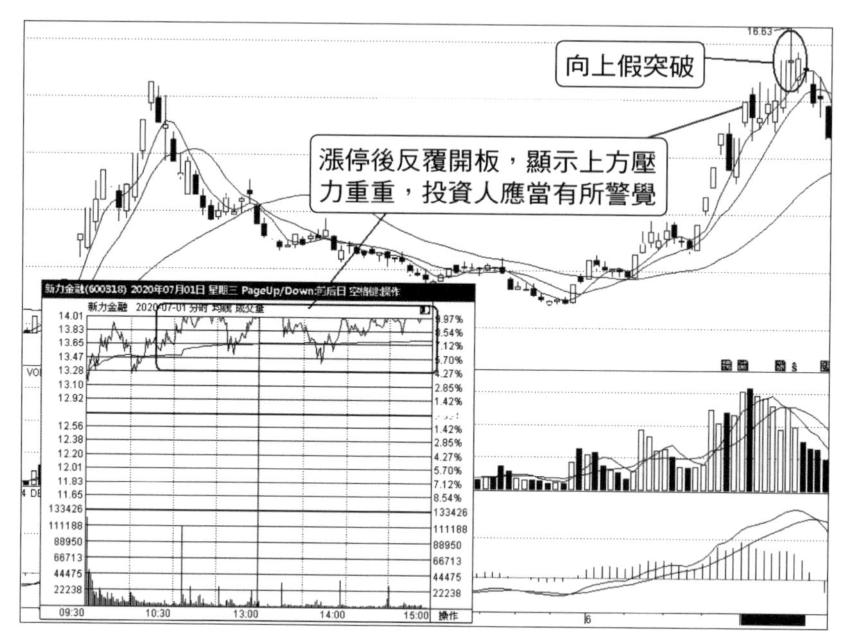

▲ 圖 2-5 新力金融（600318）日 K 線和分時走勢圖

5. 凹字漲停操作技巧

⑴ 判斷股價位置：在長期下跌後的低位出現凹字漲停，大多為建倉性漲停；而在小幅上漲後的上升趨勢中出現的凹字漲停，通常為洗盤性漲停；而在大幅上漲後的高位出現的凹字漲停，一般為出貨性漲停；下降趨勢中出現的凹字漲停，也是自救性出貨漲停。

⑵ 關注成交量變化：重新封上漲停後是放量還是縮量，是區分主力是出貨還是洗盤的重要標誌。如果重新封盤後縮量的，大多是建倉性或洗盤性漲停；如果重新封盤後成交量仍然很大，則大多是出貨性漲停。

⑶ 觀察次日走勢：次日如果繼續上漲或保持強勢盤面，大多屬於建倉性或洗盤性漲停；次日如果股價下跌或走弱，則大多是出貨性漲停。

⑷ 分析股價趨勢：在上漲趨勢中出現的凹字漲停，其可靠性高；在下跌或震盪趨勢中產生的凹字漲停，其可靠性低。

⑸ 上述現象產生技術共振時，可靠性更大。如果確定屬於建倉性或洗盤性漲停，買入點可以選擇在當日均價線附近；如果確定為出貨性漲停時，賣出時機可以在收盤前幾分鐘離場。

2-2

凸字型漲停：漲停—打開—最後不封漲停

凸字型漲停技術要點

所謂凸字型漲停，是指股價開盤後向上拉至漲停，並封盤一段時間，然後封盤被打開，直至收盤也沒有重新封上漲停的一種走勢。其分時圖如同一個「凸」字，故稱凸字型漲停，其過程簡單來說就是「漲停—打開—最後不封漲停」。

1. 凸字型漲停主要原因

為什麼會出現此種走勢呢？也有四個主要原因：

⑴ 部分獲利盤或套牢盤在漲停時賣出。

⑵ 主力故意打開漲停進行建倉、洗盤、試盤。

⑶ 如果出現在漲幅較大的高位，大多為出貨性漲停。

⑷ 主力實力不強，遇大盤或板塊整體走弱，被迫開板。

2. 凸字型漲停技術要點

在實盤中操作凸字型漲停時，應掌握以下技術要點：

⑴ 出現在大幅下跌的低位，表示主力利用凸字漲停建倉。均線系統出現平走或上行，或剛剛形成多頭發散，此時的凸字漲停大多屬於洗盤性質。在均線系統大幅擴散時，要小心出貨性凸字漲停。

⑵ 在低位成交量放大，但不是異常放大，以漲停前 5 日均量的 3 倍以下為宜，或換手率在 5% 以下，超過 10% 應謹慎。

⑶ 技術指標向上，如 MACD、RSI 等指標，剛剛形成黃金交叉或已經黃金交叉，BOLL 指標穿過中軌線。如果技術指標出現高位鈍化或頂背離時，

謹防出貨性凸字漲停。

⑷ 漲停當天如果伴有向上跳空缺口，則看漲意義更強，但前提必須屬於突破性缺口或持續性缺口，而不是衰竭性缺口。

⑸ 收盤前雖然沒有重新封於漲停，但次日延續上漲或保持強勢狀態，則短期依然向上；如果次日盤面下跌或走弱，則後市有繼續整理的可能。

⑹ 打開漲停後的回落幅度不應太大，即 K 線的上影線不應太長。上影線在 3% 以內（即當日股價仍有 7% 以上的漲幅），仍然可以看作為強勢；若上影線超過 5%（即當日股價漲幅不到 5%），則盤面有走弱跡象，後市可能出現整理或下跌，此時應結合股價位置，判斷是否屬於出貨性凸字漲停。

凸字型漲停實盤技巧

1. 建倉性凸字漲停

在長期下跌的底部區域，主力為了加快建倉進度，經常採用凸字漲停方式建倉，讓部分膽小的散戶獲利或解套離場。內在邏輯就是如果漲停封盤不動的話，那麼一般散戶是不會選擇離場的，認為封盤很安全，所以只有打開漲停，形成盤面震盪，散戶才被震盪出去，主力才能拿到低價籌碼，因此漲停打開後不封盤，形成凸字漲停形態。

如圖 2-6 所示，該股長時間在低位盤整，主力悄悄吸納低價籌碼。2020 年 2 月 26 日，開盤後震盪走高，午後兩度拉漲停，但封盤時間都不到 5 分鐘，就被巨大賣單打開漲停，此後股價震盪回落，直到收盤也未能重新回封，形成凸字漲停走勢。短線散戶看到漲停沒有封住，擔心股價再次下跌，一般就會選擇離場，於是主力如願吸納低價籌碼。該股經過短期的震盪後，2 月 20 日放量突破，產生一波主升段行情。

2. 試盤性凸字漲停

在主力完成建倉的試盤過程中，也經常出現凸字漲停走勢，目的是測試市場跟風和賣壓情況，以決定是否拉升。

如圖 2-7 所示，該股止跌後出現小幅拉高，然後出現橫向震盪走勢，形成一個整理盤整區，該位置對後市股價上漲構成明顯的壓力。2020 年 4 月 9 日，開盤後逐波震盪走高，10:30 股價封於漲停。但在尾盤 15 分鐘時間裡，

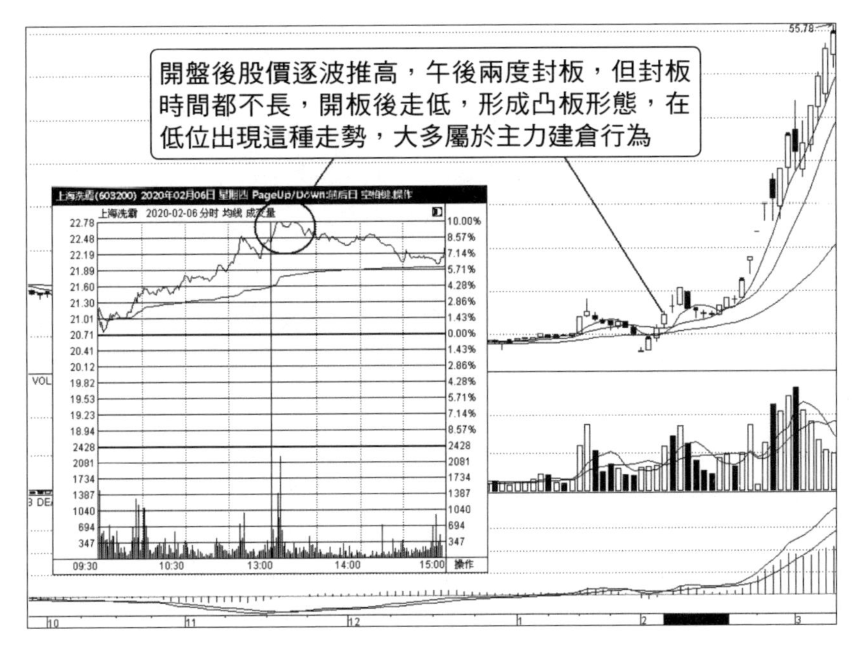

▲ 圖 2-6　上海洗霸（603200）日 K 線和分時走勢圖

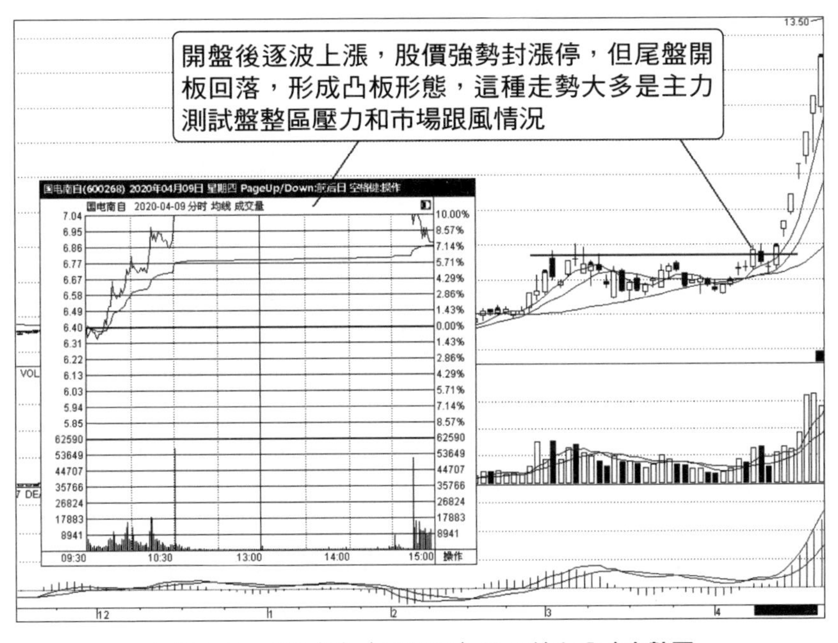

▲ 圖 2-7　國電南自（600268）日 K 線和分時走勢圖

巨量打開漲停，股價出現小幅跳水，當天形成凸字漲停走勢。不少散戶見此情形，紛紛選擇尾盤離場觀望。

這是一種主力洗盤或試盤性漲停走勢，以測試盤整區壓力和市場跟風情況。4月14日股價拔地而起，放量向上突破，產生一波主升段行情。

3. 洗盤性凸字漲停

股價漲停後打開封盤是洗盤效果較好的一種操盤方式。這種洗盤方式，可能充當一個洗盤開始的訊號，也可能充當一個洗盤結束的訊號，取決於股價所處的位置。

如圖 2-8 所示，該股經過大幅下跌後，主力在底部吸納了大量的低價籌碼，股價開始漸漸回升。2019 年 2 月 19 日，股價放量漲停，但午後開板回落，形成凸字漲停走勢。這是主力利用前期盤整區的壓力作用，展開洗盤整理走勢，讓一般散戶感到股價突破無望而紛紛選擇離場觀望。

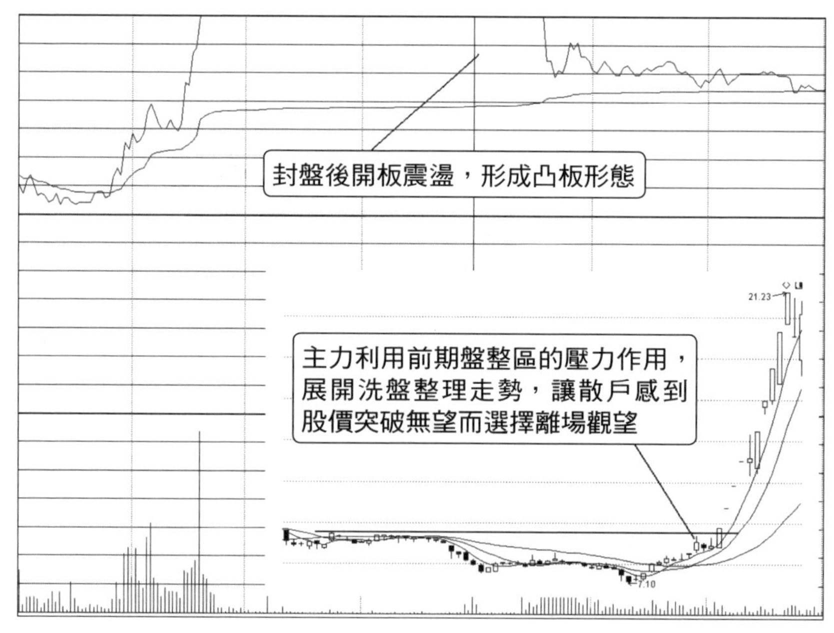

▲ 圖 2-8　銀之傑（300085）日 K 線和分時走勢圖

如圖 2-9 晶方科技（603005）的 K 線圖所示，該股主力完成建倉計畫後，開始向上小幅攀高，然後出現震盪整理。經過一段時間的蓄勢整理後，股價出現強勢盤升走勢，這個過程中分別在 2019 年 11 月 14 日、11 月 29 日和 12 月 5 日，出現三次明顯的凸板洗盤形態。經由洗盤換手後，主力展開拉升行情，股價大幅上漲。投資人遇到這種盤面時，若是短線高手，可以先行出場，然後待回檔結束時重新介入，做一次價差；若是中長線投資人，大可不必理會短暫的洗盤整理，堅定地與主力共舞到底。

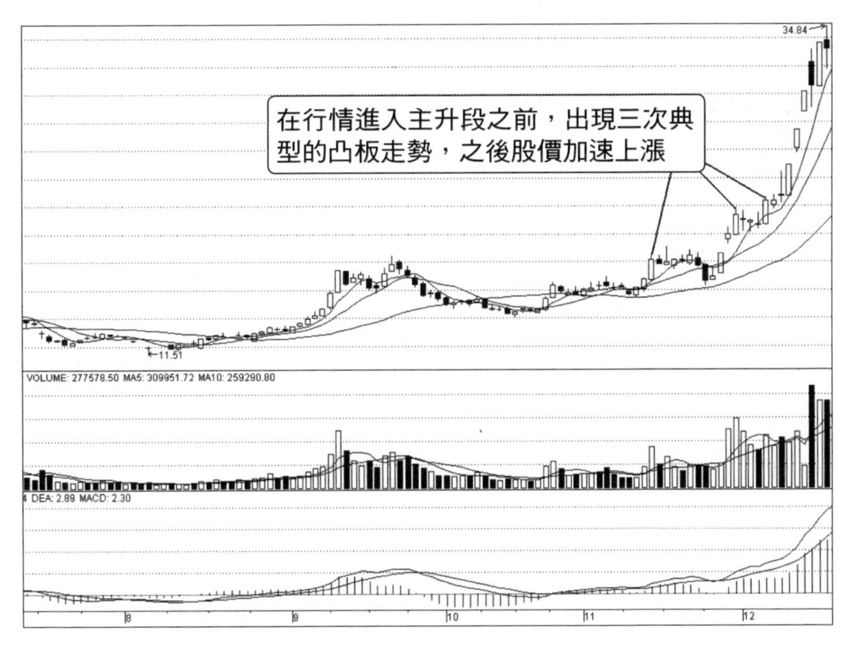

▲ 圖 2-9　晶方科技（603005）日 K 線圖

4. 出貨性凸字漲停

一般而言，凸字漲停走勢屬於失敗的漲停。之所以失敗，主要是由於主力無法控制盤面，被空頭打開漲停，後市若大盤不好，就會出現滯漲或下跌。因此，如果已經持有該股，在確認形成凸字漲停走勢後，原則上應該賣出。特別是股價有了較大幅度的上漲後，出現這種盤面走勢時，大多屬於出貨性凸字漲停走勢。

如圖 2-10 所示，該股短線累計漲幅較大，主力兌現獲利籌碼心切，

2020 年 6 月 9 日開高 3.31%，略作整理後快速拉升至漲停，但封盤一段時間後開板震盪，多次漲停，不作回封，直到收盤也未能重新封板，形成凸字漲停走勢。表示主力經由拉漲停吸引人氣，欺騙散戶入場接單，然後打開封盤，將追漲盤全線套牢。次日，股價直接一字跌停，這時可以確定為前一天的凸字漲停走勢屬於出貨性漲停盤面。

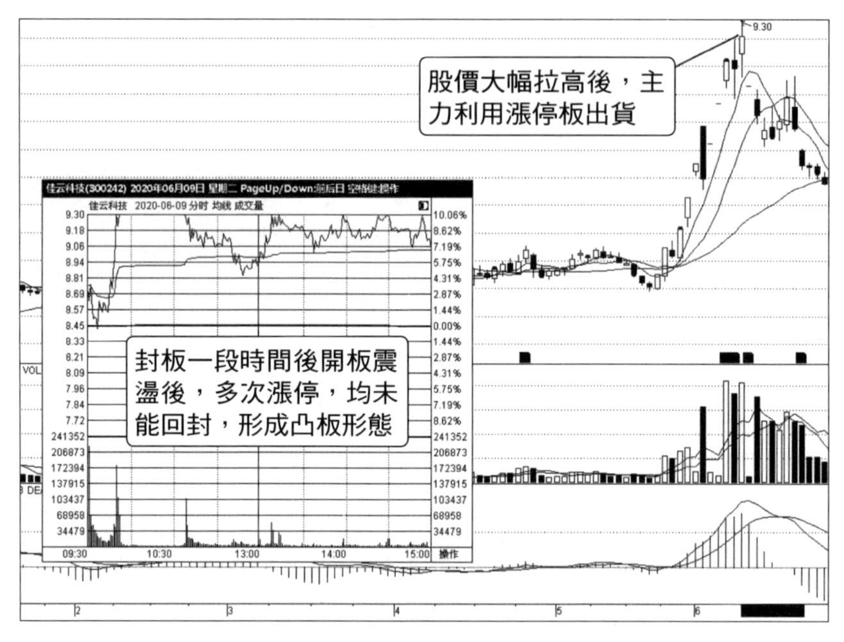

▲ 圖 2-10　佳雲科技（300242）日 K 線和分時走勢圖

2-3

一字型漲停：後市上漲可能性大

一字型漲停技術要點

一字漲停是一種強烈的持續或轉勢訊號，後市股價繼續上漲的可能性很大，但也可能出現變數。因此，投資人在實盤操中應掌握以下技術要點：

⑴ 分析股價出現漲停的內在原因：如果是因為某種消息引起的市場震盪，應當就消息的作用大小，以及消息的來源、真假和透明度進行分析。若是一般消息，市場將很快歸於平靜，股價重新回到原來的勢道之中；若是重大題材，市場可能會改變原來的發展趨勢，股價會出現持續的上漲。

⑵ 從主力操盤流程中洞悉主力行為，掌握當前行情的市場性質，繼而判斷當前市場處於建倉吸貨階段、試盤整理階段，還是拉高出貨階段，然後採取相應的投資策略。

⑶ 在跌勢後期出現一字漲停之前，應有一個充分的整理過程，盤中賣盤減少，成交量極度萎縮，籌碼基本上鎖定，股價維持在一個很小的範圍波動，一旦脫離盤整區往往產生大行情。因此，在初升期出現一字漲停時，散戶應積極做多，若當天無法買進，第二天可以繼續追進，股價繼續上漲的可能性非常之大。連續出現多個一字漲停後，盤中打開漲停時，儘量不要追漲，此時風險大於收益。

⑷ 在漲勢後期出現一字漲停時，如果先前幾個交易日有過放量滯漲現象，則表示主力在高位已經成功地套現了大量的籌碼，這時出現一字漲停時，後市可能轉漲為跌。如果先前幾個交易日是縮量的，則表示主力仍在其中，後市應當還有新高出現。

⑸ 在加速拉升階段出現一字漲停時，如果盤中有大手筆的成交單出

現，表示主力在高位暗中出貨。如果是縮量漲停的，預示股價還將有一段升幅，持股者可以等到放量時出貨，持幣者冷靜觀望為宜。

⑹ 如果股價在底部經過充分盤整後，出現突破性一字漲停，其可靠性比較高；如果股價處於中段，需要結合其他因素分析，如用技術指標、趨勢、形態及波浪等進行相互驗證，技術共振時其可靠性就更高。例如，在均線或趨勢線之下出現的一字漲停，很可能成為失敗形態，多數只是反彈行情，股價會再現跌勢。相反地，在均線或趨勢線之上出現的一字漲停，多數是加速上漲訊號。

⑺ 一字漲停的關鍵不在於全天相同的價格，而在於全天成交量的大小以及掛單、撤單的變化。如果當日成交量悄悄放大，表示市場暗流湧動，主力在搞鬼，一字漲停的性質即將發生變化；如果盤中掛單很大，成交量卻很小，主力的真實意圖須待之後幾天的股價變化才能識破。掛單的大小反映出主力的實力和意圖，「撤單再掛」是主力誘騙散戶的常用方法。判斷方法可以觀察「成交明細表」的變化，如果有大手筆交易，續漲的可能性值得懷疑。

⑻ 在底部出現縮量的一字漲停時，後市可能還會出現多個一字漲停形態。漲勢中的一字漲停，持股者堅定持股不動，穩健的做法是在打開漲停時賣出。在頂部出現縮量的一字漲停時，可能是主力的誘多動作，投資人應高度警覺。

一字型漲停實盤技巧

1. 低價區域一字漲停

一字漲停如果出現在股價經過長期下跌之後，且在低位區域經過充分的蓄勢整理，表示股價止跌回升或出現反轉行情，屬於強烈的見底訊號；如果出現在上漲的初期，表示市場急於拉高，上漲力度非常強勁，後市有持續走高的動力。

如圖 2-11 省廣集團（002400）的 K 線圖所示，該股經過長期的下跌後，進入蓄勢整理走勢。經過一段時間的橫盤震盪後，2020 年 4 月 8 日突然以漲停價開盤，且股價全天封於漲停價位，當天收出一字漲停，之後股價進入強勢上漲行情。

該股經過長時間的下跌整理後，在低位經過反覆的震盪整理。從整體上

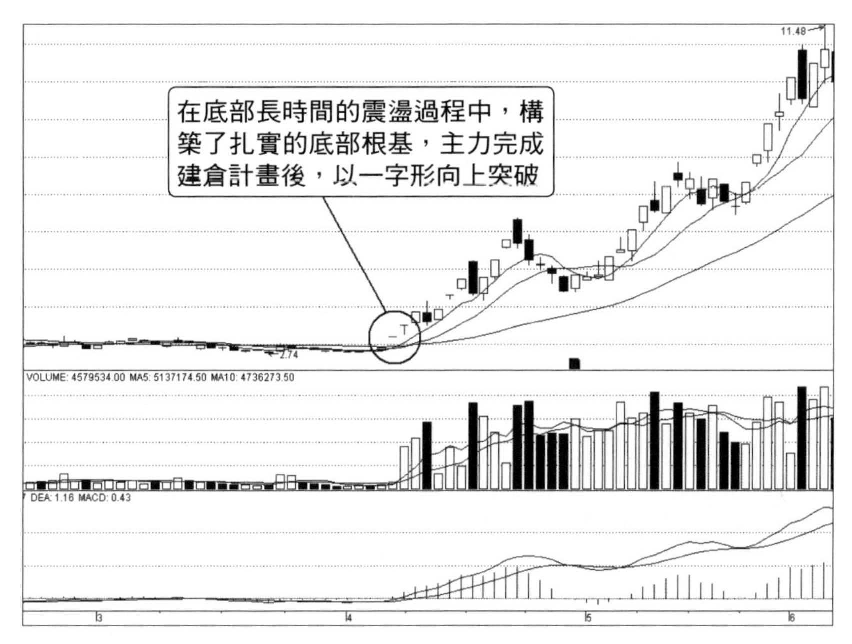

▲ 圖 2-11　省廣集團（002400）日 K 線圖

來看，在整理過程中成交量呈現縮小狀態，雖然看不出有過多的場外資金流入，但從成交量縮小上就能說明，在股價震盪過程中並沒有過多的賣盤出現，否則在股價處於長期震盪的情況下，持股信心不堅定的投資人因為長時間都無利可圖，必將會拋售籌碼，而引發成交量的放大。而且，在出現一字漲停前不久，股價曾經一度出現快速下跌走勢，但呈現縮量下跌態勢，屬無量空跌走勢，且股價又快速被拉起，重新回到低位區域。

出現這種漲停無非就是三種可能：一是主力誘多出貨；二是主力測試場內持股者的心態和市場跟風情況；三是主力高度控盤所導致。投資人在實盤操作中，遇到類似個股時要大膽地去假設，根據盤面上的跡象進行綜合分析，看看自己的假設是否有充分的理由，然後得出股價出現一字漲停的內在原因。該股出現第一個一字漲停後，第二天就可以大膽追進，因為該形態具有突破意義，後市必有新高出現。

2. 上漲中途一字漲停

如果在上漲的中段出現一字漲停，表示市場籌碼鎖定性很好，盤面氣勢高漲，可能步入主升段行情，或者出現加速上漲走勢，甚至出現暴漲行情。實盤中有兩種現象：一種是主升段中的加速上漲走勢；另一種是洗盤整理後的突破性走勢。

如圖 2-12 北玻股份（002613）的 K 線圖所示，該股主力在底部製造空頭技術陷阱後，股價漸漸止跌回升。2020 年 2 月 12 日，股價連拉 3 個實體板後，再拉 1 個 T 字板，盤面強勢不言而喻。此時，主力乘勢出擊，一氣呵成，連拉 2 個一字漲停板（以下簡稱一字板），將盤面走勢推向極端。在之後 2 個交易日裡，高位強勢震盪，然後再拉 3 個漲停。

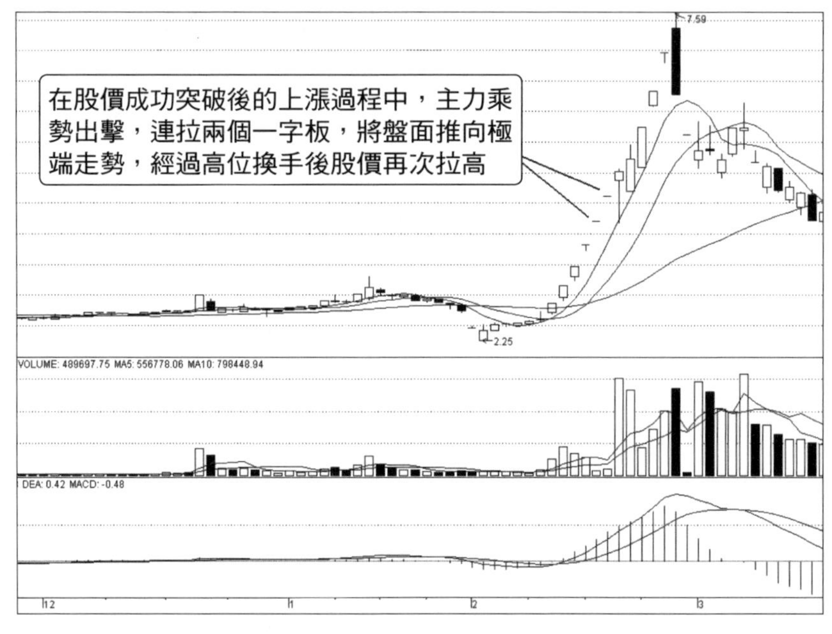

▲ 圖 2-12　北玻股份（002613）日 K 線圖

如圖 2-13，航天長峰（600855）的 K 線圖所示，該股主力實力強大，在長時間的震盪築底過程中，吸納了大量的低價籌碼。2020 年 3 月 23 日，以一字板的方式向上突破後，次日展開洗盤換手。3 月 25 日，再次拉出一根漲停大陽線，第二天以漲停價位開盤，直到收盤全天封於漲停價位，再次形成一字漲停。意味著前面的洗盤換手非常成功，股價從此進入加速上漲行情，短期漲幅非常之大。

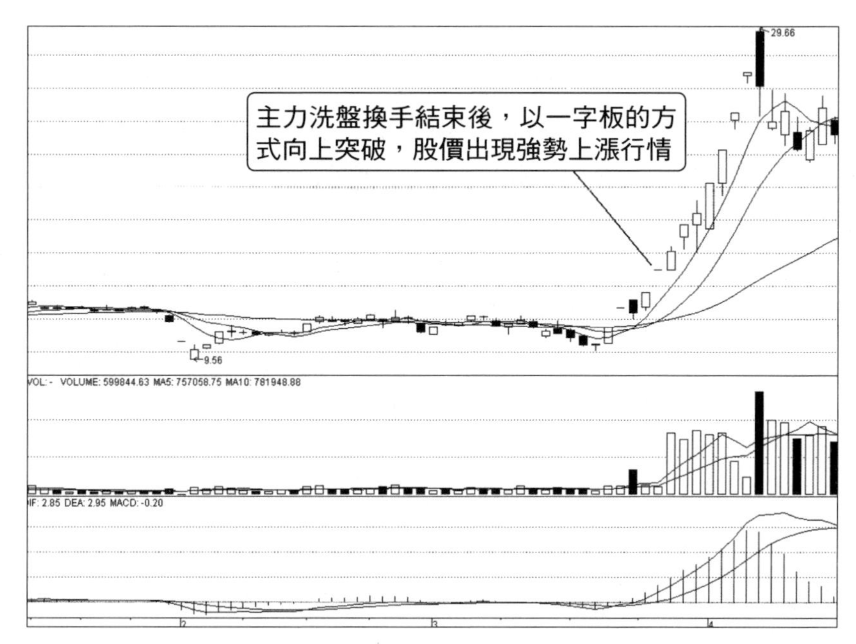

▲ 圖 2-13　航天長峰（600855）日 K 線圖

該股底部基礎構築扎實，前面的一字漲停標誌著市場底部構築成功，這是股價啟動的一個徵兆。投資人只要觀察盤面細節，就不難發現主力的操作意圖。股價先連拉一字漲停後，在相對高位打開漲停「放水」洗盤，讓低位獲利者和前期套牢者有一個出場的機會，但股價並沒有出現明顯的回檔。這就讓人感到納悶了，難道主力白白地送錢給投資人嗎？顯然不是。主力只是進行一次洗盤換手，讓那些浮動籌碼離場，以達到日後的順利拉升。

投資人可以試想一下，如果主力無意做多，就不可能「解放」了前面那麼多的套牢盤，也不會給低位介入者有獲利出場的機會，主力如此慷慨大方，後市定有好戲。而且，3 月 25 日收出這根縮量漲停大陽線後，第二天出現一字漲停，成交量更是極度的萎縮。這就可以看出主力經過洗盤整理後，已經達到了高度的控盤程度，只需很小的資金就能把股價封在漲停。

而此時只要主力不往外拋售籌碼，漲停是不可能被打開的，因為大部分籌碼都已經被主力鎖定了，所以成交量出現極度萎縮也是理所當然的事情。因此，這種盤面現象是主力充分蓄勢且高度控盤的結果，後市股價必將進入加速上漲行情。

3. 高價區域一字漲停

一字漲停如果出現在大幅上漲的高位，表示市場在刻意拉高，主力伺機出貨，一旦封盤出現動搖，可能會引來巨大的賣盤出現。通常出現一字板之後，股價不能連續漲停板時，就是一個明顯的頭部訊號，這時投資人應儘快獲利了結。

如圖 2-14 乾照光電（300102）的 K 線圖所示，該股主力完成低位建倉後，快速拉升股價，連拉 5 個漲停後，一鼓作氣，2020 年 2 月 21 日出現一字漲停，盤面氣勢強盛。但第二天大幅開低 6.36%，雖然盤中震盪收高，但盤面已經透露出主力出貨訊息。

該股短期快速上漲後，在高位出現一字漲停形態，這是主力明顯的誘多行為。從盤面觀察，在出現一字漲停之前股價有過一輪飆升行情，也就是說短期做多能量得到較好發揮，後市股價上漲空間已經非常有限。在一字漲停之後的幾天裡，成交量也比較大，表示主力在對倒中大量出貨，此時投資人應有所警覺。

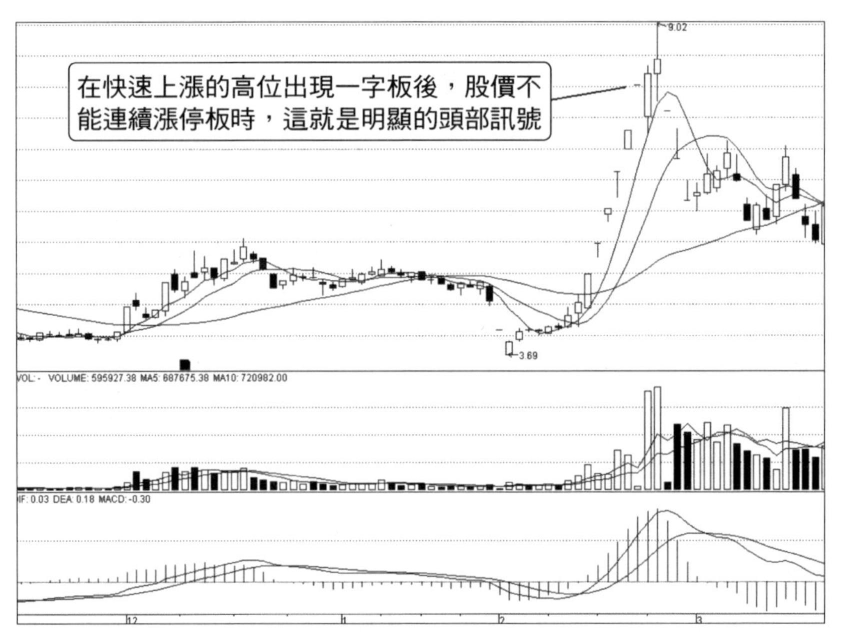

▲ 圖 2-14　乾照光電（300102）日 K 線圖

在實盤中，當股價有了一段拉升行情後，主力往往會利用上漲慣性，在高位拉出一字板，這是主力拉高出貨的一種手法。投資人遇到這類個股時，操作技巧為，繼續一字板上行時則持倉不動。如果開板震盪，那就是一個階段性高點，此時堅決離場。

如圖 2-15 新朋股份（002328）的 K 線圖所示，該股拉升一段距離後，連收 3 個一字板，2020 年 2 月 20 日開板震盪，次日衝高回落，形成中短期頭部，之後股價出現整理。

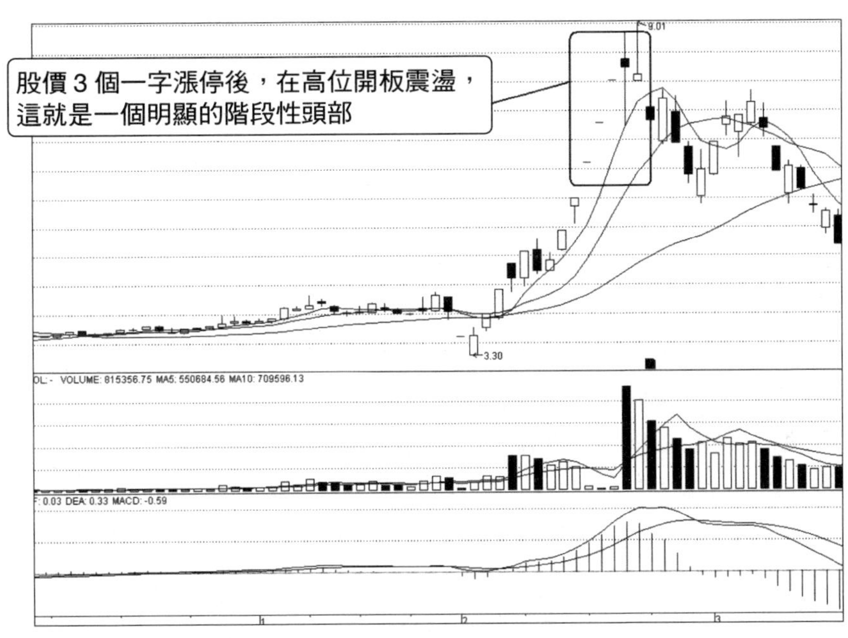

▲圖 2-15　新朋股份（002328）日 K 線圖

投資人遇到這類個股時，應掌握以下技術要點：

⑴ 在出現一字漲停的當天，如果成交量出現萎縮，應密切關注股價後期的走勢，以及成交量的變化情況。如果在接下來的走勢中，股價繼續強勢上漲，但上漲的動力在逐步減弱，而且成交量也出現持續放大，那可以確定為主力在誘多出貨，在股價出現衝高受阻時應果斷賣出。

⑵ 在出現一字漲停的當天，如果放出巨大的成交量，掛在買一位置的大量買單得到成交，這就說明盤中出現大量的主動性賣盤。當買單成交得差

不多時，又有大手筆買單掛進，如此反覆出現，讓散戶感到買盤積極的假象，這就完全可以確定是主力在誘多出貨。投資人在當天就應果斷出場，後市股價必將出現下跌走勢。

⑶ 股價一旦跌破 10 日均線的支撐，應果斷賣出，特別是在放量跌破 10 日均線時，應立即清倉出場，後市股價必將出現快速下跌。

⑷ 在高位出現一字漲停時不要去追高，這往往是主力最後的誘多行為。這類個股最容易讓貪婪的投資人上當，不少被套的投資人就是因為沒有控制好自己的心態，看見股價不斷地出現拉升就迫不及待地殺進去，結果被套牢在高位。

⑸ 高位出現一字板之後，股價不能連續漲停板時，就是一個明顯的頭部訊號，這時投資人應儘快獲利了結。

4. 一字漲停突破壓力

⑴ 一字漲停突破盤整區：如果股價以一字漲停的形式成功向上突破盤整區域，且得到成交量的積極配合，後市股價將出現一波持續的上漲行情，此時可以積極做多。但如果在高位突破盤整區域時，要防止主力拉高出貨。

如圖 2-16 鹽津鋪子（002847）的 K 線圖所示，這是一個中位盤整區域突破的例子。該股成功構築底部後，股價一步一個台階穩步向上攀高，每拉高一段後就進行換手整理，然後再次向上攀高，主力手法穩健，運行節奏分明。2020 年 4 月 15 日，蓄勢整理結束後，股價以一字板的方式開啟新一波攀升行情。

股價震盪中形成的盤整區，突破具有重要的技術意義。如果出現向下突破盤整區，意味著這是中短期的頂部區域，對後市股價上漲構成重大壓力；如果出現向上突破盤整區，意味著這是中短期的底部區域，對後市股價具有重要的支撐作用。

該股經過小幅上漲後，為了日後能更穩健地上漲，主力開始洗盤整理走勢，從而形成一個震盪盤整區域。經過一段時間的洗盤後，籌碼得到較好的換手，然後以一字漲停向上突破，為後市股價上漲奠定了堅實的基礎。投資人遇到這種盤面現象時，可以積極掛單買進，或在此後的震盪中逢低買進。

⑵ 一字漲停突破前高：當一字漲停成功突破前期階段性高點時，意味著後市股價的上漲空間被打開，具有強烈的看漲意義。但在大幅上漲後的高

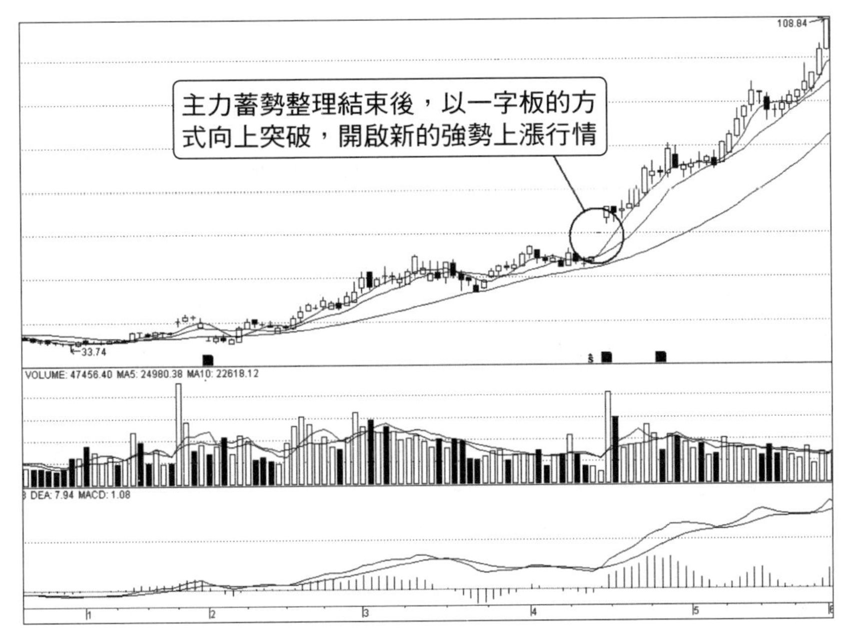

▲ 圖 2-16　鹽津鋪子（002847）日 K 線圖

位，要小心一字漲停假突破現象。

如圖 2-17 新諾成（300765）的 K 線圖所示，2020 年 3 月 4 日，當股價回升到前期高點附近時，由於後續能量不足，股價無法順利突破前高壓力，從而導致股價回檔整理，盤面又形成一個階段性高點。然後股價漸漸止跌回升，重新集聚做多能量，3 月 23 日在沒有消息影響的情況下，出現一字漲停，向上突破了前期多個高點的壓力，接著經過兩個交易日的換手後，股價出現強勢上漲行情。

該股的階段性高點出現後，對後市股價上漲構成較大的壓力，主力巧妙地利用這個位置進行建倉或洗盤整理。在出現一字漲停之前，股價進行充分的蓄勢整理，這時主力再次吸納低價籌碼。期間成交量明顯萎縮，既反映了上漲力度的不足，也顯示出浮動籌碼的減少。在時機成熟後，主力一鼓作氣成功突破前面的多個高點，成交量出現持續的放大態勢，然後股價繼續強勢漲停，符合股價突破的盤面基本特徵，因此投資人可以積極做多。

(3) 一字漲停突破均線：當一字漲停向上突破均線時，預示股價下跌或整理結束，後市股價將出現上漲行情，因此是一個看漲訊號。

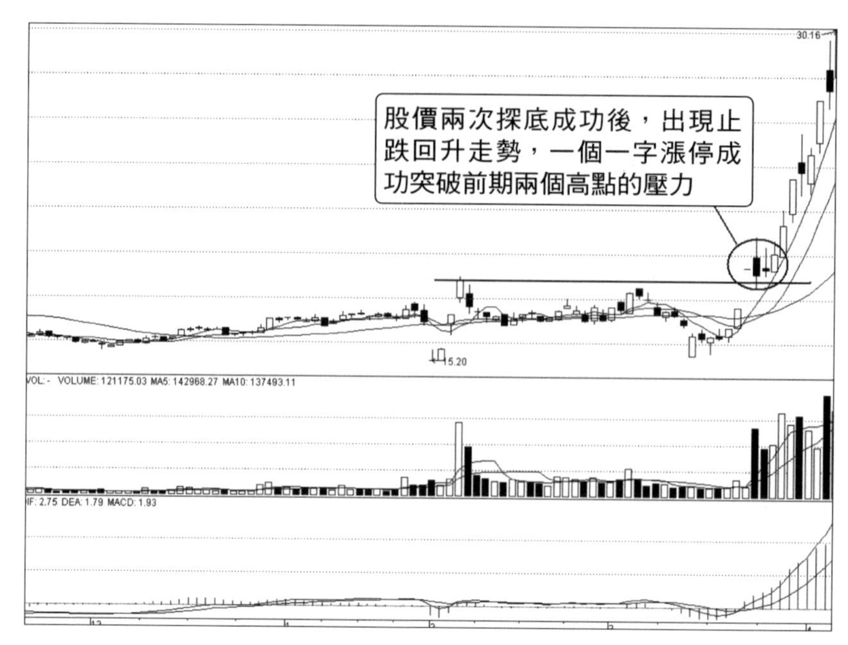

▲圖 2-17　新諾成（300765）日 K 線圖

通常有三種盤面現象：一是在下跌趨勢的後期，一字漲停突破下行的均線；二是在升勢途中，股價洗盤整理結束後，一字漲停突破上行的均線；三是在橫盤整理過程中，一字漲停突破水平移動的均線。根據均線週期長短，包括突破短期、中期和長期三種類型。

如圖 2-18 亞瑪頓（002623）的 K 線圖所示，這個例子出現在下跌趨勢的後期，一字漲停向上突破下行的均線。股價見頂後逐波下跌，均線系統呈空頭排列。經過長時間的整理後，做空能量得到較好的釋放，盤面出現止跌築底跡象。2019 年 11 月 29 日，股價跳高到 30 日均線之上，以漲停價位開盤，全天股價封於漲停位置，從而形成一字漲停突破 30 日均線的壓制，預示下跌行情將告一段落。後經短期的蓄勢整理，股價突破了前期成交密集區域，隨後 30 日均線也漸漸上行，說明股價的上漲空間已成功被打開，因此這是一個買入訊號。

該股在一字漲停突破之前，股價整理時間比較充分，下跌幅度比較大，股價基本上處於歷史底部區域。而且股價有止跌回升跡象，這時的一字漲停也具有鞏固和加速上漲的作用。同時，在整理過程中成交量大幅萎縮，顯示

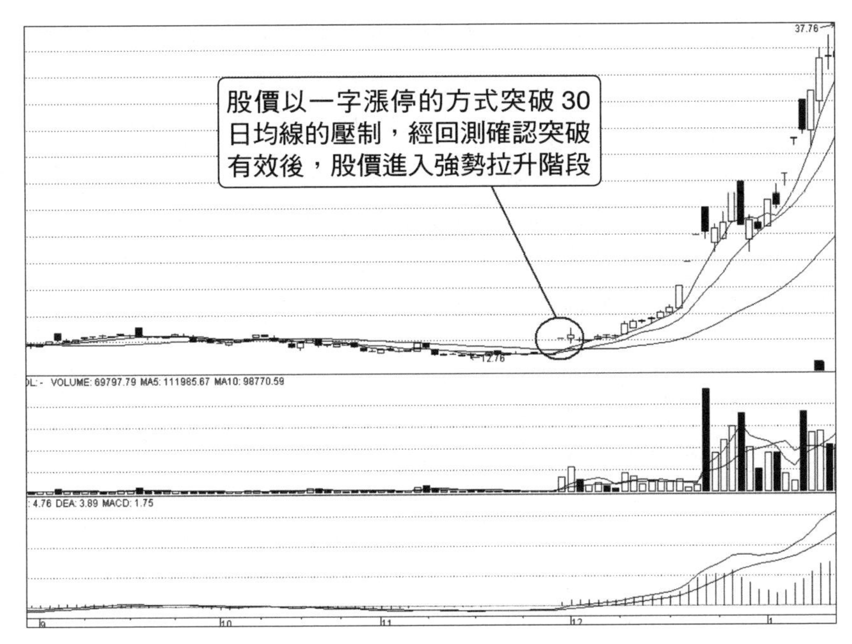

▲ 圖 2-18　亞瑪頓（002623）日 K 線圖

出做空動能已經減弱，在突破後的幾個交易日成交量出現溫和放大，顯示有新的多頭資金入場，看漲訊號得到強化。投資人遇到這樣的突破走勢時，可以在回測確認突破有效時逢低介入。

一字漲停的特別提醒

1. 第一次開板的操作技巧

對於一字漲停第一次開板後的上漲，其本質是慣性上漲，因為主力要出貨必須有成交量，而慣性上漲就是放量的過程，儘管這個過程的本質是主力出貨，但其大幅震盪過程中也能輕鬆獲利。從參與角度來看，第一次開板時果斷介入，一般會有較好的短線收入，原則是短線操作，快進快出、見好就收。在實盤操作時，再次封住漲停是展開交易的關鍵，必須確定有再次封住漲停可能性的情況下才能展開交易，因此，不妨等待股價即將封住漲停的那一刻委託買入。

如圖 2-19 二六三（002467）的 K 線圖所示，該股整理結束後向上突破，連續出現 3 個一字漲停，然後開板震盪。在震盪整理過程中，股價回落幅度並不大，基本上維持在漲幅的1/3位置附近強勢整理。經過短期洗盤整理後，盤中浮動籌碼所剩無幾，股價再次拉高，出現3連續漲停板行情。

遇到這種盤面時應注意以下幾點：一是股價必須處於中低價區，高價區禁止參與。二是連續一字漲停最好在4個以下，超過7個以上的一字漲停，儘量不要參與，此時風險已經很大。三是打開漲停後，股價不能出現大幅下跌，保持高位震盪於1/3位置之上，不要超過1/2位置。四是在大盤熱絡時操作性強，在大盤低迷時應謹慎參與。五則是非短線高手就不要參與。

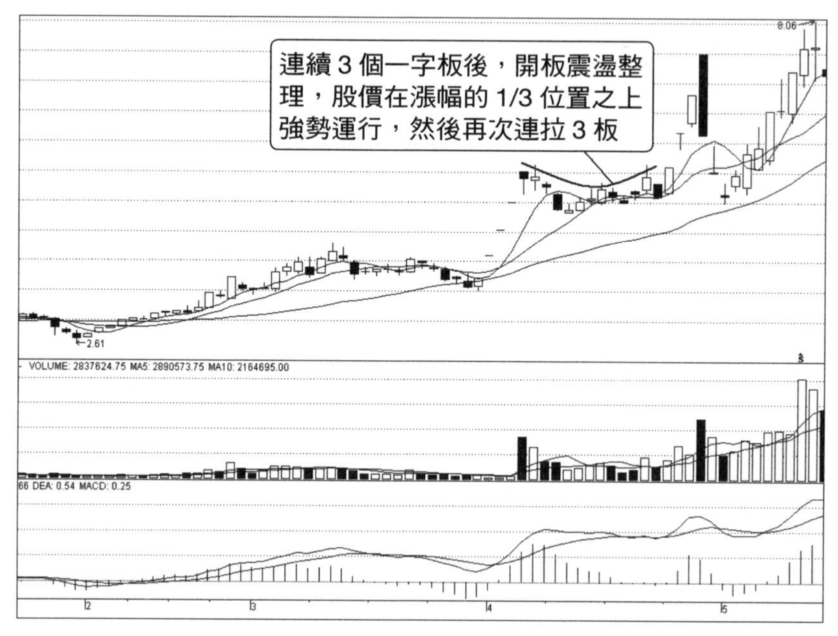

▲圖2-19　二六三（002467）日K線圖

連續漲停的封單主要來自於主力，而打開漲停的賣盤也主要來自於主力。對於大多數具有一定操盤經驗的投資人來說，不會在股價處於如此高位時買人股票。因為在連續縮量上漲過程中，大多數投資人都不會拋售所持股票，而在漲停打開時，往往會擔心股價出現進一步下跌而立即拋售，所以第一次開板時，主力無法實現出貨目的。當再次封住漲停時，說明賣壓在得到一定程度釋放之後，主力選擇繼續做多。多空的轉變在一天內就完成，這表示主力並無意讓股價整理的時間過於長久，有強烈的繼續推高股價的意願，這在一定程度上說明了價格波動的趨勢和強度。

在第一次打開一字漲停時，往往會出現巨量現象，有大量的籌碼得到換手，在此堆積了大量的籌碼，此位置很可能形成短期的一個支撐點或壓力點。所以，第一次打開漲停的附近，既是一個支撐點，也是壓力點，那麼什麼情況下會有支撐作用，什麼情況下會有壓力作用呢？

這其實很簡單，關鍵是看第一次打開漲停後的股價走勢。如果第一次打開一字漲停後，股價繼續強勢上行，那麼該位置就成為短期的一個支撐位；如果第一次打開一字漲停後，股價出現下跌走勢的，那麼該位置就成為短期的一個壓力位。

如圖 2-20 領益智造（002600）的 K 線圖所示，該股向上突破後，連續出現 3 個一字漲停，然後打開一字板震盪，但第 4 天股價並沒有下跌，而是繼續強勢封漲停。之後幾個交易日中，股價回檔到一字漲停打開的位置附近，在此獲得較強的支撐後，2019 年 2 月 28 日股價再次突破，形成第二波拉升行情，出現 6 連續漲停板行情。

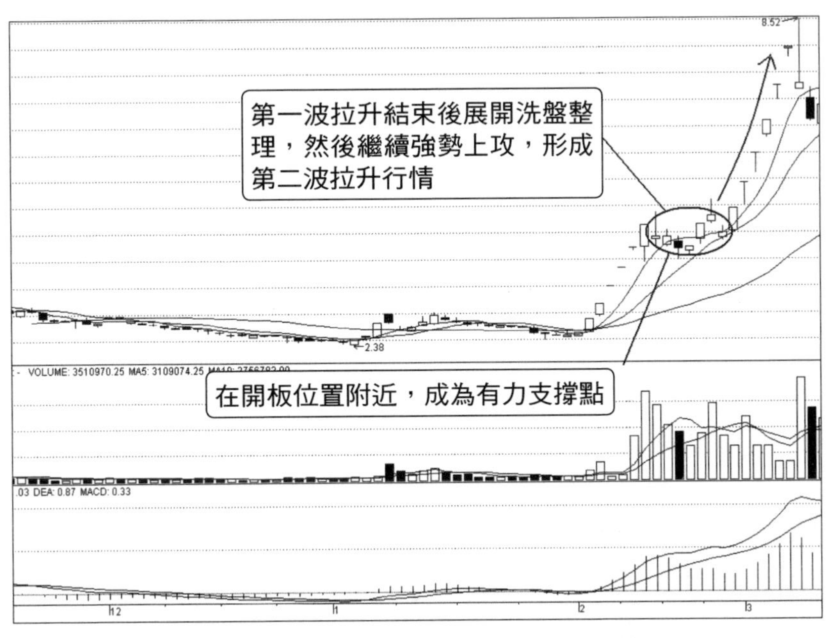

▲ 圖 2-20　領益智造（002600）日 K 線圖

如圖 2-21 所示，該股經過一輪快速下跌後，股價出現報復性反彈，連拉 5 個一字漲停，第 6 天卻開低走低以跌停收盤，此處形成一個明顯壓力點，成為日後股價回升的壓力位。之後又出現 2 個一字漲停，但當股價回升到前期漲停打開的位置附近時，遇到重大賣壓而回落，而此處又形成新的壓力點，此後股價出現新的下跌，在之後的反彈行情中，該位置也遇到一定的壓力。

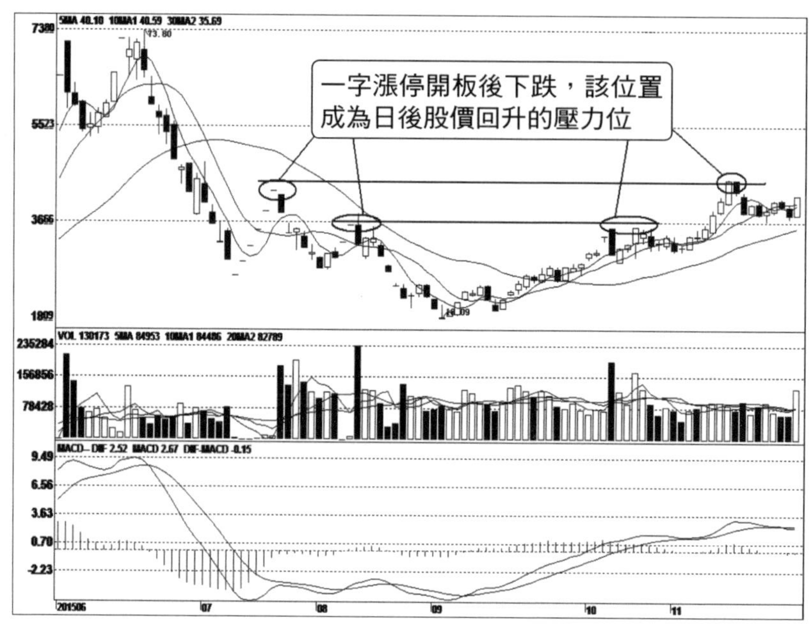

▲圖 2-21　數知科技（300038）日 K 線和分時走勢圖

2. 兩種情況下不能參與

一字漲停打開後，出現以下兩種盤面走勢時，投資人儘量不要參與。

⑴ 打開一字漲停後，股價大幅下跌，以跌停或接近跌停收盤。其原因是高位賣壓大，主力出貨堅決。

如圖 2-22 愛司凱（300521）的 K 線圖所示，該股停牌 20 天後，帶著重組利多，連續拉出 10 個一字漲停。2020 年 6 月 3 日，開低後拉高震盪，股價小幅收漲，成交量大幅放大，換手率達到 23.14%，有主力對倒出貨嫌疑。第二天，開盤後股價急速直線下跌，不到 7 分鐘股價就跌停，直到收盤封板不動。在日 K 線圖形成「烏雲蓋頂」形態，在高位出現這種現象時，就是一個明顯的頂部訊號，投資人應儘快離場。

⑵ 起漲時先以實體陽線上漲，而後在高位出現一字漲停加速上漲，這種情況下打開漲停後股價也會下跌，因此也不能參與。其原因是，股價在實體上漲部分是主力吃貨，一字漲停部分是主力拉升，而打開一字漲停則是開始出貨的標誌。

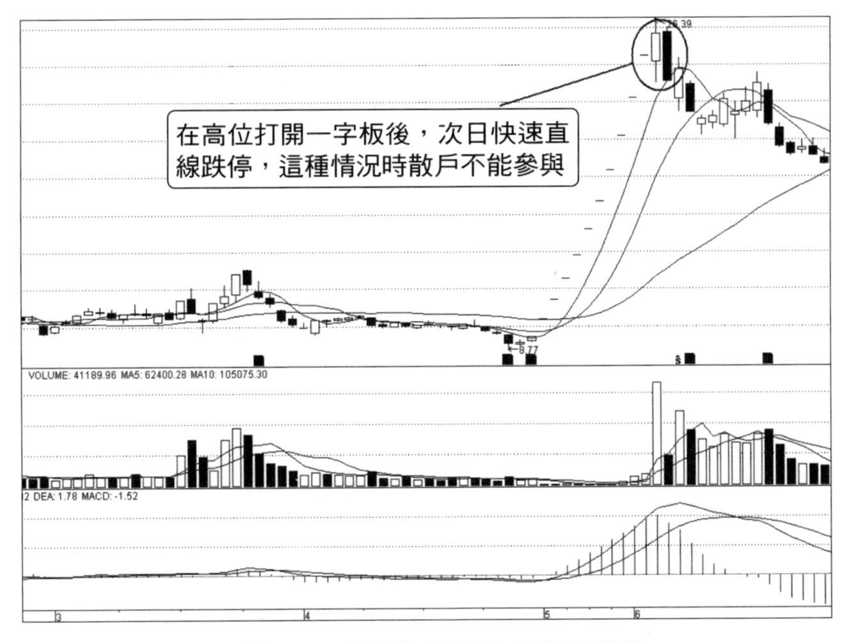

▲ 圖 2-22　愛司凱（300521）日 K 線圖

如圖 2-23 魯信創投（600783）的 K 線圖所示，該股用一字板突破底部後，經過中途短期換手整理，股價出現加速上漲，連續出現 2 根實體漲停陽線。接著在 2018 年 11 月 16 日和 19 日出現 2 個一字板，第 3 天打開一字漲停，在高位出現放量震盪，換手率達到 12.78%，K 線形成「紡錘線」，說明主力對敲出貨。緊接其後股價出現快速下跌，倒 V 形反轉走勢，從而形成中短期頂部。

如圖 2-24 的武漢凡谷（002194）的 K 線圖所示，該股見底後大幅炒高，在高位出現加速上漲走勢，連續 6 個實體板後，2019 年 4 月 16 日和 17 日

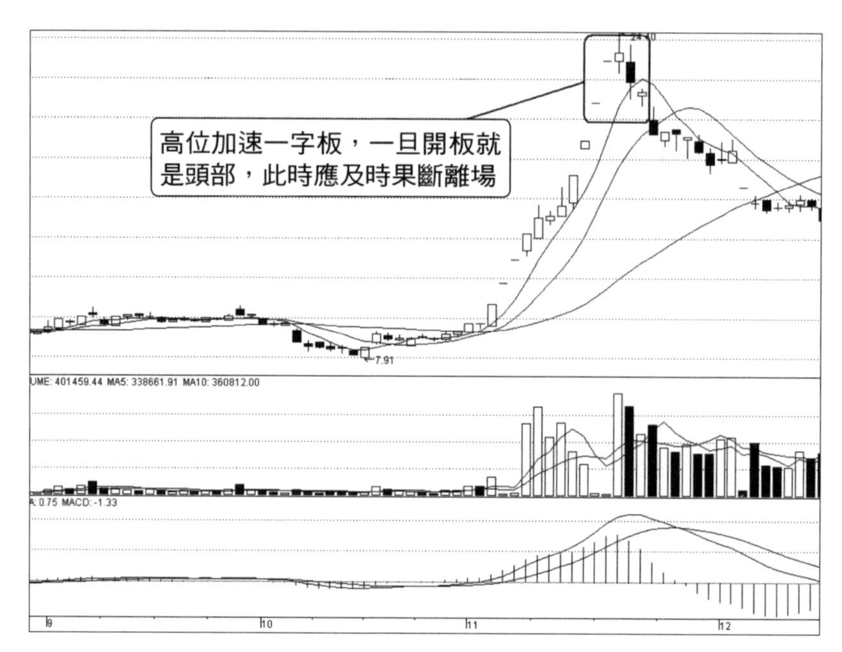

▲ 圖 2-23　魯信創投（600783）日 K 線圖

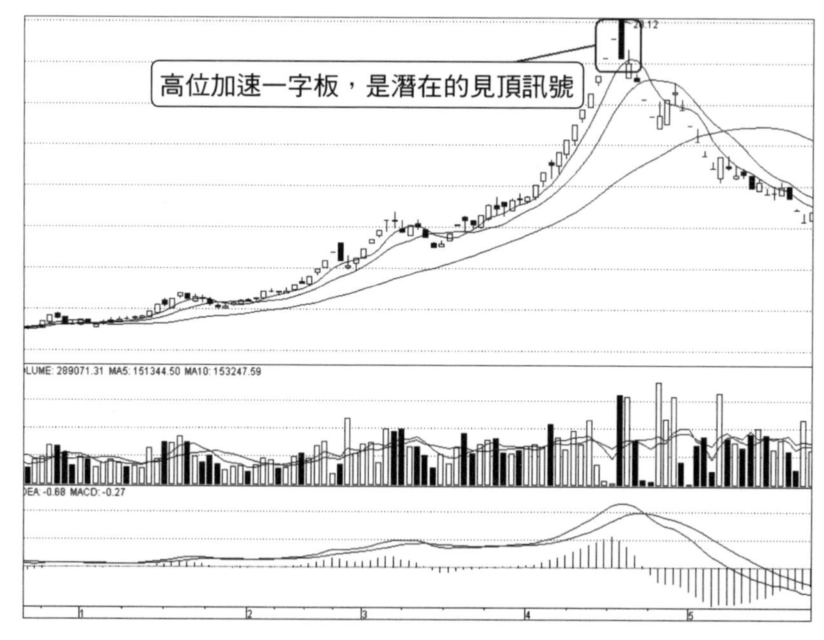

▲ 圖 2-24　武漢凡谷（002194）日 K 線圖

出現 2 個一字板，此時股價累積漲幅已經超過 5 倍，隨後有見頂回落的可能。4 月 18 日，從漲停板開盤後，股價快速回落，當天以跌停板收盤，高位出現見頂大陰線，之後股價呈倒 V 形下跌。

可見，股價起漲時先以實體陽線上漲，而後再以一字漲停加速拉升，這種情況下打開漲停後，股價往往就會見頂，對於這樣的一字漲停，打開後是不能參與的。其原因是：實體上漲部分是正常拉升，一字漲停部分是衝刺階段，而打開一字漲停則是開始出貨的標誌。

2-4

T 字型漲停：成交量變化是指標

T 字型漲停技術要點

1. T 字型的形成原因

這種 K 線圖形大多是以漲停的形式出現，盤中出現較大的震盪，後市存在一定的變數。T 字型下影線的形成過程，主要有以下三種情況：

⑴ 閃電而過：有時候在分時盤走勢圖中根本看不到下探跡象，但在K線圖中卻留下一條下影線，這在成交明細表上還是有明顯的「痕跡」和「記錄」。它是怎麼形成的呢？這是主力特地製造的一種技術圖形，通常利用開盤的一瞬間，或者盤中打開漲停的一瞬間，大手筆賣出籌碼，將股價快速大幅砸低，旋即反手將股價重新封於漲停位置。在分時圖中不作任何停留，如雷電一般，一閃而過，從而形成 T 字的下影線，這種情況表示主力實力強大，後市仍有較大的上升空間。

⑵ 開盤後主力主動打開漲停，釋放大量不堅定的浮動籌碼，然後重新封於漲停位置，從打開漲停到重新封盤的持續時間很短，下探幅度也不深，這種情況表明主力已經完成洗盤換手，後市仍有一定的升幅。

⑶ 主力被迫打開漲停：由於盤中各種大量的浮動籌碼開始湧出，致使主力難以招架，股價節節下滑，多空雙方撕殺激烈。但主力為了盤面的需要，最終還是勉強把股價重新拉到漲停位置，這種走勢在 K 線圖上看不出什麼名堂，但主力已遭致傷害，元氣大傷，後市行情值得懷疑。

2. T 字型的技術要點

在實盤中遇到 T 字型走勢時，投資人應把握以下技術要點：

⑴ 關注成交量變化：在升勢過程中成交量非常重要，縮量一定不行，

但放出巨大的天量也要小心，孤零零的單日巨量更要謹慎。特別是 T 字漲停之前連續以一字漲停上漲的，一旦不能維持一字漲停而打開時，很容易出現極其罕見的巨量。這時應具體分析成交量，通常以 20% 的換手率作為鑑定標準，若換手率在 10% 以下，可以視為正常的波動，若換手率超過 20% 以上，就應有所警覺，小心頭部形成。

在實盤中這種形態之後，大多還有一波衝高走勢，散戶一般有兩次出場的機會，熟悉盤面變化後，就能得心應手。在跌勢結束後的回升過程中，成交量也非常重要，至少要大於下跌過程中的成交量，無量反彈必定持續不了多久。

⑵ 分析當日 T 字漲停產生的時間早晚：T 字漲停形成時間越早，後市上漲動力越大，越往後盤面越弱，特別是收盤前幾分鐘才再次封盤的 T 字漲停，後市要小心，很可能第二天就出現開低震盪走勢。

⑶ 分析當日 T 字漲停的開板次數：股價漲停以後，可能出現一次或多次打開漲停的現象。一般而言，打開漲停的次數越多，後市變盤的可能性越大。可見在 T 字漲停中，打開一次就很快封盤到收盤，上攻力量最強，其後依次遞減。

⑷ 在下探過程中，持續時間長短對後市具有重要的判斷意義。若打開漲停後短暫下探即恢復漲停，則後市上漲力量維持更加長遠。若打開漲停後震盪時間較長，說明多空雙方爭奪十分激烈，後市通常存在許多變數，介入時需要加倍小心。

⑸ 當日下探幅度大小，對後市也具有重要的分析意義。一般認為，形態強弱與其下影線長短成正比，下影線越長，則訊號越強。但實盤中往往另有一層含義，當日股價下探幅度小，表示空方力量弱小，籌碼鎖定性較好，多方仍是主力，後市上漲是市場主基調。若下探幅度較深，後市變盤的可能性較大，在實戰中不乏有從漲停到跌停位置，然後再度拉回到漲停位置的例子。這種走勢雖然有強力深幅洗盤的可能，但應注意多空雙方出現明顯分歧的一面，投資人遇到極烈波動時，還是本著謹慎的態度為宜。

⑹ 漲停封盤後，成交量變化具有很大的參考作用。在實盤中，如果封盤後立即縮量，盤面十分平靜，表示籌碼控制得非常好，上漲勢頭狀態良好。如果封盤後成交量依然很大，表示多空雙方明爭暗鬥仍然十分激烈，這時應慎重決策。

⑺ 分析支撐位和壓力位：在 T 字漲停產生時，如果股價向上成功突破某一個重要壓力位，並有效地將壓力位轉化為支撐位，則上漲空間被打開，或者股價在回檔時不破支撐位，則升勢仍然將持續一段時間。如果股價不能成功突破壓力位，或者在回檔時跌破支撐位，表示股價上行遭到重大壓力，有可能出現滯漲回落，則意味著勢道趨弱，風險大增，這時應當小心對待為宜。

T 字型漲停實盤技巧

1. 低價區域 T 字漲停

T 字漲停出現在股價已有一段下跌行情的低位，或是在短線超跌時，表示有較強的買盤介入，股價離底部已經不遠，很可能會出現止跌回升或反轉的走勢，因此是一個見底訊號。此時投資人應密切關注其後的走勢，若盤中買盤積極，出現放量上漲，則升勢基本上確立，可以積極介入做多。

如圖 2-25 泰達股份（000652）的 K 線圖所示，該股見頂後逐波下跌，反彈結束後再次回落，累積跌幅超過 50%，股價嚴重超跌。2020 年 1 月 20 日，股價從漲停價位開盤，在分時走勢中沒有封死盤面，股價快速回落震盪，午後股價重新封板，從而形成 T 字漲停，之後股價出現一波強勁的拉升行情。

該股在長時間的下跌過程中，做空能量得到很好的釋放，多頭資金開始悄悄介入，使股價止跌回升。在出現 T 字漲停的當天，股價打開漲停時，並沒有出現很大的成交量，可以想像一下，如果在打壓過程中有大量的恐慌盤出現，那麼當天的成交量必將會出現巨幅放大。從當天成交量上分析，盤中賣壓並不嚴重，因為前期股價下跌整理時，多數散戶已經停損離場，留下來的投資人大多是意志比較堅定，或是等待反彈後解套。而且，在 T 字漲停的第二天，股價出現一字板漲停，表示市場得到越來越多的投資人關注。

從實盤角度來看，T 字漲停比一字漲停相對容易參與，但一定要眼明手快，最好的辦法是先將買單掛在某一個價位等待，只要漲停一打開，就會很快成交。

在實盤中遇到低位 T 字漲停時，應掌握以下技術要點：

⑴ 股價必須經過長期的下跌整理，股價下跌幅度越大、低位整理時間越長，止跌的可能性越高。

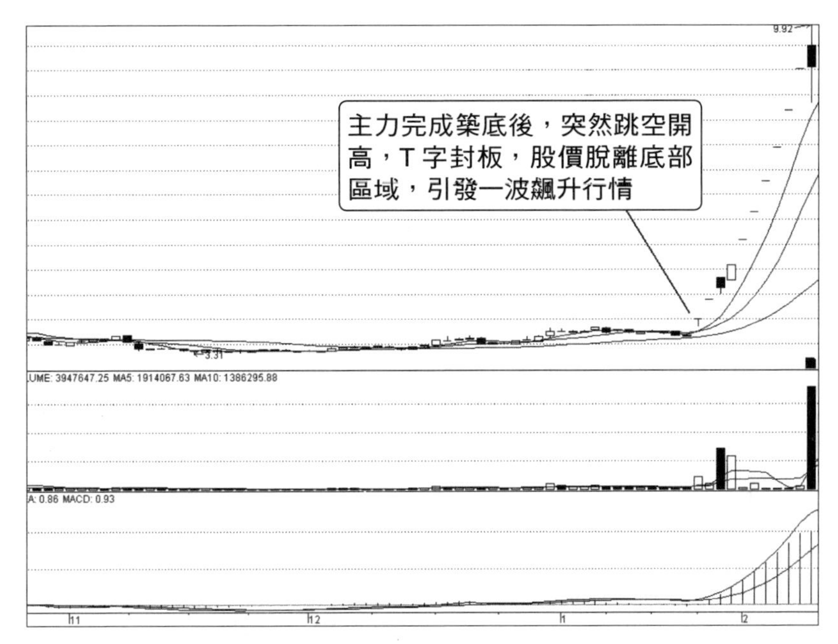

▲圖 2-25　泰達股份（000652）日 K 線圖

⑵ 在出現 T 字漲停之前，成交量出現極度低迷狀態，成交量越小，表示賣盤越輕，股價見底的可能性越大。

⑶ 在出現 T 字漲停的當天，如果出現放量的話，投資人應觀察這部分成交量是否為在股價回升時放出的量。若是回升時放出的成交量，則說明買盤大舉介入，此時可以堅定地做多；如果是股價下跌時放出的成交量，則說明盤中賣壓較大，一旦股價出現走弱，應離場觀望。

⑷ 股價開盤後，先是遭到空方的一波打壓，然後買盤介入，快速把股價拉回到漲停價收盤。此時所留下的下影線越長，則見底訊號越強烈，投資人可以積極介入，第二天大多會出現繼續上漲走勢。

⑸ 在出現 T 字漲停的第二天，股價應繼續走強。如果盤中出現下探，那麼在下探之後必須被大幅拉起，且收出上漲陽線。如果股價放量突破 5 日或 10 日均線的壓力，投資人就可以跟進做多。如果第二天股價出現下跌走勢，且股價收於前一天的最低點下方，那麼投資人就不要輕易買入。

2. 上漲中途T字漲停

當T字漲停出現在股價上漲途中時，具有助漲作用，表示股價將繼續上漲，因此是一個買入訊號。這種情況一般有兩種含義，一是洗盤結束訊號，二是持續上漲訊號。

如圖 2-26 開銀電機（300342）的 K 線圖所示，該股主力完成建倉計畫後，2020 年 2 月 4 日向上突破脫離底部區域，2 月 7 日出現洗盤整理，次日股價從漲停價開盤，盤中一度開板，但很快重新封於漲停，形成 T 字漲停，顯示出主力在當天順利完成快速洗盤整理。有的投資人以為股價上漲遇到了壓力，而選擇了落袋為安的操作策略，但此後股價仍然強勢上行。這是主力運用 T 字漲停進行洗盤換手的操盤手法，也符合前面分析的一字漲停第一次打開的買入法。

一般來說，判斷 T 字漲停時，主要觀察股價所處的階段和主力倉位情況。如果主力在底部積極建倉，並經過較長的整理過程，表示底部構築扎實，股價一旦成功脫離底部區域，將有不俗的表現，這時出現 T 字漲停時，是一次難得的介入時機。對於那些盤面走勢淩亂、股價處於高價區域、

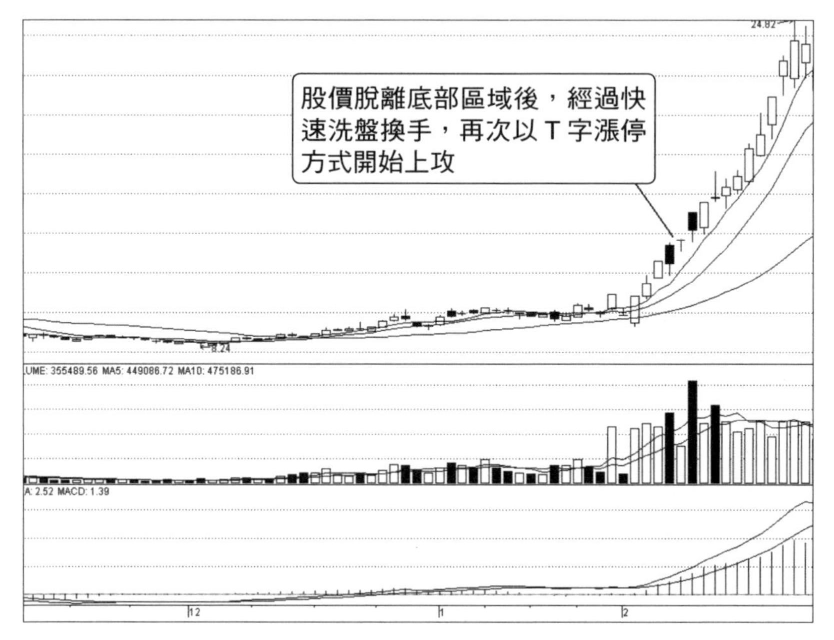

▲ 圖 2-26　開銀電機（300342）日 K 線圖

T 字漲停的出現又不合符常規的個股，投資人應當小心對待。

在實盤中遇到上漲途中的 T 字漲停時，應掌握以下技術要點：

⑴ 在 T 字漲停之前，股價必須脫離底部盤整區域，市場已經處於強勢之中，但總體上漲幅度不宜太大，一般漲幅在 50% 以內。

⑵ 在 T 字漲停之前，盤面出現過明顯的上拉動作，股價已經突破中短期的均線，成功站於均線系統之上。

⑶ 在 T 字漲停當天，成交量可以出現放量現象，但這些成交量大多是在股價拉升時出現的，不斷有買盤湧入所致。如果所放大的成交量，來自盤中賣盤所致，則後市不應過分樂觀。

⑷ 在 T 字漲停之後，當股價出現震盪或回探走勢時，只要成交量不大，且股價在 10 日均線附近運行，那麼後市股價一旦再次放量上行，這時可以積極買入。

⑸ 在出現 T 字漲停時，股價突然出現快速下探，且擊穿 5 日或 10 日均線的支撐，之後股價很快又被拉起，且收在 5 日均線之上，此時投資人可以等待股價再次走強時買進。

3. 高價區域 T 字漲停

在股價有較大漲幅之後的高位，特別是股價在暴漲行情之後，出現 T 字漲停時，投資人應多加小心。因為股價經過一定幅度的上漲後，已經累積了較多的獲利盤，隨時有可能出現獲利回吐，一旦買盤不繼而獲利回吐加重時，很容易導致股價下跌，挫傷股價上攻勢頭。此時投資人應密切關注盤面變化，一旦股價上攻無力時，就應堅決出場，獲利了結。

如圖 2-27 聯環藥業（600513）的 K 線圖所示，該股洗盤整理結束後，主力大幅拉升股價，盤中堆積了大量的獲利籌碼。2020 年 2 月 7 日，股價實現 10 連續漲停板，從漲停價位開盤後，在大量的獲利盤賣壓下，盤中出現開板現象。但主力為了能夠在高位順利出貨，又將股價拉回到漲停價位收盤，從而在高位區域出現 T 字漲停。這是潛在的見頂訊號，第二天股價高位震盪收黑 ，頭部訊號進一步明確。

該股在出現 T 字漲停之前，股價出現了飆升行情，這本身就累積了巨大的市場風險，在 T 字漲停的當天，導致了大量的賣盤出現。如果這是主力放量洗盤，那麼在股價拉回漲停後，主力接下來應延續強勢拉升，但第二天的走勢並非如此，股價出現震盪走低。可見，主力經由連續漲停的方式，把市場的做多氣氛聚集起來，然後在高位進行誘多出貨。因此，當這種T字漲停出現在股價長期上漲的高位時，投資人就要高度警覺，這往往是上漲行情即將結束的徵兆。

那麼如何識別是上升途中的T字漲停，還是上升到頂的T字漲停，可以從三方面判斷：首先，股價前期漲幅是否過大，如果上漲幅度已經很大，T字漲停作為出貨的機率更大；如果股價處於剛剛啟動狀態，或是股價漲幅很小，那麼T字漲停多為主力在洗盤。

其次，T字漲停出現之後，股價重心移動方向如何。如果股價重心上移，則是主力利用T字漲停在上漲途中進行洗盤；如果股價重心下移，則是主力利用T字漲停出貨。其三，從成交量上分析，在股價下探時縮量，在股價回升時放量，為正常的漲勢盤面，股價仍有上漲動力，否則對後市應有所警覺。

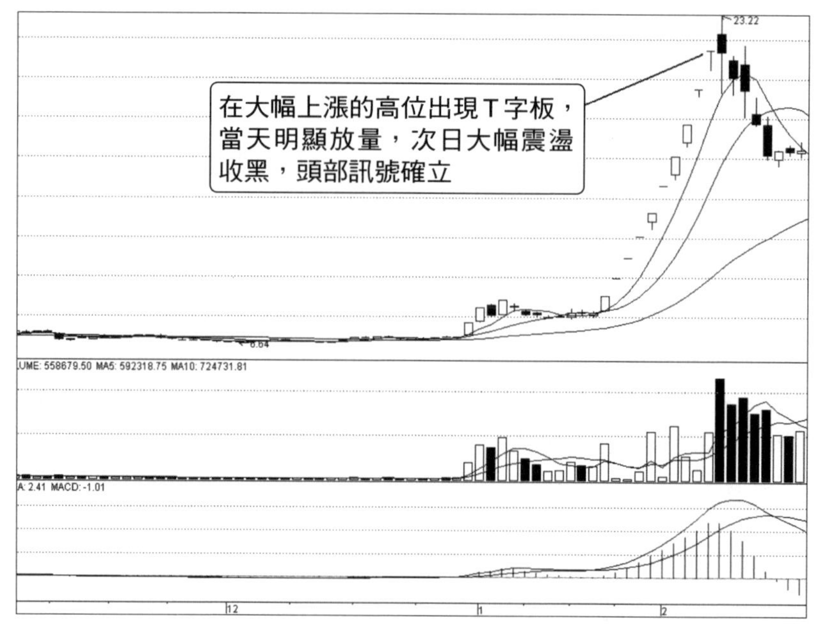

▲ 圖 2-27　聯環藥業（600513）日K線圖

在實盤中，若出現以下盤面現象時，可以判斷為主力誘多出貨。

⑴ 在 T 字漲停出現之前，股價出現加速上漲態勢，且上漲幅度較大，特別是連續封漲停後出現的 T 字漲停。

⑵ 在出現 T 字漲停時，成交量出現明顯放大，有時出現巨量，而股價在回探之後的拉升過程中，股價經由對倒手法拉高。

⑶ 在 T 字漲停之後，在股價衝高過程中受到強大的壓力而回落，當股價跌破 5 日或 10 日均線時，應無條件賣出。

⑷ 股價上漲過程中，在買入位置出現大買單，但這些大買單都沒有成交，當股價上漲一個價位後又掛高一個價位。在盤面上出現這些跡象時，一旦這些大買單撤掉，股價可能立即向下回落，投資人應第一時間賣出，否則就賣不了好價錢。這些大買單是主力故意掛在上面來誘多的，其目的是讓投資人看見有這麼多的買單等待買入，引誘投資人以高一個價位直接買進主力掛在上面的賣單。

4. T 字漲停突破壓力

⑴ T 字漲停突破盤整區：當 T 字漲停成功向上突破某一個重要的壓力位時，表示股價上漲勢頭強烈，主力做多意志堅決，後市股價可能繼續走強，因此是一個做多訊號。特別是股價在長期震盪過程中形成的盤整區，一旦被 T 字漲停有效突破，且得到成交量的積極配合，後市股價將會出現一波持續的上漲行情，此時可以積極做多。

如圖 2-28 會暢通訊（300578）的 K 線圖所示，該股見底後出現小幅攀升，然後形成震盪整理走勢，從而形成一個盤整區域。這個盤整區域的突破具有重要的技術意義，如果出現向下突破，意味著這是中短期的頂部區域，對後市股價上漲構成重大影響；如果出現向上突破，意味著這是中短期的底部區域，對後市股價具有重要的支撐作用。

2020 年 2 月 3 日，出現 T 字漲停形態，股價突破了整理盤整區，其技術意義不可忽視。在當天的分時走勢中，曾經遇到一些散戶的賣盤，但整體賣壓不是很大，主力很快就把股價拉回到漲停價位，且直到收盤時封單不動。

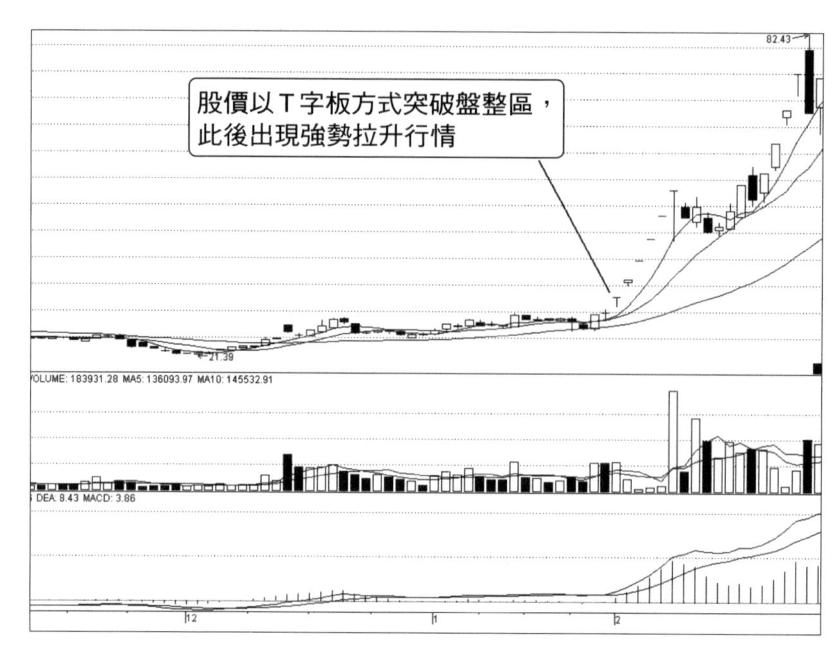

▲ 圖 2-28　會暢通訊（300578）日K線圖

⑵ T 字漲停突破前高：當 T 字線成功突破前期階段性高點時，意味著後市股價的上漲空間被打開，具有強烈的看漲意義。

如圖 2-29 達安基因（002030）的 K 線圖所示，該股前期盤整區中形成一個明顯的高點，這個高點對後市股價上漲構成較大的壓力，2019 年 12 月 31 日股價反彈到該位置時遇阻回落。後經短期整理後，2020 年 1 月 20 日股價跳高到壓力位之上以漲停價位開盤，在盤中主力為了減輕上漲壓力，故意打開漲停位置上的封單，釋放了大量持股信心不堅定的投資人，然後又強勢拉回到漲停價位，並用大買單封住漲停直到收盤。顯示出盤中買盤很積極，主力接下來就是一鼓作氣地強勢拉升，短期股價出現快速上漲行情。

該股的前期高點，對後市股價上漲構成較大的壓力，主力採用直接突破的方式拉高股價，這麼做的好處是不給散戶逢低吸納的機會，使那些原先想等待回檔低點介入的投資人改變了方式，不得不追高買入，因而協助主力拉高股價。這與期貨市場中的逼倉手法相似，從而導致股價越漲越兇，而主力卻在高位悄無聲息地出貨。

⑶ T 字漲停突破均線：當 T 字漲停向上突破均線系統時，預示股價下

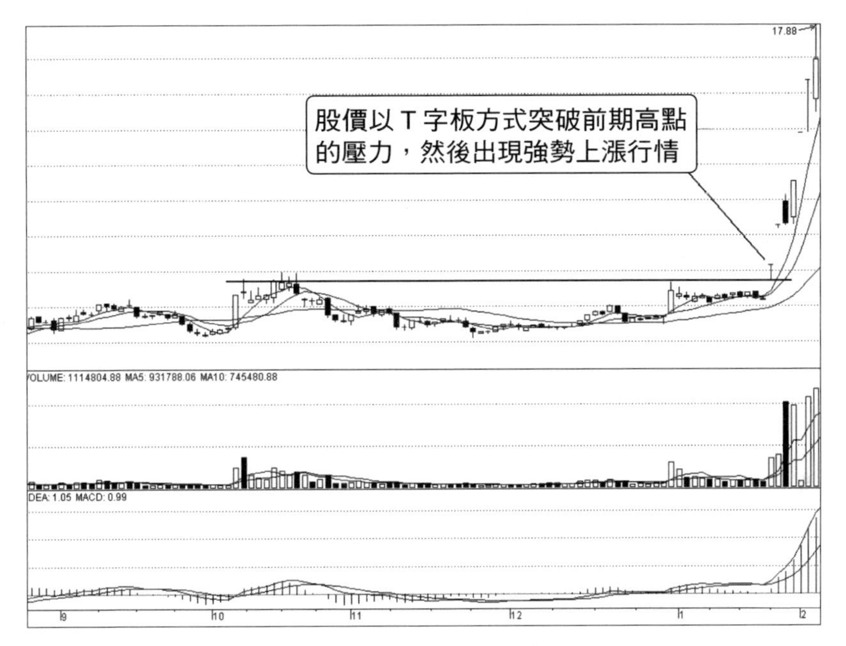

▲ 圖 2-29　達安基因（002030）日 K 線圖

跌或洗盤整理結束，後市股價將出現上漲行情，因此是一個較好的訊號。

如圖 2-30 天宸股份（600620）的 K 線圖所示，該股經過大幅的下跌整理後，股價見底止跌回升，底部慢慢地抬高，並成功地站在均線系統之上，呈現圓形底形態。當股價上漲到一定的幅度後，主力開始洗盤整理，股價向下回落，並擊穿均線系統的支撐，5 日、10 日均線與 30 日均線形成死亡交叉，並有進一步惡化的可能。不久，股價大幅跳空到均線系統之上並以漲停價位開盤，在盤中開打漲停釋放了浮動籌碼後，股價繼續封於漲停位置，從而形成 T 字線形態，成功地扭轉了股價的下跌勢頭，具有一線定乾坤的作用，此後股價繼續穩步上漲。

股價突破均線系統，通常有三種情況：一是在下跌趨勢的後期，股價向上突破下行的均線；二是在上升趨勢途中，股價洗盤整理結束後，股價向上突破上行的均線；三是在橫盤整理過程中，股價向上突破水平移動的均線。根據移動平均線週期長短，包括突破短期均線、中期均線和長期均線三種類型。

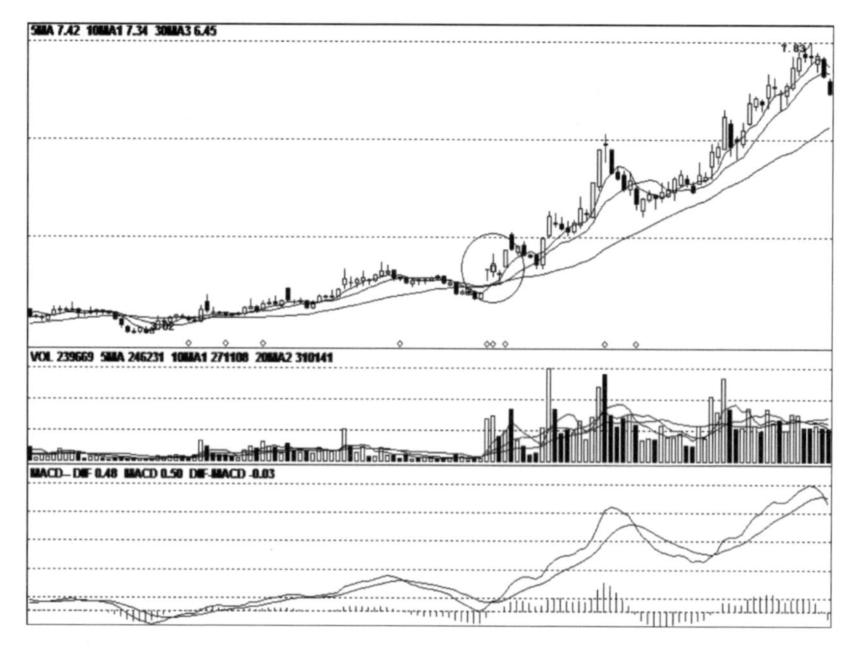

▲ 圖 2-30　天宸股份（600620）日 K 線圖

2-5

天地型漲停：多空雙方的大逆轉

天地型漲停技術要點

天地型漲停，是指股價從跌停開盤到漲停收盤的一根光頭光腳的大陽線，在分時走勢中如同頂天立地，故稱作「天地型」漲停。這種情況有一種相近的走勢，就是在盤中將股價打壓到跌停位置，然後又強勢拉漲停，也稱作「天地板」。

這種漲停方式是一種罕見的極端走勢，它反映多空雙方優劣態勢的大逆轉，往往是多頭反擊的開始，或是洗盤、震倉的結束。其盤面先是大單壓死在跌停位置，之後突然被連續的超級大買單快速吃掉，股價就像火箭發射一樣，上衝至漲停價位。但在漲停位置上往往會有鋸齒狀開合走勢，而最終會封住漲停。

天地型漲停分為轉勢性、洗盤性和出貨性三類，各有以下技術要點：

⑴ 掌握股價所處的位置：在大幅下跌的低位，大多為轉勢性漲停；在漲幅不大的中段，多數是洗盤性漲停；在股價大幅上漲（特別是快速上漲）的高位，就是出貨性漲停。

⑵ 觀察均線的排列和趨勢：在均線呈大空頭發散時，小心是否屬於反彈自救性漲停；在均線呈緩慢下行、平走、黏合、緩慢上行時，此時出現天地型漲停大多屬於利多訊號；在均線呈大多頭發散時，可能是出貨性漲停，謹防主力出貨。

⑶ 分析成交量變化：無論何種性質的漲停，成交量都不要太大。漲停封盤後，成交量立即萎縮，表示籌碼沒有大規模出逃，後市仍有上漲潛力，可以持股觀望。

⑷ 技術指標向上：如 MACD、RSI 等指標，剛剛形成黃金交叉或已黃

金交叉，BOLL 指標穿過中軌線。如果出現高位鈍化或頂背離時，謹防股價反轉。

⑸ 次日延續上漲或保持強勢狀態，則短期仍然向上；如果次日盤面走弱或下跌，則第一天的漲停屬於誘多性漲停，此時應離場。

天地型漲停實盤技巧

1. 轉勢性天地型漲停

轉勢性天地型漲停大多出現在長期整理的底部區域，或短期超跌的階段性低點，往往出現持續性上漲行情，能夠扭轉或結束前期的下跌或整理，因此具有中短線投資價值。

如圖 2-31 特力 A（000025）的 K 線圖所示，該股出現階段性高點後，出現一波快速下跌走勢，累計跌幅超過 50%。由於受下跌慣性影響，經歷兩個一字板後股價繼續從跌停價開盤，然後巨量打開跌停，股價快速拉起，當天以漲停收盤，形成一根光頭光腳的大陽線，成功扭轉下跌勢頭，此後股價大幅上漲，漲幅超過 4 倍。這種走勢的買點有兩個：買點一是在股價巨量

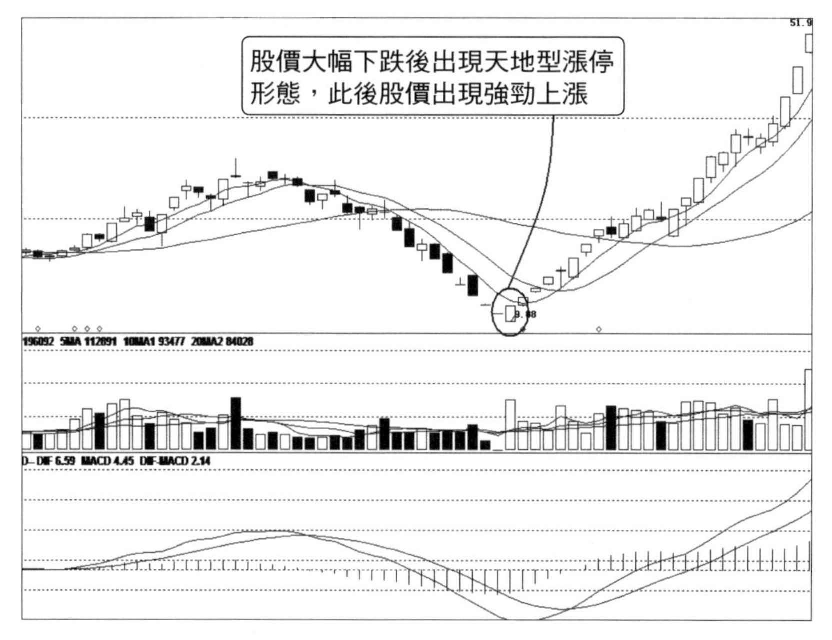

▲ 圖 2-31　特力 A（000025）日 K 線圖

打開跌停封盤時介入；買點二是在股價即將封漲停時跟進。

2. 洗盤性天地型漲停

一般來說，股價從跌停拉到漲停，表示主力實力強大，是一種兇狠的洗盤方式。因為股價從跌停價開盤，首先造成盤中散戶的心理壓力，具有恐嚇震懾作用，然後快速拉起讓散戶出逃。此時散戶擔心股價再次下跌，趕緊抓住機會出場，同時場外其他散戶也逢低介入，因此籌碼得到很好的換手，主力拉升也就輕鬆許多。

如圖 2-32 紅宇新材（300345）的 K 線圖所示，該股見頂後大幅下跌，累積跌幅較大，股價嚴重超跌，隨時有報復性反彈出現。2018 年 6 月 13 日，股價突然拉起，連拉 5 個漲停。6 月 21 日，大幅開高 9.23% 後，股價逐波下跌，尾盤跌停。次日，受下跌慣性影響，股價在跌停價開盤，弱勢震盪一段時間後，盤中放量強勢，直至封於漲停，形成天地型漲停走勢。主力經由這種方式，使籌碼得到較好換手，此後幾日股價強勢上漲。這種走勢的買點，同樣是在股價巨量打開跌停、股價即將封漲停時跟進。

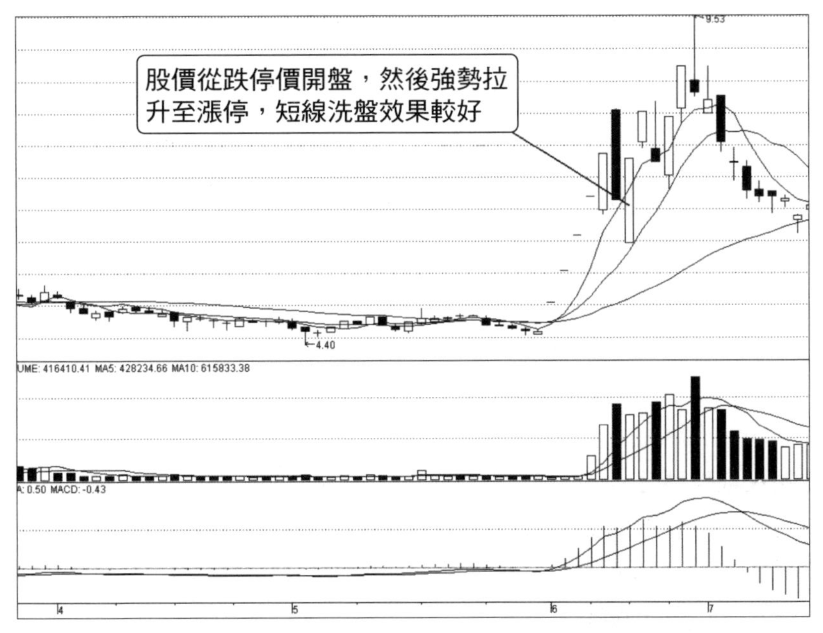

▲ 圖 2-32　紅宇新材（300345）日 K 線圖

另一種洗盤性「天地板」走勢，就是股價在盤中打壓到跌停位置附近，然後主力又強勢拉到漲停，這種兇惡的走勢洗盤效果也非常好。

如圖 2-33 連雲港（601008）的 K 線圖所示，該股構築底部區域後，股價緩緩向上走高，2019 年 3 月 22 日股價向上突破，形成加速上漲走勢，第二天股價開高走低，在高位收出陰線。3 月 26，股價開低 5.34% 後，股價不斷向下走低，一度下探到跌停板位置。不少散戶見此情形，紛紛選擇離場觀望，擔心當日股價封於跌停，而導致次日慣性下跌的風險。但午後股價直線拉升，第一波股價翻紅，稍作整理後，第二波直線拉漲停，形成天地板走勢。主力洗盤手法非常兇狠，之後股價繼續強勢拉高。

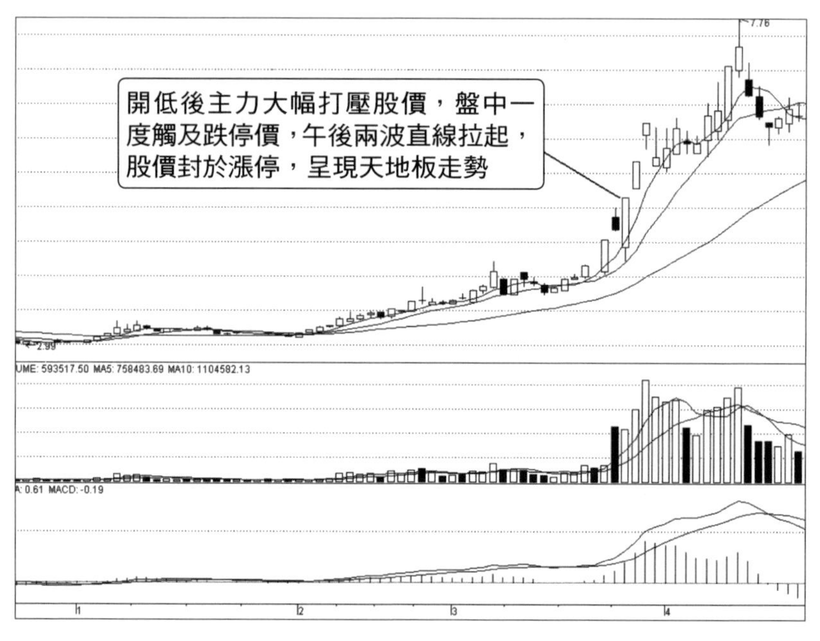

▲圖 2-33　連雲港（601008）日 K 線圖

3. 出貨性天地型漲停

在股價大幅上漲的高位，由於主力出貨而導致盤面出現巨幅震盪，有時候股價從跌停開盤到漲停收盤，這種天地型漲停看似盤面非常強勁，實則主力暗中出貨，投資人要有所警覺。

如圖 2-34 長城影視（002071）的 K 線圖所示，該股由於基本面不佳，主力為了達到高位出貨目的，刻意大幅拉高股價，短期股價漲幅超過一倍。2020 年 6 月 9 日，股價從跌停價開盤後，盤中巨量打開封盤，然後股價逐波拉高，尾盤收於漲停，呈現天地型漲停走勢，當天換手率超過 19.69%。從當日分時走勢看，盤面似乎非常強勢，但次日開低 9.44% 後，股價衝高回落，在日線中形成「流星線」形態，充分表露出主力出貨的意圖，這是明顯的見頂形態。

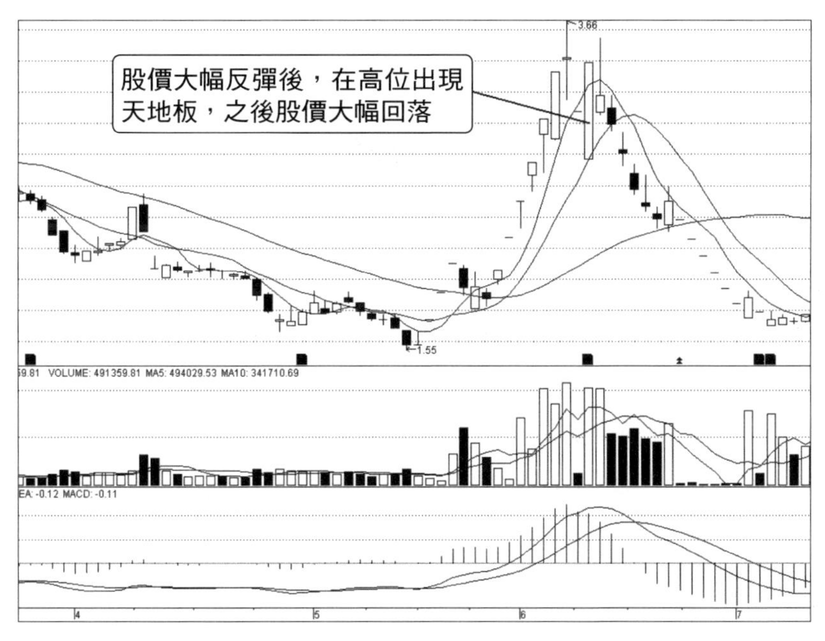

▲ 圖 2-34　長城影視（002071）日 K 線圖

在下跌趨勢中的天地型漲停，只要放出巨量，不僅不會上漲，反而會繼續下跌，後面至少還有 20% 以上的下跌空間。這是因為主力為了吸引市場接盤，故意運用對倒盤，造成有抄底資金進場的假象。當跟風盤蜂擁而入後，第二天往往以跌停開盤，甚至以大單封死跌停，把跟風者全數套牢。

如圖 2-35 赫美集團（002356）的 K 線圖所示，該股大幅炒高後，主力在高位出貨，然後股價快速下跌，2019 年 4 月 8 日股價從跌停價開盤後，盤中打開漲停，然後逐波拉高，尾盤封於漲停，形成天地型漲停走勢，當天成交量大幅放大。第二天又從跌停價開盤，但不會重複昨天的走勢，股價衝

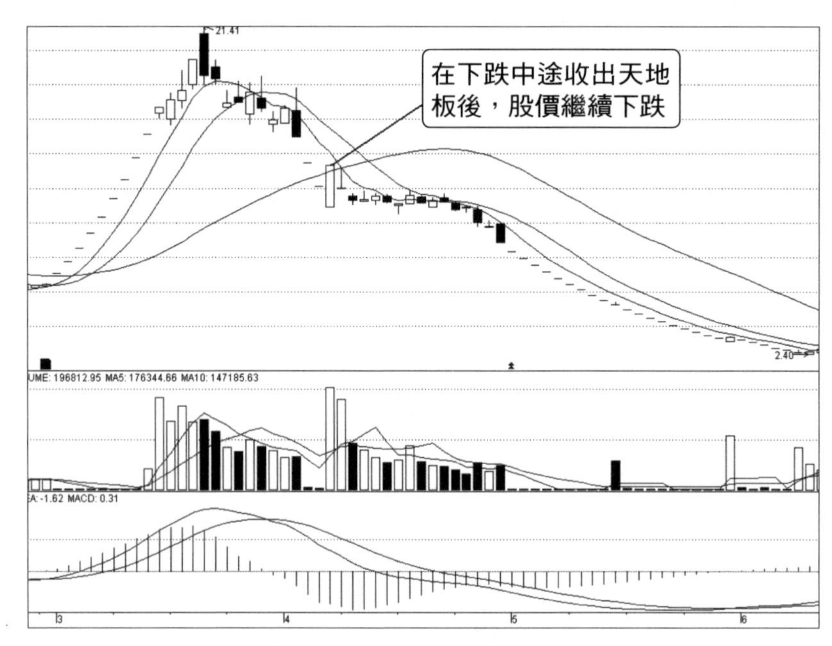

▲ 圖 2-35　赫美集團（002356）日 K 線圖

高回落，在接近跌停板收盤，K 線形成倒 T 形態。這讓人對前一天漲停產生懷疑，據此可以判斷主力繼續減倉，之後股價仍然出現大幅下跌，將追漲盤套牢。

特殊型漲停的五種走勢各具特色，讀懂它們的盤面語言就如虎添翼，大大提高了狙擊漲停的機率，這是全天候抓漲停的專業高手必備技能。隨著市場的變化，漲停的手段還會層出不窮，正所謂「股市如棋，局局新」。投資人一定要不斷地研究和發現漲停的新變化，做到主力變、我亦變，在變化中求生存，在變化中謀發展。

第 3 章

看懂漲停的「量價形態」，輕鬆與主力跳探戈

3-1

3 種放量漲停形態

底部放量漲停

所謂「放量會漲」，其實是一種市場的習慣性思維，真正吸引市場關注的因素是收盤價，而非成交量，股價的上漲才是吸引市場眼球的關鍵。一家公司要引起市場注意，最主要的是基本面出現變化，而不是成交量的暴漲。當然，在主力盛行的當前市場中，不得不考慮成交量的大小，所以就有了這裡的話題。

必須釐清的是，既然是「底部放量」，那麼形態上股價應該是從高處回落，至少從中期來說，現有的籌碼都是被套的，除部分長線籌碼外，基本上沒有獲利籌碼，這是分析的一個前提，也是底部放量的技術意義。

一般來說，散戶的籌碼絕不會聚集在一起行動，所以對股價不會形成突發性的衝出，對股價運行不會產生明顯的影響。所以，只有實力強大的主力異動，才能對股價產生重大影響。而且，真正的底部是沒有量的，當多數的籌碼在高位套牢時，就很難想像在低位會有大量的深度套牢盤殺出，除非個股基本面出現巨變或大盤暴跌，否則放量不可能出現。從這方面來講，底部放量並非一種正常狀態。

1. 放量漲停後的運行態勢

從邏輯上講，底部放量以後股價只有三種走勢：上漲、下跌和盤整。

(1) 放量漲停後上漲：這是一種正常的上漲盤面表現，當股價經過連續下跌，到達前期低點或創歷史新低後，若突然出現放量漲停，表示股價即將見底回升，這是一個底部訊號。或者，當股價成功築底後，在突破近期壓力位時，出現放量漲停，表示增量資金積極進場，這是一個啟動訊號。或者，當股價突破壓力位後，出現短暫的整理或回測，此時出現放量漲停，表示洗盤或確認突破有效，股價有望加速上漲，這是一個上漲中繼訊號。

如圖 3-1 奧普光電（002338）的 K 線圖所示，該股見底後漸漸向上回升，但股價短期受制於前期盤整區壓力，遲遲不能向上突破。2020 年 5 月 22 日，股價放量漲停，一根光頭光腳的大陽線突破盤整區，次日股價繼續放量漲停，拉開一波主升段行情。對於這種盤面現象，投資人可以在漲停當天追進，或次日以開盤價介入。

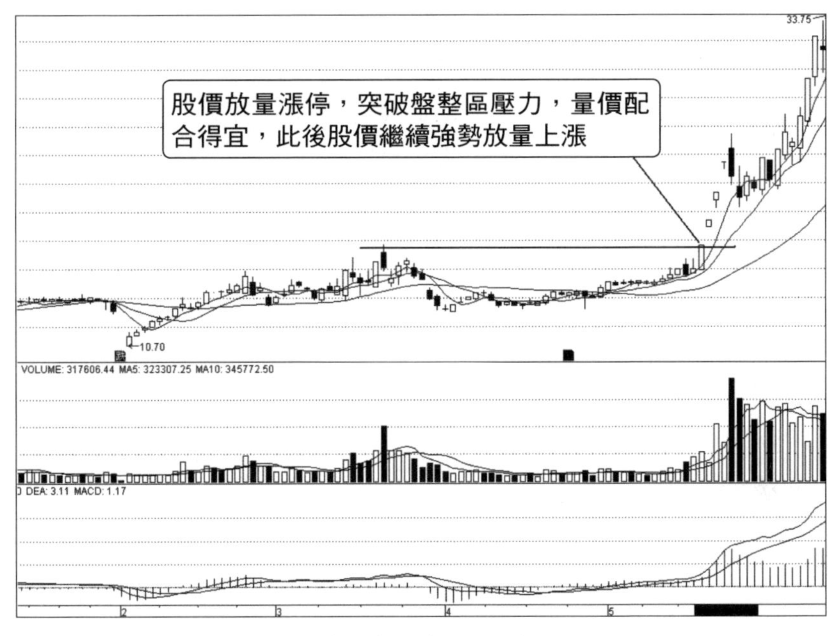

▲ 圖 3-1 奧普光電（002338）日 K 線圖

⑵ 放量漲停後下跌：股價放量漲價停是一件好事，但放量漲停後不一定都會出現持續上漲。特別是股價遇到重要壓力，或在下跌過程中出現的放量漲停，往往具有一定的欺騙性，投資人仍需謹慎。

有時候底部放量漲停是受到了非正常因素的干擾，其接下來的下跌是難免的，主力在底部以不惜增加成本的方式進行對倒，目的就是吸引市場的買單，達到減倉或者出逃的目的。有時為了將假戲做得更真實一些，主力還會在下跌之前向上衝一把，即所謂的「試盤」。如果市場進來的買盤比較多，就向上衝一段時間，然後再進行殺跌出貨；如果試盤的結果不好，就會乾脆一路跌下去。

如圖 3-2 愛迪爾（002740）的 K 線圖所示，該股經過一波跳水走勢後，股價漸漸止跌盤整，2020 年 6 月 3 日，一根放量漲停大陽線拔地而起，似乎展開強勢反彈行情，因此吸引不少散戶介入。但第二天股價衝高回落，接著繼續向下跌，多頭剛剛燃起的火焰又熄滅。這表示股價短期不具備持續反彈動力，需要進一步構築底部根基，此時不適合入場。

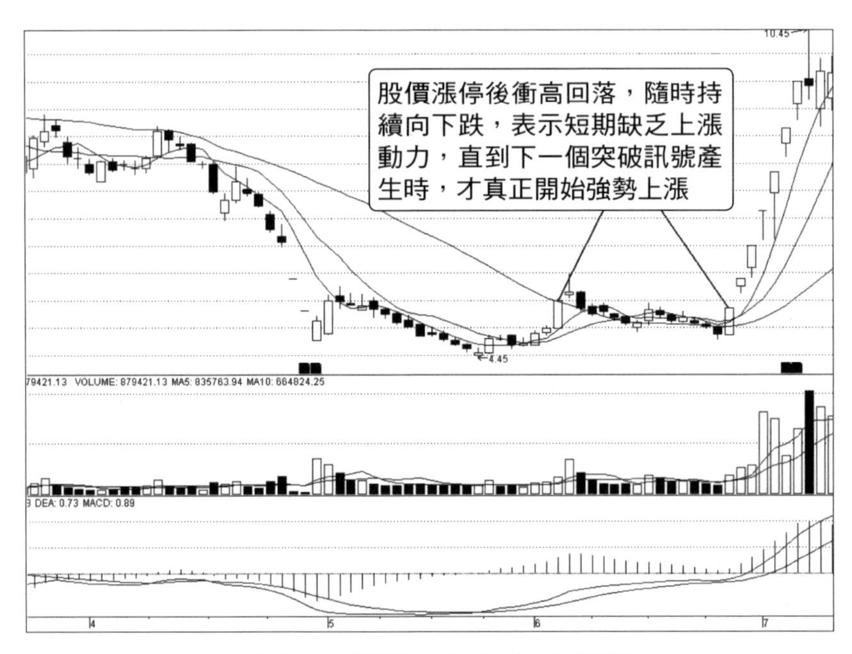

▲圖 3-2　愛迪爾（002740）日 K 線圖

從盤面觀察，該股大幅跳水後，對後市股價上漲構成較大的壓力，盤中出現的放量漲停只是對跳水的回測走勢，所以股價持續性不夠。遇到這種情況時，投資人不應盲目入場，可以等待下一個突破訊號出現時入場比較可靠。6月24日，股價放量漲停，這時才真正出現底部訊號，投資人可以跟風入場，之後股價連續拉出漲停。

⑶ 放量漲停後盤整：底部放量漲停後出現盤整，一般有幾種可能性。

第一，護盤。 如果同期大盤一路下跌，而個股基本上以盤整為主，那麼必定有主力在其中維護股價，而且必定有更多的賣盤出來，因此這種盤整走勢出現放量是正常的。它的特點是量能不會放得很大，主力護盤會增加籌碼，但這與後市主力會不會拉升股價，不產生必然的聯繫。

第二，分倉。主力為了做盤的需要，可能會進行分倉處理，因此在某個區域出現放量現象，這實際上是大單交易，一旦分倉結束後，股價往往還會繼續盤整。其特點是盤中多次出現大單成交，且沒有明確的上推或下壓的意圖，股價震盪的幅度也不會大。

第三，換主力。如果成交量放得非常大，那麼存在換主力的可能，這是雙方談好的價格區域，其特點是盤中無明顯目的的巨大單經常換手，股價的震盪幅度不大。這種情況的出現，預示該股以後在主力認為適當的時機會有拉升行情，但不表明目前就是最低價。很多新的主力還會在市場上繼續整理或打壓震倉，換主力時股價的震盪幅度不大，下跌幅度一般應該在一個跌停價之內，否則有可能被市場接掉一部分。

如圖 3-3 深振業 A（000006）的 K 線圖所示，該股經過長時間的底部震盪後，在 2020 年 4 月 2 日拉出放量漲停大陽線，但是股價受到盤整區高點壓制，沒有出現持續上漲，而是進入盤整走勢。

這種走勢說明主力在其中有所動作，對拉升躍躍欲試，只是沒到最佳拉升時機。因為股價處於大幅下跌的底部，雖然漲停後股價沒有持續拉升，但也沒有出現大幅下跌，表示主力不敢再次打壓股價，擔心低位丟失籌碼，所以進行橫盤蓄勢整理，預示股價離拉升時間已經不遠。6 月 15 日，股價再次放量漲停時，那是真正開始進入上漲行情。

2. 放量漲停後的量能表現

(1) 單日放量：在實盤操作中，「放量上漲」或「放量突破」已經成為不少投資人的操盤經典，而主力卻反大眾思維做盤。為了吸引散戶參與，主力在盤中製造放大的成交量，在日 K 線圖上形成一根天量柱狀線，散戶看到股價放量漲停，就禁不住誘惑紛紛入場，可是第二天就開始大幅縮量，股價漸漸向下走跌。因此，對於單日放量漲停的個股，投資人應採取觀望較好。

如圖 3-4 華遠地產（600743）的 K 線圖所示，該股經過一波持續的下跌行情後，空方能量得到有效的釋放，成交量大幅萎縮，股價出現漸漸止跌跡

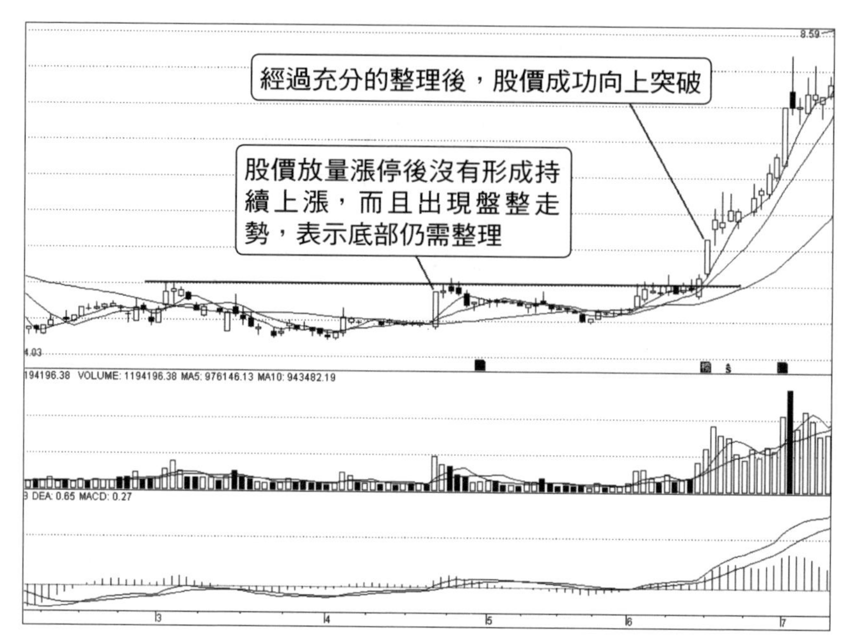

▲ 圖 3-3　深振業 A（000006）日 K 線圖

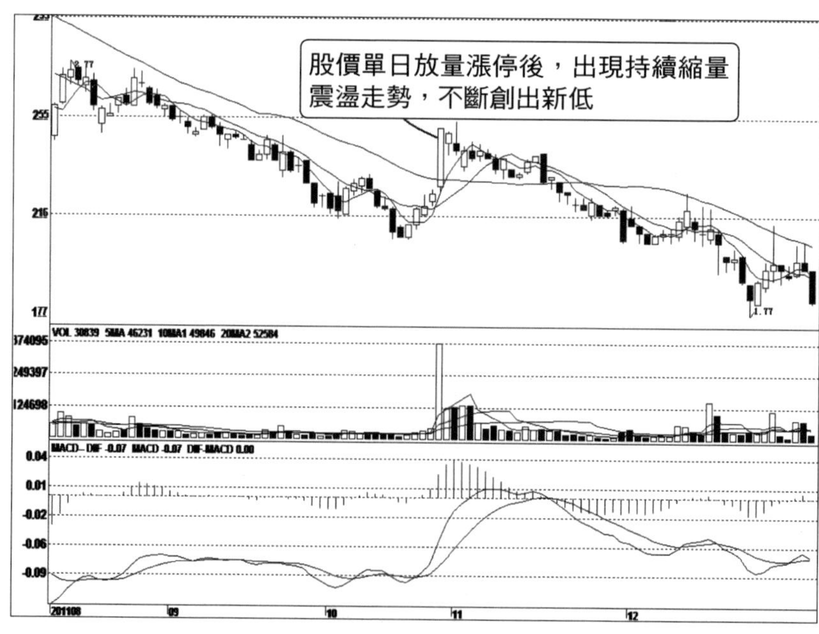

▲ 圖 3-4　華遠地產（600743）日 K 線圖

象。不久，一根大幅放量的大陽線拔地而起，突破 30 日均線的壓制，當天以漲停價報收。單從這天的盤面看，強勢特徵十分明顯。但從第二天開始，成交量大幅萎縮，一根孤零零的巨量柱狀線如鶴立雞群。獨木難成林，隨後股價節節走低，當天在漲停價追進的投資人全部套牢。

該股以放量大陽線的方式向上突破30日均線後，為什麼股價不漲反跌呢？根本原因在於成交量方面，股價僅在突破的當天放出巨大的天量，然後快速大幅縮量。

這種沒有持續性的間歇性放量，表明場外資金十分謹慎，跟風意願不強，因此股價上漲缺乏內在動力，行情很難持續下去。股價向上突破只是主力欺騙散戶的一種出貨行為，是主力對倒放量所致。因此，投資人在實盤操作中，遇到單日放量漲停，突破某一技術位置時，如果此後出現快速縮量現象，要小心突破失敗。

在實盤操作中遇到單日放量漲停時，應把握以下技術要點：

一是股價突然放出巨大的天量時，要分析放量的原因，是多頭介入的量，還是主力對倒的量，或是受某種消息影響所致。若是主力對倒放量，散戶不宜入場；若是受消息影響放量，要對消息作理性分析；若是多方放量買入，激進的投資人可以在當天跟進，穩健的投資人可以等待回檔時介入。

二是界定成交量的大小，可以參考兩方面的要素：一是可以與近期盤面常態情況下的成交量進行對比，大於 30 日成交均量兩倍以上的就屬於巨量；二是從換手率上進行分析，單日換手率大於 20% 就屬於巨量。

三是股價突然放量後，應關注第二天或隨後幾天裡的成交量變化情況。如果隨後出現快速萎縮現象，這天的放量屬於主力對倒的可能性較大，投資人不宜介入。如果隨後出現持續放量，可能是多頭入場的量，短期股價可能會有一個衝高動作，投資人可以適當參與。

四是結合股價所處的位置，如果單日放量大陽線出現在高位，多為主力拉高出貨，如果出現在低位，可能是主力拉高建倉或拉升前的試盤行為。

⑵ 連續放量：成交量持續放大，股價同步上漲，一方面說明場外資金源源不斷地流入市場，另一方面也說明有獲利盤或解套盤大量賣出。如果個股進行了一定的整理，股價處於階段性底部，同時量能萎縮得厲害，忽然某個交易日開始，其股價一路狂飆並封於漲停，量能放大數倍，這往往是在前期整理過程中，主力並沒有出逃，而是借勢完成了洗盤動作，後市有加速上

漲的可能，這時候若能成功介入，一般會有比較好的收益。但要注意，也有可能是個別主力手中尚有部分籌碼，用放量漲停來引誘散戶跟風，以完成出貨計畫。

連續放量也經常出現在漲勢過程中，表示主力洗盤整理結束，股價有望加速上漲形成主升段行情，投資人應積極關注。

一般而言，只有連續放量才能持續上漲，哪怕是中間的一兩根陰線也要保持較大量能，若只放出一兩天的量便縮量，則是一般節奏的上漲或反彈行情。所以，一支個股只有連續放量或溫和放量，才有可能一氣呵成地快速上漲。

如圖 3-5 光大證券（601788）的 K 線圖所示，當主力在底部長時間的震盪中完成建倉計畫後，該股於 2020 年 6 月 19 日開始出現持續放量上漲，股價連續漲停，成交量遞增式放大。這種連續放量現象，很明顯是主力大資金入場，經由急拉快速脫離底部所致。既然有主力大資金入場，投資人就可以大膽跟進。

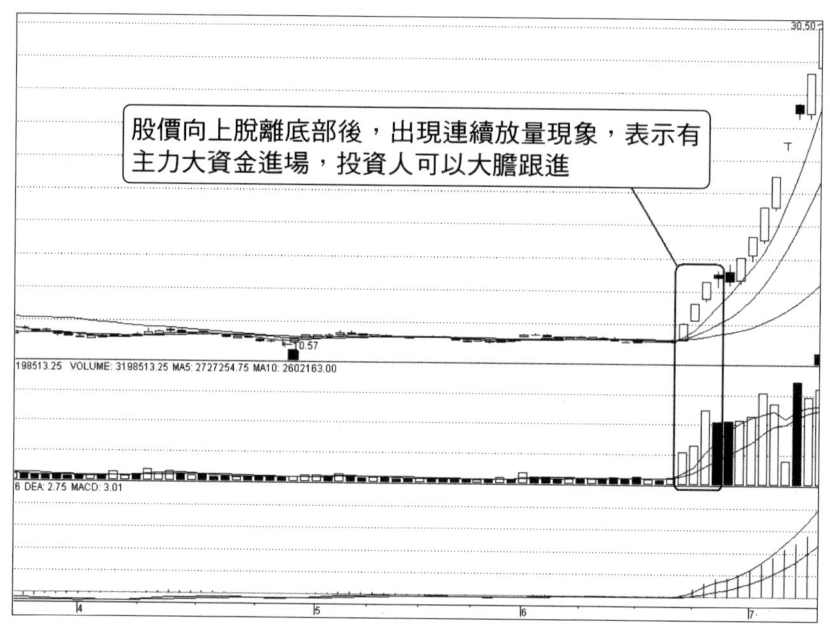

▲圖 3-5　光大證券（601788）日 K 線圖

經由這個實例分析，可以得出兩個結論：第一，放量漲停一定要有主力在其中運作；第二，主力願意讓市場在目前價位跟進。第一個結論暗示可以關注這檔股票，第二個結論則應進一步具體分析。

主力為什麼願意，而且很明顯是故意做出成交量來吸引市場跟進？這有兩種可能性：一是主力的倉位已經達到預期的要求，無法再增加倉位，但持有的倉位並沒有達到控盤程度；二是主力已經被高高套在上面，即使再增加部分倉位也無法把成本有效地降下來。但具體看以上 2 個實例，由於股價的漲停並非屬於尾盤的偷襲，主力在歷史低價區和漲勢中途企圖拉高出逃的可能性微乎其微，所以這樣的放量漲停走勢，值得投資人認真分析。

分析成交量的變化關鍵在於趨勢。**多少算放量，多少算縮量，沒有一個可以遵循的規律，很多時候只是一個「勢」，即放量的趨勢和縮量的趨勢**。這種趨勢的把握來自於對前期走勢的整體判斷，以及當時的市場變化狀態，還有市場心理變化。在用成交張數作為成交量研判的主要依據時，也可輔助使用成交金額與換手率進行研判，從而更好地把握量的「勢」。

黑馬股的出現看似在某一天爆發，但在此之前從成交量的細小變化，就能看出很多跡象：有一種黑馬股的成交量是從某一天起突然放大，然後每天都維持這個水準。這種變化說明主力在有計劃地吸納，這種吸納往往引起股價上漲，但收盤時卻有人故意將股價打低，形成上影線。從日 K 線圖上可以看出，成交量放大時，股價小幅上漲，而在下跌時，常常形成十字星。

另一種黑馬股的成交量是從某一天起逐步放大，並維持一種有規律放大的趨勢，這正是主力已介入的跡象。同時，股價小幅上漲，表示主力已沒有耐心或時間慢慢進貨。經過加速，股價必定會突然起飛。

股價連續上漲時，成交量隨之放大，則上升趨勢不變。成交量大幅增加，但價格並不持續上升，是反轉徵兆。股價持續下跌時，成交量放大，下跌趨勢不變。成交量放大，而價格下跌趨緩，是反彈徵兆。

高位放量漲停

在高位出現放量漲停，表示存在多空分歧，籌碼有鬆動跡象，放量越大，分歧越大。後市走勢就看多空的後繼力量誰大，如果漲停價上賣盤大於買盤，則後市下跌的可能性大；如果漲停價上買盤大於賣盤，買盤仍佔據上風，則有利於後市繼續看多。

1. 開板式放量漲停

股價經過連續的一字漲停後，在高位開板震盪，因其受上漲慣性影響，股價再次出現放巨量漲停，此時盤面堆積了巨大的風險，因此這種漲停一般不宜參與。

如圖 3-6 百聯股份（600827）的 K 線圖所示，該股長時間在底部震盪，主力成功吸納低價籌碼後，2020 年 5 月 27 日向上突破，股價逐波上漲，盤面越走越強，累積漲幅超過 250%。在高位連拉 4 個一字板後，7 月 13 日打開一字漲停，開高 6.18% 後強勢漲停，當天成交量大幅放大，構成開板式放量漲停形態。第二天，開盤後快速打到跌停位置，全天呈現弱勢震盪，尾盤封於跌停價位，次日繼續跌停，階段性頭部確立。

當然，對漲幅不是很大的個股（一般在 5 個一字漲停以內為佳），在第一次打開一字漲停時還是可以參與的，原則是短線操作，快進快出，見好就收。

如圖 3-7 道恩股份（002838）的 K 線圖所示，該股主力在長時間的底部震盪中，吸納了大量的低價籌碼。2020 年 2 月 3 日開始向上突破，連拉 5 個一字漲停，在 6 板時籌碼出現鬆動，收出 T 字線，次日再次放量漲停，之後整理 7 個交易日，成交量大幅放大，平均換手率達到 15.09%。2 月 21 日，股價再次漲停，開啟新一波上漲行情，12 個交易日裡拉出 10 個漲停。短線獲利豐厚。

2. 衝高式放量漲停

衝高式放量漲停，是指在大幅上漲的高位，主力為了出貨的需要，出現放量拉漲停的走勢。這是主力誘多行為，以此吸引散戶參與，實現自己出貨目的。通常這是最後的拉高動作，投資人應逢高離場。

如圖 3-8 常鋁股份（002160）的 K 線圖所示，該股結束洗盤後，主力再次大幅拉高股價，形成 6 連續漲停板行情。2020 年 2 月 26 日，在實現第 6 個漲停時，盤中出現大幅波動，成交量大幅放大。表示多空觀點產生分歧，籌碼出現鬆動，也反映股價持續上漲難度較大， 存在潛在的回檔風險。次日，股價開高後衝高回落，以跌停收盤，短期頭部確立。

通常放量漲停當日能夠保持封盤的最佳，大幅收高 5% 以上的次之，長上影線小幅上漲 0%~5% 的再次之，長上影線小幅下跌 2% 以內的最次，衝

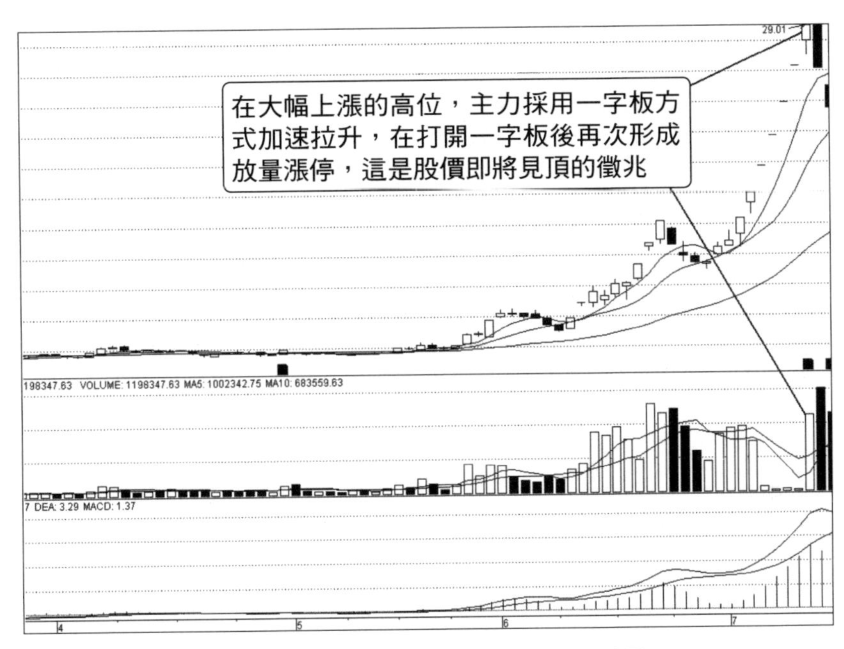

▲ 圖 3-6　百聯股份（600827）日 K 線圖

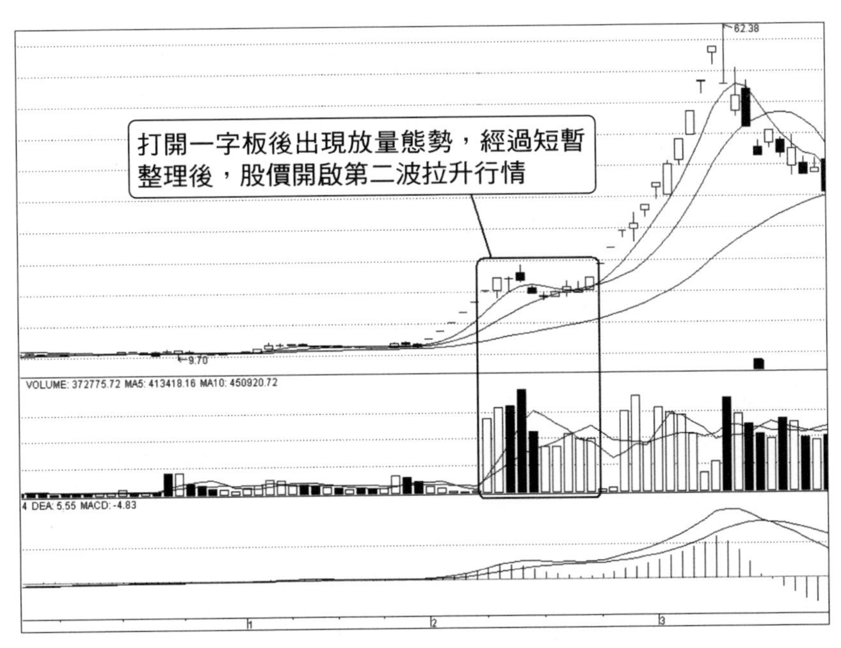

▲ 圖 3-7　道恩股份（002838）日 K 線圖

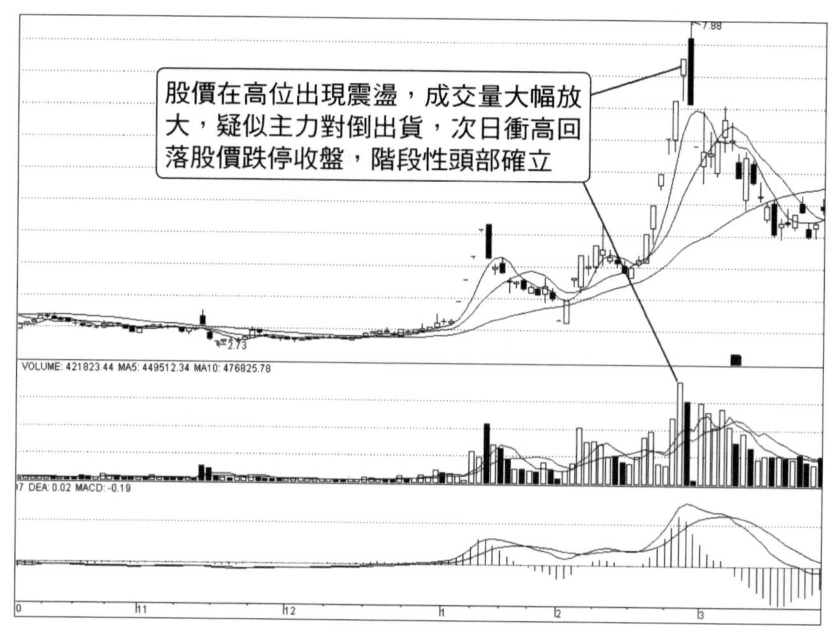

▲ 圖 3-8　常鋁股份（002160）日 K 線圖

高回落收盤下跌超過 2% 以上的為危險走勢。

放量漲停後股價繼續上漲還是下跌的重要標準，關鍵為漲停後的第二天走勢：如果漲停第二天股價開高走高，或者開平、略開低後迅速大幅拉高，以漲停收盤或者大漲收盤，則後市非常看好，股價上漲空間再次打開；如果第二天股價大幅開低，並且不能迅速拉起，當天低收，則後市股價下跌的可能性較大。成交量相比漲停當天，次日縮量或平量上漲為佳，其後量縮多久，股價再漲多久，直到放量見頂。

縮量後放量漲停

有時候股價持續上漲後，成交量反而越來越少，主要原因是主力在高位不敢在盤中展開震盪出貨，防止籌碼鬆動而增加出貨壓力。因此開盤後不久很快封漲停，表示股價已經到了最後的衝刺階段，這時投資人要密切注意盤面變化。隨後可能出現放量漲停走勢，但如果在放量漲停後的第二天股價出現開高回落，成交量大幅放大，此時就應堅決離場，頂部或階段性頂部很快會出現。

縮量上漲後再放量漲停的另一個原因，是個股突發重大利多所致。主力在利多出現時開盤漲停或快速拉漲停，並且連續數日封漲停，這樣即使每日漲幅巨大，但量能仍是很小。而某一天成交量開始放大，則表示主力在大幅獲利的情況下，開始慢慢出貨。

如圖 3-9 越秀金控（000987）的 K 線圖所示，該股前期經過一段爬坡走勢後，進入短期洗盤整理，2020 年 7 月 2 日放量突破，開啟主升段行情。在拉升過程中，成交量呈遞減狀態，然後股價又放量漲停，成交量比前幾個交易日明顯放大了許多，呈現「縮量上漲後，再放量漲停」現象，說明主力已經在高位減倉。7 月 15 日，開高後股價衝板回落，收出「紡錘線」形態，暗示股價階段性頂部已現，此時短線投資人應逢高離場。

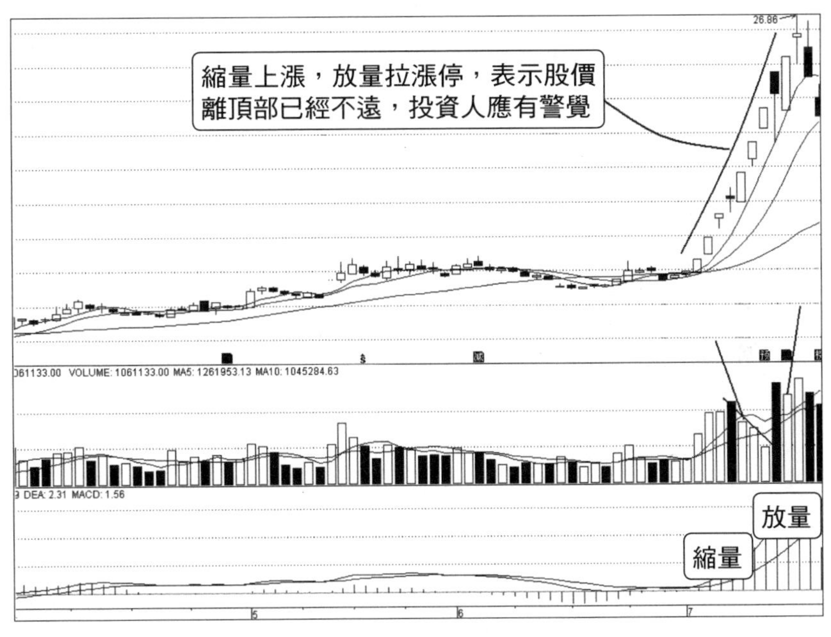

▲圖 3-9　越秀金控（000987）日 K 線圖

如圖 3-10 戴維醫療（300314）的 K 線圖所示，該股主力完成建倉計畫後，開始向上突破，形成強勢上漲行情。在拉升後期股價出現縮量上漲，2020 年 7 月 10 日開高 5.40%，稍作回檔後快速拉起並封於漲停，但封盤 30 多分鐘後開板震盪，在漲停板附近反覆震盪，尾盤勉強封盤。次日，股價出現大幅震盪，高位收出「紡錘線」，有主力對倒出貨嫌疑。所以在拉升過程中，出現縮量後的放量漲停，大多為最後衝刺行為，短線投資人應以離場為主。

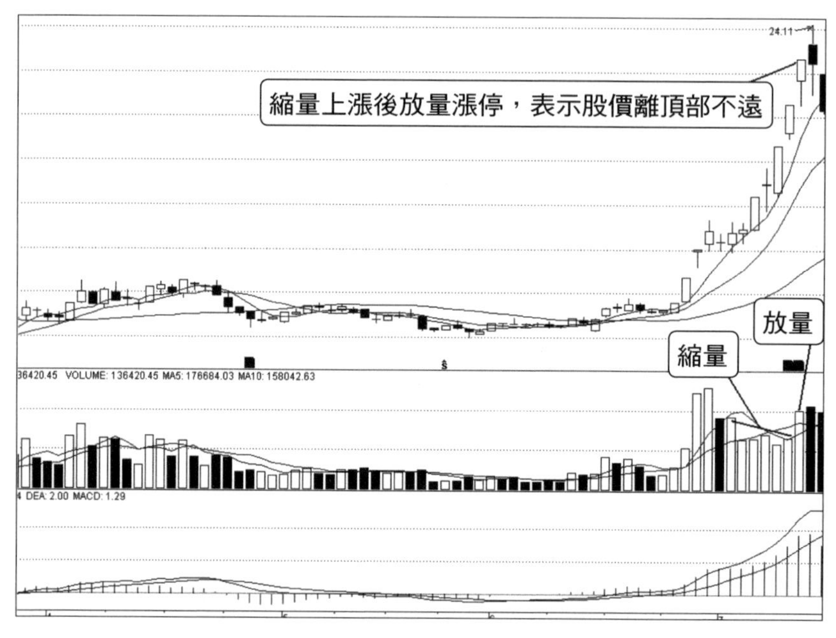

▲ 圖 3-10　戴維醫療（300314）日 K 線圖

3-2

3 種縮量漲停形態

底部縮量漲停

縮量漲停是指股票在成交量很少的情況下，就達到漲幅限制。縮量漲停經常出現在底部區域，因為在市場底部區域多數人已經被套牢，此時場外散戶也沒有感覺到股價真正見底，而處於觀望之中，所以很少的量就能使股價出現漲停。

其實，真正的市場底部是沒有成交量的，不能簡單地經由觀察是否放量，來確定底部的成立，但也不能說沒有量的盤整一定是底部。當股價在底部出現縮量漲停時，是否意味著機會呢？

首先必須瞭解，「底部」是有相對性的。如果大盤沒有大的波動，個股也沒有新的消息公佈，而股價在底部整理一段時間後突然出現漲停，那麼其中必然有主力在活動。

以下介紹常見的幾種底部縮量漲停現象。

1. 下跌放量、底部有量，而漲停無量

股價必然是從高處跌落到底部，而在前期的下跌過程中，放出很大的成交量，表示有主力出逃，或是主力的資金鏈出了問題，

在到達底部以後又出現放量，一般來說，股價在暴跌後會吸引大量的短線散戶，但如果底部出現持續放量，就不能單純地解釋為短線散戶所為，應該是新主力的介入。新主力不一定是強勢主力，絕大多數是打一槍就跑的超級短線主力，適合短線投機操作。

新主力在底部拿到一定的浮動籌碼後，就會很快地開始拉升，由於新主力的成本就在這裡，所以內心十分希望能夠將股價拉得高一些。更何況新主

力還沒有被套，目前手中還握有相當的資金，所以一旦拉升就拉出漲停，而且覺得現在還沒有到出貨階段，有沒有市場買單則無關緊要，因此沒有對倒放量。市場上在底部普通短線散戶已經拋售籌碼，其他入場的投資人又並非短線資金，股價上漲後絕不會立刻賣出，這就出現了縮量漲停現象。

如圖 3-11 匯金股份（300368）的 K 線圖所示，該股受利多刺激衝高結束後，股價出現放量快速下跌走勢，然後在底部又出現放量急跌現象，表示短線主力資金抄底介入。接著股價出現 3 個縮量漲停，之後進入短暫的盤整，當回探到前底附近時，股價得到支撐止跌回升，又形成 5 個縮量漲停，主力開始對敲放量減倉處理，之後股價重回起漲點。

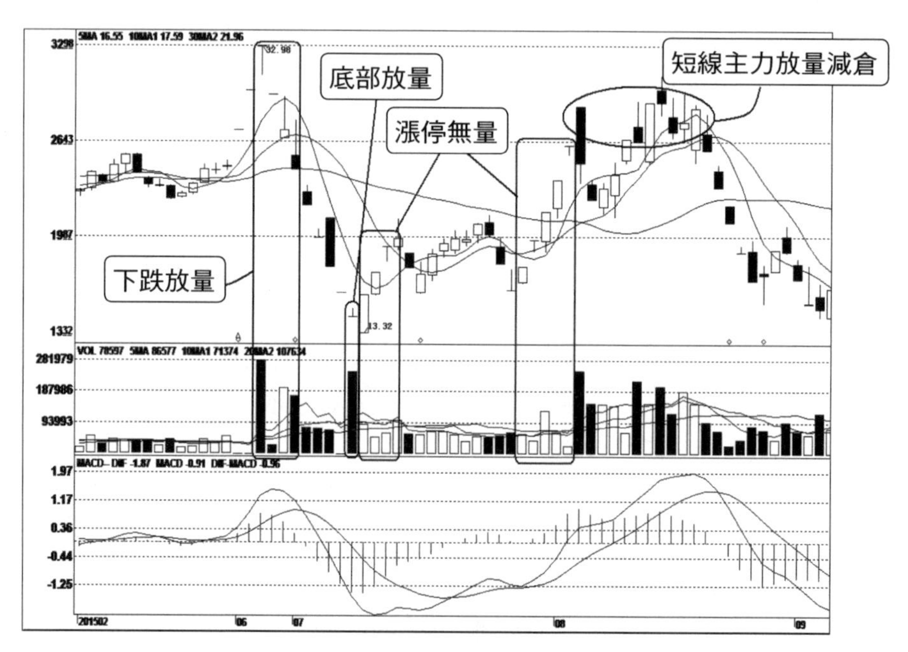

▲圖 3-11　匯金股份（300368）日 K 線圖

2. 下跌無量、底部無量，漲停也無量

這種成交量的「三無」狀況經常會出現，它的特點是無聲無息，似乎是來無影。既然下跌無量底部也無量，那麼在這兩個階段都沒有主力明顯參與，但無法斷定是否有主力隱藏其中，接下來出現了無量漲停，這時顯示出有主力參與。既然漲停沒有量，就表示主力沒有減倉意願，而且願意再增加倉位，說明即使是老主力也還有一定的實力。

從邏輯上說，因為沒有看到建倉過程，所以即使是新主力也應該沒有完成建倉。從主力建倉的途徑來說，有被動式的逢低吸納，也有主動性的拉高建倉，更有震盪式的加倉。但從「三無」成交量的情況看，這三個過程都沒有出現，所以可以先將它看成是盤中老主力所為，在漲停以後可以進一步觀察，是否會出現這三種建倉的狀況。

如圖 3-12 大同煤業（601001）的 K 線圖所示，股價見頂後一路縮量向下跌，在底部形成縮量震盪，該股似乎被市場所遺忘。經過一段時間的震盪築底後，股價突然拔地而起，拉出縮量漲停。從第二天開始出現放量拉高走勢，這就是平常所說的「補量」，表示主力有急於拉高之意，後市存在一定的短線機會。

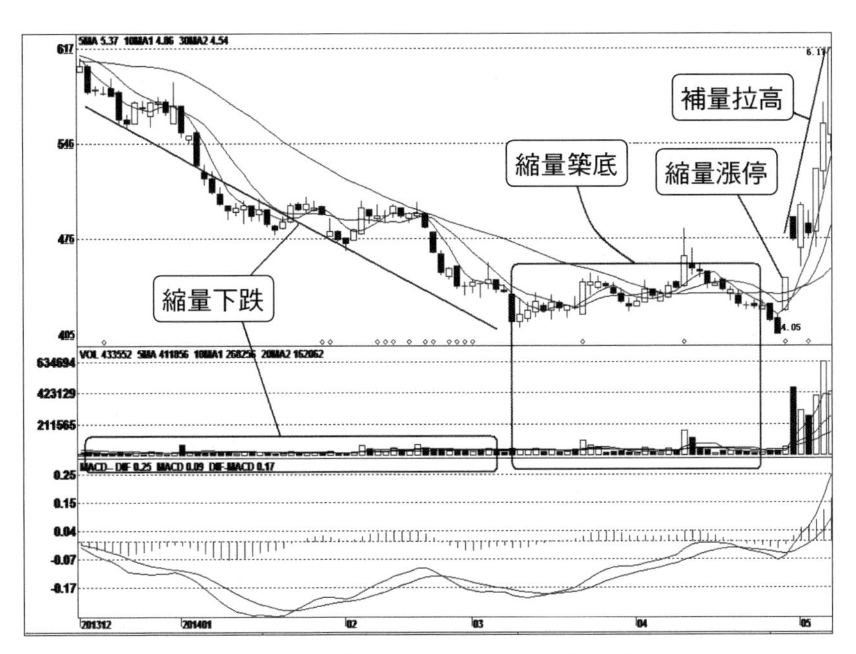

▲ 圖 3-12　大同煤業（601001）日 K 線圖

如圖 3-13 鹿港文化（601599）的 K 線圖所示，該股見頂後出現快速下跌，但成交量並未見放大，表示主力的大資金沒有出逃，底部也沒有成交量，反映不堅定的散戶在下跌中已經離場，低位沒有出現恐慌盤殺出，盤中籌碼穩固。止跌後連拉兩個一字板，然後開板放量洗盤，接著再次形成連續的縮量漲停形態。這種盤面在放量洗盤時，就是一個較好的買入機會。

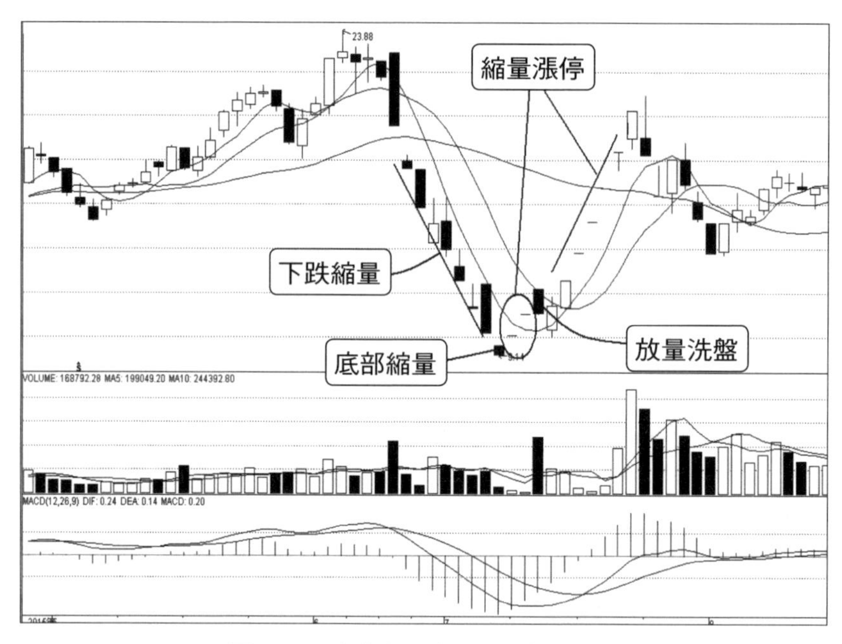

▲ 圖 3-13　鹿港文化（601599）日 K 線圖

持續縮量漲停

一般而言，縮量漲停說明市場籌碼鎖定性好，後市還有可能繼續漲停；而放量漲停是籌碼鬆動的表現，量放得越大，後市下跌的機率就越大。所以遇到縮量漲停的個股，可以放心持有。

如圖 3-14 星徽精密（300464）的 K 線圖所示，該股在 2020 年 6 月 24 日放量突破後，出現縮量上漲，連拉 5 個漲停後，在第 6 個漲停時出現開板震盪，成交量大幅放大。經過短暫的洗盤換手後，再次出現持續的縮量漲停，此時投資人可以大膽持有，等待放量時賣出。7 月 9 日，在高位收出放量漲停，這是潛在的出貨訊號，次日出現放量的「紡錘線」，這時應逢高離場。

如圖 3-15 和勝股份（002824）的 K 線圖所示，該股主力成功構築空頭陷阱後，開始漸漸止跌回升。2020 年 2 月 19 日放量漲停，接著出現持續縮量漲停走勢，2 月 28 日在高位出現開板放量震盪，這本身是一個潛在的見

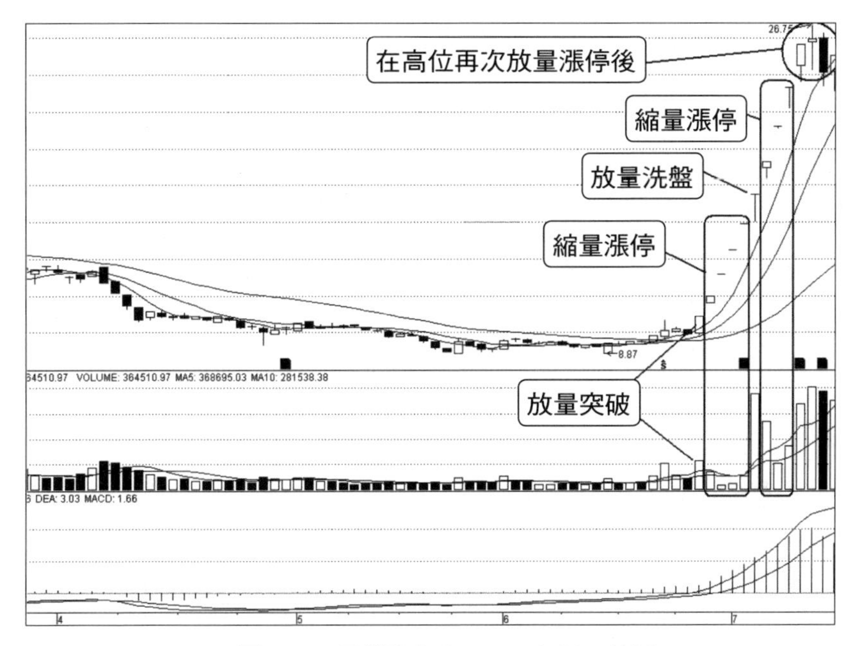

▲ 圖 3-14　星徽精密（300464）日 K 線圖

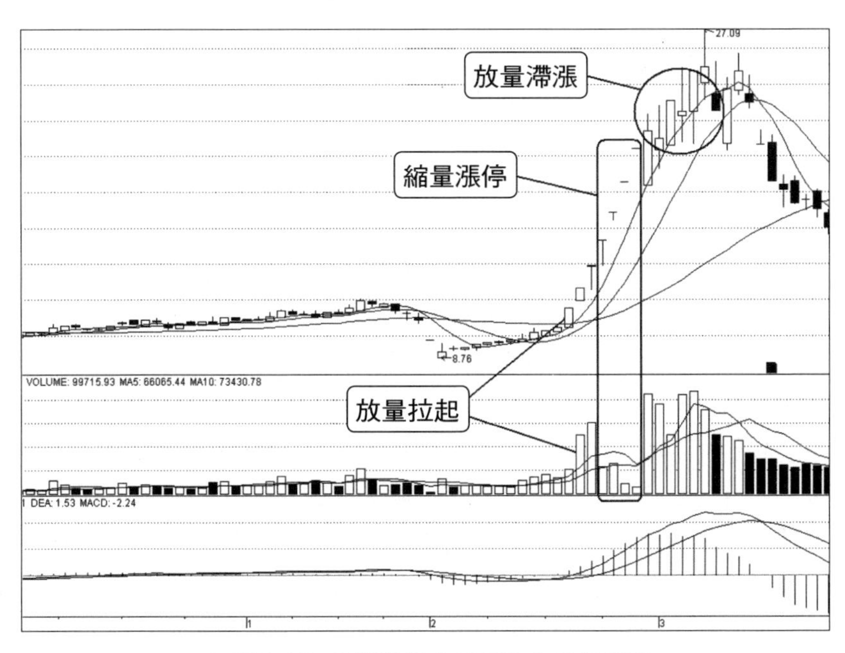

▲ 圖 3-15　和勝股份（002824）日 K 線圖

頂訊號，但由於當天股價強勢收漲，仍然可以繼續持股觀望。此後幾個交易日，股價在高位出現放量滯漲現象，此時應提高風險意識，一旦走弱應及時離場觀望。

高位縮量漲停

連續大幅上漲後的縮量漲停，往往是潛在的見頂警示訊號，預示著股價很快即將見頂。實盤中很多時候股價持續漲停後，成交量反而越來越少，這主要是因為在高位主力不敢在盤中展開震盪出貨，防止籌碼鬆動增加出貨壓力，因此開盤後不久很快封上漲停，這就出現了縮量漲停走勢。

對於這種走勢，投資人要密切注意盤面變化，如果第二天股價開高回落，成交量大幅放大，就應堅決離場；或者，當天直接下跌收出大陰線，此時不管成交量大小，短線都應離場觀望。實盤主要操作技巧如下：

⑴ 高位縮量漲停是一個頂部警示訊號，預示股價離頂部不遠。

⑵ 若次日股價繼續上漲，成交量大幅放出，應密切留意見頂回落。

⑶ 若次日或第三日股價出現下跌，應果斷出場。

⑷ 注意「縮量漲停放量結束」和「縮量漲停縮量結束」兩種盤面情形。

如圖 3-16 博騰股份（300363）的 K 線圖所示，在拉升過程中，股價連續漲停，在高位出現縮量漲停現象，此時提示股價離頂部已經很近了。第二天，股價開高後大幅震盪，成交量大幅放出，形成「縮量後放量漲停」形態，市場再次發出見頂訊號。接著，股價開低走低跌停收盤，頂部訊號確立，應果斷離場。

如圖 3-17 秀強股份（300160）的 K 線圖所示，該股在漲勢末期連續 2 個交易日出現縮量漲停，表示股價即將見頂。第三天股價從漲停價開盤後震盪走低收黑，形成頂部「倒錘頭」K 線形態，頂部訊號非常明確，投資人在收盤前應堅決賣出。

在近幾年的市場中，這種放量漲停繼續上漲、縮量漲停就會下跌的個股越來越多，這是私募基金創造出的一種嶄新操作手法，即滾動式操作法。幾家私募基金聯合運作一檔股票，在籌碼總量不變的前提下，經由籌碼交換，在若干私募基金之間進行「滾動」。股價在滾動中上升，無論大盤怎樣變換，股價都按既定計劃運行，成交量始終穩定在一個不變的的區間（換手率大多在 5%~10%），直到該股走完一波行情為止。

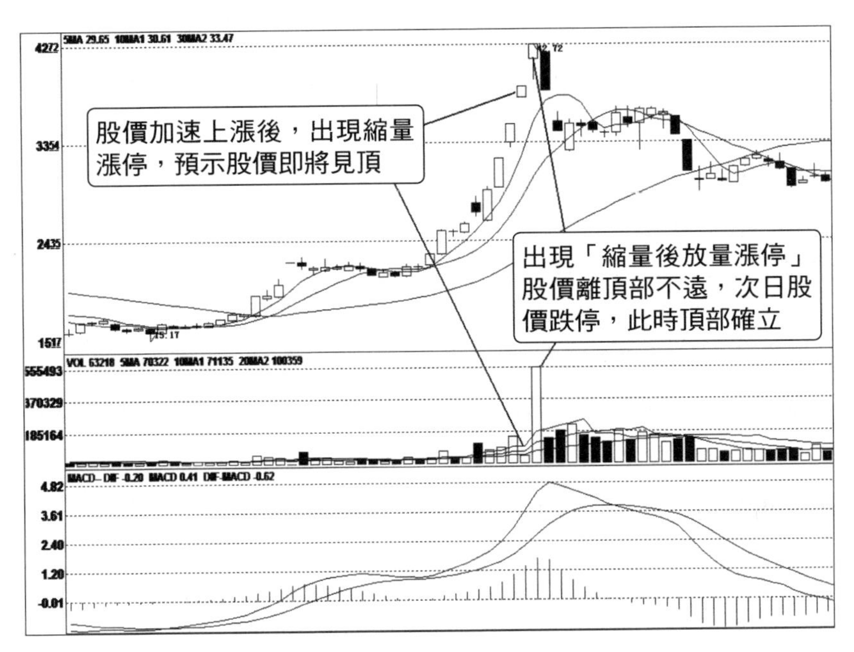

▲ 圖 3-16　博騰股份（300363）日 K 線圖

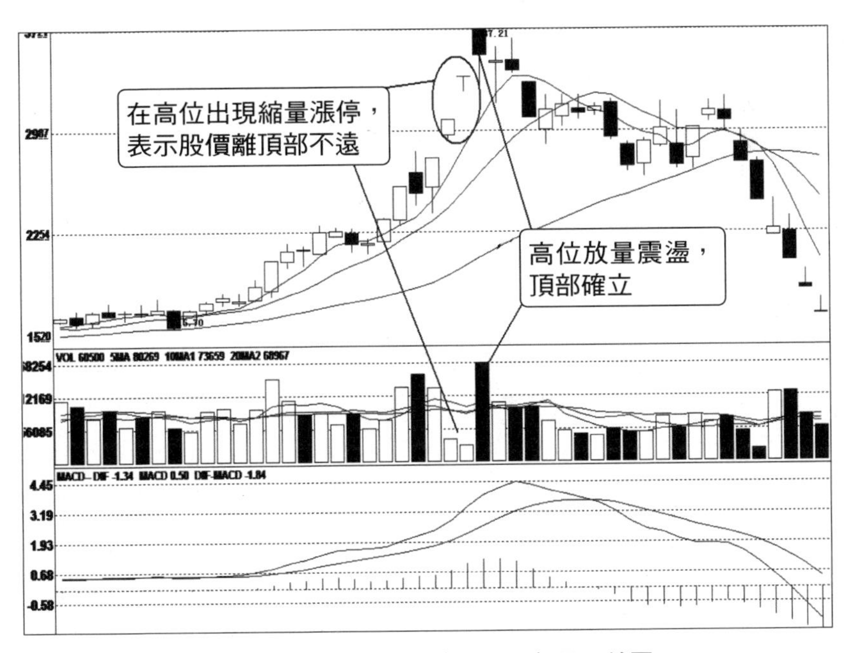

▲ 圖 3-17　秀強股份（300160）日 K 線圖

所以，一旦成交量萎縮下來，股價就要開始下跌了，這是因為私募機構已經鎩羽而歸，股價無人關照所致，當後面出現放量時就是主力大舉出貨的表現。

縮量漲停意義

1. 什麼情況下出現縮量漲停

一般情況下，縮量拉升是好現象，縮量漲停可以放心持股，這種現象當屬前途「無量」。大多數「縮量漲停」的個股其漲勢仍將得到延續，只有少數「縮量漲停」的個股不具備持續性。具體有以下幾種情況，僅供大家參考。

⑴ 大勢向上，惜售籌碼跡象明顯：當市場欣欣向榮、歡歌笑語時，大多數投資人認為市場仍將進一步向上，未來上漲空間還很大。那麼這時候投資人對於手中的籌碼，認為未來具備極大的增值潛力，因此具有很明顯的惜售心理，即使出現小幅的上漲也不會輕易賣出，於是就出現了縮量漲停情況，這時的縮量漲停之後大多還會上漲。

⑵ 主力控盤，連續上漲無須放量：在主力已經控盤的情況下，因周邊籌碼相對有限，主力向上拉升是輕而易舉的事，這是縮量漲停出現頻率最高的情況，現今市場中很多主力股基本上都是屬於這種情況。

⑶ 突發性利多，導致連續無量上漲：這種情況在市場中比較多見，特別是近期市場中，因重大重組所引發的連續無量漲停顯得十分明顯，而這類個股往往由於事發突然，主力難以提前收集到足夠籌碼，後續大多存在較大的上漲空間。

⑷ 暴跌後的無量反彈：這種情況只是投資人及時離場的好時機。一般情況下，股價在下跌過程中不放量是正常現象，一是沒有接盤而賣不出去，二是出現無量下跌、天天跌的現象，只有在出現恐慌性賣盤之後，再次放量才會有所止跌。

其實，放量下跌說明賣盤大的同時接盤也大，反而是好事，尤其是在下跌的末期，顯示出有人開始搶反彈。由於弱勢反彈主要靠市場的惜售心理所支撐，止跌反彈的初期往往會出現在恐懼中，因此需要放量。但之後的上攻反而會呈現縮量反彈天天漲的現象，這時不必理會是否放量，因為弱勢反彈中一旦再度放量，就表示籌碼已鬆動了，預示著新一輪下跌的開始。

2. 縮量漲停對於大盤的意義

若在相對低位，表示投資人觀望氣氛濃厚。空頭經過前期的打壓，能量也消耗不少，多空對決，多方略勝一籌，接下來量能溫和放大，上漲的持續性值得期待。

若在相對高位，隨著股價的上漲投資人變得謹慎起來，追高意願不強。一旦後續能量不能隨著股價的上漲有所放大，見頂回落的可能性較大。

3. 縮量漲停對於個股的意義

⑴ 開盤即漲停，持續至收盤，表示該股可能有重大利多，被主力提早得知，在集合競價時即進入，而持股者惜售，這樣的漲停自然是縮量的。

⑵ 股價經歷連續大跌，斬倉盤基本出場，剩下來的大多是意志堅定者。因此賣壓不大，買入推高股價輕而易舉，少量資金即可，於是出現縮量漲停。

⑶ 行情低迷，做多做空意願都不強，大家都在觀望，此時也是縮量，有可能上升也有可能下跌，但幅度一般不大。對於量價關係來說，這只是一般規律，價格還是由買賣關係決定，因此量價關係只能作為參考。

⑷ 持續的縮量漲停意味著多空方向一致，主力控盤程度高。在股價拉升時，「價漲量縮」比「價漲量增」的風險要小得多，這時往往是主力控盤比例極高造成的。

⑸ 上升途中縮量上攻天天漲，下跌途中縮量下跌天天跌。市場上有這樣一種說法，認為股價的上漲必須要有量能的配合，如果是價漲量增，則表示上漲動能充足，預示股價將繼續上漲；反之，如果縮量上漲，則視為無量空漲，量價配合不理想，預示股價不會有較大的上升空間或難以持續上行。

實際情況其實不然，典型的現象是上漲初期需要價量配合，上漲一段後則不同了。主力控盤的個股，往往越是上漲成交量反而萎縮了，直到再次放量上漲或高位放量滯漲時，反而預示著要出貨了。

⑹ 如果價位偏高，表示多方做多意願不足，回落的可能性較大。尤其是在放量大幅上漲之後再縮量上漲，表示行情可能反轉向下，短線就可以出貨。

3-3

完美的量價結構是指……

量價結構含義

什麼才是健康的量能走勢呢，這個問題很值得關注。如果漲停個股在分時走勢中，呈現出完美的量價結構，表示主力投入真實的資金在做盤，這時就可以積極介入做多。如果分時盤面呈現出散亂、不健康的量價結構，那大多是主力利用漲停出貨。所謂完美的量價結構，是指股價拉升時放量、回檔時縮量的分時運行狀態。

如圖 3-18 所示，該股在 2020 年 7 月 9 日的分時走勢中，呈現出上漲時放量、下跌時縮量的狀態，封漲停後立即縮量，其量價配合非常完美。在日 K 線上，股價放量突破底部盤整區，上漲空間被有效打開。這種情況說明主力有真實資金介入，不存在對敲出貨行為，投資人應當積極參與。

僅僅知道完美的量價結構是不夠的，因此我們需要瞭解，不完美的量價結構又是怎樣的呢？下面以實例一起進行分析。

如圖 3-19 所示，從該股的分時走勢中可以看出，儘管股價最終收於漲停，但全天的分時走勢呈現出整理放量、上漲縮量的狀態。上漲時攻擊量峰結構單薄，明顯是主力經由單筆或幾筆大單拉升，從而在漲停價位出貨所致，且封盤後仍有大手筆賣單出現，這預示短期整理即將到來。

如果大盤好，橫盤整理後有可能向上拉一波；如果碰上大盤不好，就不是特別樂觀了，主力想出貨完畢還需要橫盤震盪幾日。對於這種情況要控制風險，建議想參與的人投入小資金玩玩即可。

主要操作策略

(1) 在盤中一旦發現完美的量價結構，如果股價處於波段低位，要敢於

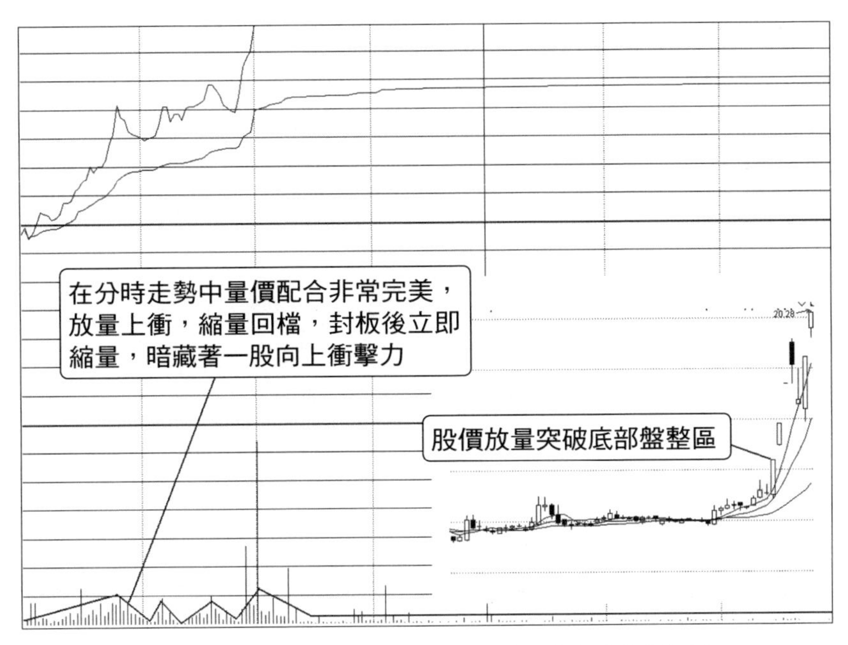

▲圖 3-18　深南電 A（000037）日 K 線和分時走勢圖

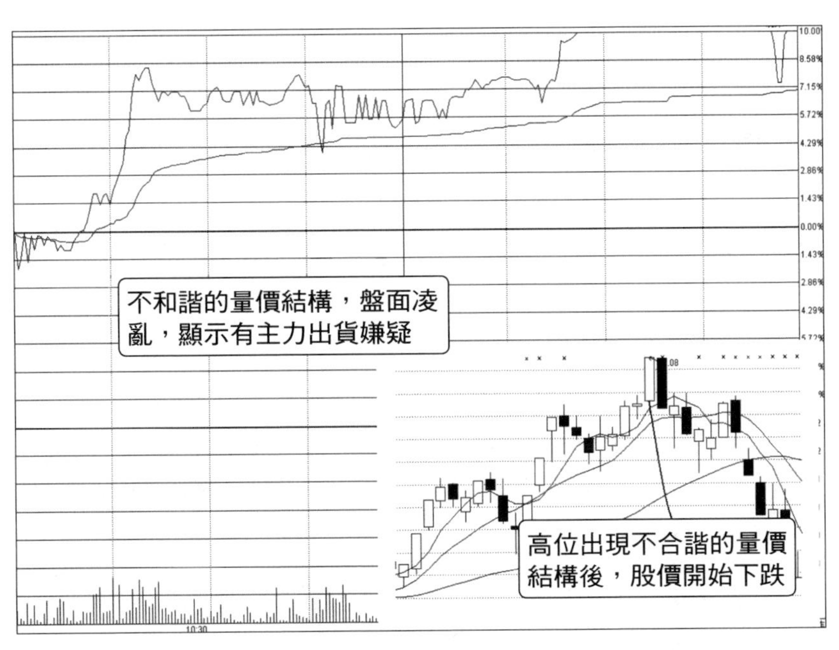

▲圖 3-19　廣博股份（002103）日 K 線和分時走勢圖

重倉參與，首倉可以投入 60% 資金，留下 40% 資金以防不測。

⑵ 如果股價處於拉升階段出現完美的量價結構，要敢於參與，首倉可以投入 40% 的資金參與，留有 60% 資金以供滾動操盤使用。

⑶ 如果股價波段漲幅在 30% 以上，出現完美的量價結構，這有可能是瘋牛股，臨盤時可以用 30% 資金參與，注意短線以 5 日或 10 日均線為停損位，不貪不懼即可。

如圖 3-20 所示，該股 2020 年 7 月 3 日的分時走勢中，呈現出上漲放量、回檔縮量狀態，盤中雖有開板情況出現，但成交量明顯萎縮。這種情況一般可以適當參與。第二天開高的可能性較大，短線有套利機會，由趨勢看還有向上空間。在日 K 線中，主力對前期小高點發起有力的挑戰，成功攻克的壓力的可能性極大。

如圖 3-21 所示，該股 2020 年 1 月 9 日的分時走勢中，呈現出完美的量價結構，而股價從底部啟動之後，已經有了比較大的漲幅。這類個股大多是實力強大的主力入駐其中，志在高遠，操作週期較長。投資人在設好停損的前提下，應用少量資金參與，並以中線思路對待。

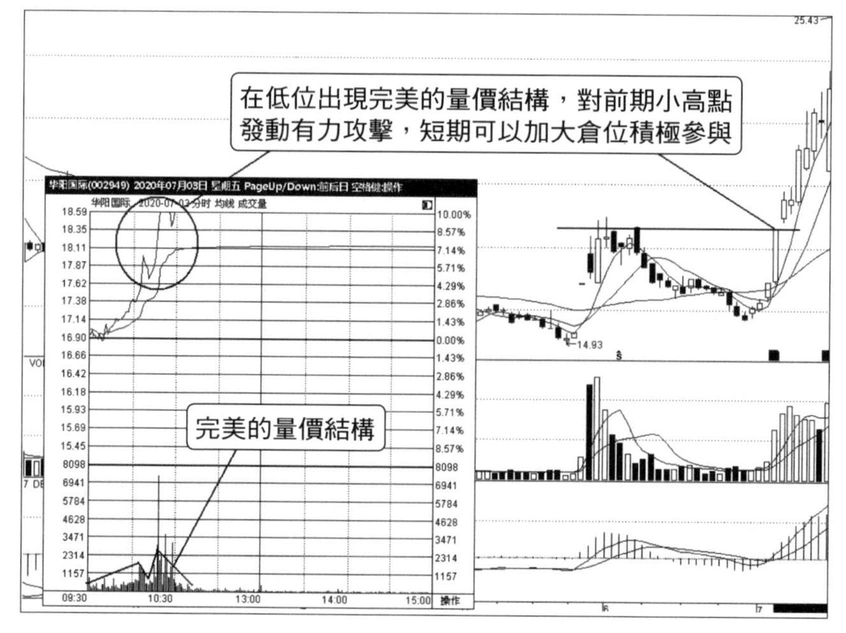

▲ 圖 3-20　華陽國際（002949）日 K 線和分時走勢圖

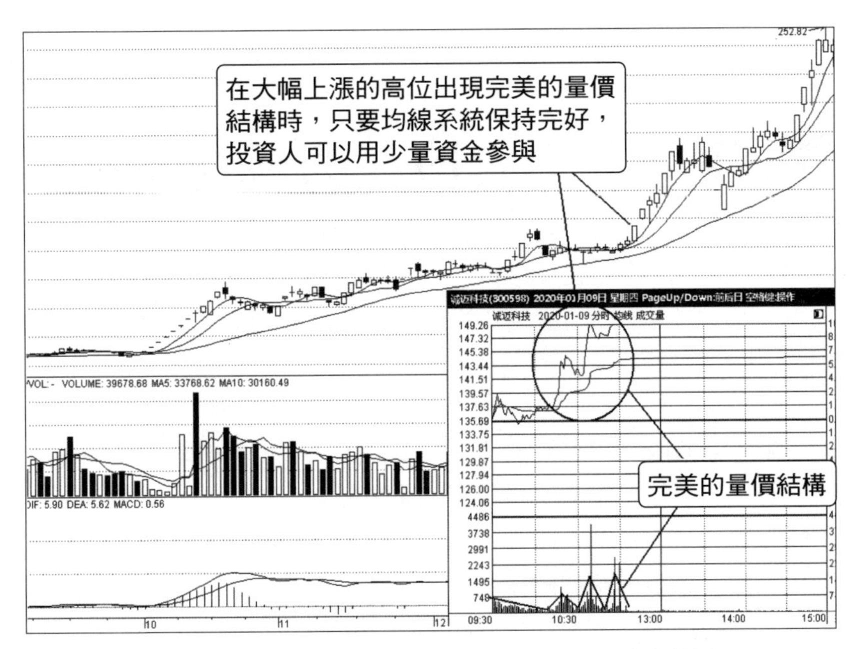

▲ 圖 3-21　誠邁科技（300598）日 K 線和分時走勢圖

3-4

注意！主力擅長的成交量陷阱

近年來，對於成交量的研判已成為業界人士技術分析的重要指標之一。但投資人必須重視的是：成交量也有陷阱。

一般認為，成交量是不會騙人的。但事實並非如此，**在實盤中成交量不僅會騙人，而且是主力設置陷阱的最佳手法**。那麼，主力是如何在成交量方面設置陷阱，散戶投資人應該怎樣防備呢？

久盤後突然放量突破

這裡說的久盤，有時是股價大幅上漲後的高位盤整，有時是炒高後再除權除息後的盤整，還有的是半年報、年報公告前不久的盤整。所謂盤整是指在一個時期內（如2個月、3個月，甚至半年等），股票在一個相對窄小的價格區間進行波動，上行無力，下跌無量，交投極不活躍，缺乏市場關注。

這種股票有時候會在某一天的開盤後，發現掛有大量的買單或賣單，擺出一幅向上拉升的架式。開盤後半小時到一小時內，大量的買單掛在買檔價位上；同樣地，賣檔價位上也有大量的賣單。成交量急劇上升，推動股價上漲。投資人會立即發現它的成交量異常變化，不少人甚至會試探性地買入。

但是由於買單已經塞得滿滿的，要想確保成交，只能直接按市場賣出價買進。正是因為這種市場買入的人增多，儘管賣單沉重，股價還是會不斷上升，更進一步增強了買入的信心，並產生該股將突破盤局帶量上升，展開新一輪升勢的聯想。很快地，股價勁升至8%左右，有的甚至以大量買單短時間封漲停。

但不久後又被大量賣單打開漲停，回檔到漲幅7%~8%左右盤整。盤整時買二、買三的掛單很多，買一的掛單相對少一些。但賣一至賣三價位的賣單並不多，然而成交量卻不少，顯然是有賣盤按市價在買一的價位賣出。直到當天收盤時，大部分股票都在 7%~8%的漲幅一帶成交。

第二天該股可能略為開低，然後快速推高，上漲至 5%~7%一帶。也有的乾脆開高走高，大有形成突破缺口的架式。當許多人看到該股突破盤局而追漲時，該股在漲到 5%~7%左右會突然掉頭下跌，大量的賣單拋向那些早上掛單追漲，而未能成交又沒有撤單的散戶。雖然隨後還會反覆拉升，但向上的主動買單減少，而向下的賣單卻不斷，股價逐漸走低，到收盤前半小時甚至跌到前一天的收盤價以下。

隨後的日子，該股成交量萎縮，股價很快跌破前一次的起漲點，並一路下跌不止。如果投資人不及時停損，股價還會加速下跌，跌到難以相信的程度，使投資人深度套牢。

仔細分析一下，為什麼個股會在突然放量向上突破時，又調頭向下，甚至加速下跌呢？這就是主力利用成交量設置的陷阱。一般情況是，主力在久盤以後，知道強行上攻難以見效，如果長期盤整下去，又找不到做多題材，甚至還有潛在的利空消息已經被主力知道。為了趕快脫身，主力在久盤後，採取對倒的方式，造成成交量放大的假象，引起短線散戶關注，誘使他們盲目跟進。

這時，主力只是在啟動時出現對倒動作，在推高的過程中，許多追漲的人接下主力的大量賣單。那些在追漲時沒有買到股票的人，更加強了買盤的力量，並為主力出貨提供機會。主力就是這樣利用量增價升這個普遍認可的原則，製造假象以達到出貨的目的。

如圖 3-22 安泰科技（000969）的 K 線圖所示，該股經過一輪盤升行情後，在高位出現盤整走勢，2019 年 6 月 13 日開盤後，股價逐波走高，成交量明顯放大，當天股價以漲停收盤，貌似向上突破打開新的上漲空間。但第二天開低 1.24% 後，股價不斷向下走低，最終以跌停板收盤，收回前一天的全部漲幅。

很顯然，前一天的漲停是主力拉高出貨動作，是主力誘多行為，這種技術騙線不容易被識破。需要特別提醒的是，當股價不能延續漲停的攻勢上漲時，應逢高離場，或當股價跌破放量上攻這一天的開盤價時，立即停損出場，以防吃大虧。

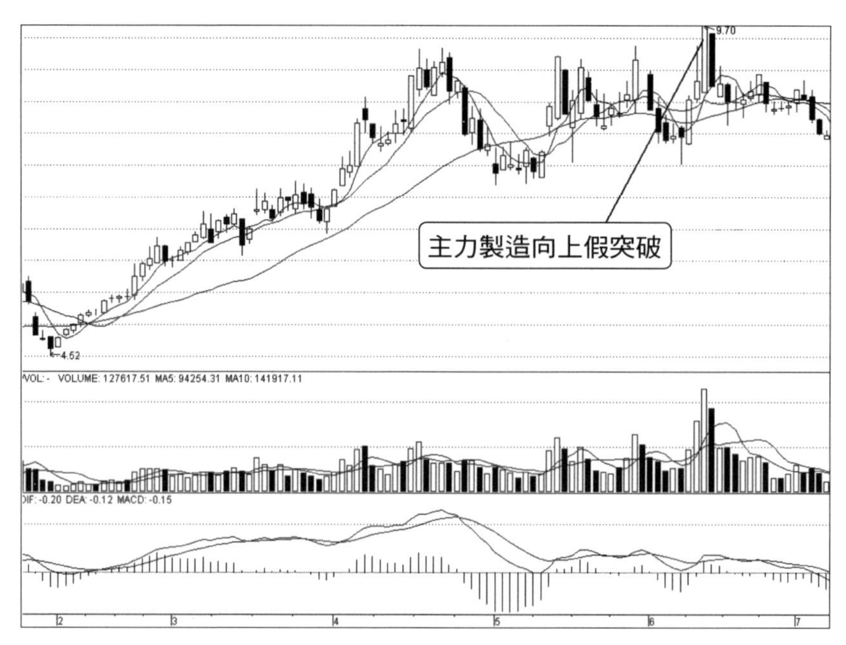

▲ 圖 3-22　安泰科技（000969）日 K 線圖

業績公告前突然放量

半年報或年報公佈前，許多企業的業績已經做出來了。公司董事會、會計師、會計師事務所，以及發表業績的新聞媒體，都會先一步知道消息，所以股價在業績公佈前，會因消息洩漏而出現異常波動。業績好的公司，其經營狀況早就在主力的調研之中，其經營業績也早有可能被預測出來，一般主力早就入駐其中，將股價拉到很高的位置盤整，等待利多公佈出貨。

但也有一些上市公司保密工作做得好，直到消息公佈前幾天，才在有關環節洩露出來。這時，主力要在低價位收集籌碼已經來不及了，可是亮麗的業績確實是做短線的機會。因此，一些資金會迅速介入這些股票，能買多少買多少，股價也不急不火地上升，成交量溫和放大。待消息公佈時，投資人一致認同該股值得買入時，該股會在漲停價位開高。然後，先期獲得消息的人會將股票全部賣出，做一個漂亮的短線投機。

如圖 3-23 金益科技（002869）的 K 線圖所示，2020 年 7 月 9 日該股發佈 2020 年上半年業績預增公告，由於良好的業績預期，吸引大量的散戶跟風，主力借機強勢放量拉高，將股價拉至漲停。但第二天股價開高走低，

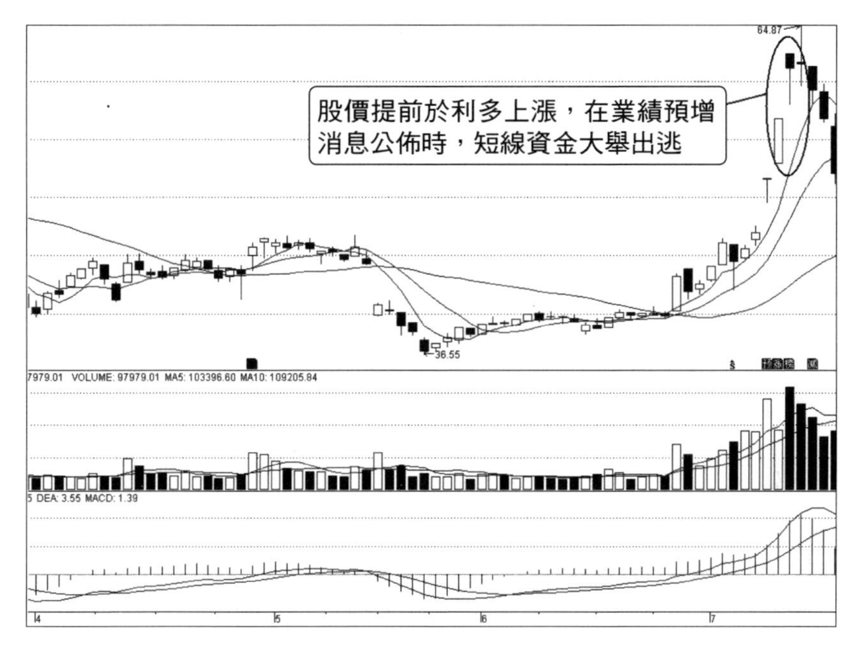

▲ 圖 3-23　金益科技（002869）日 K 線圖

原先已經介入的散戶這一天傾囊而出，隨後該股一蹶不振，向下震盪走低。顯然沒有長線炒家，只是前期一些短線資金介入，借利多兌現獲利籌碼。對於這種股票，千萬不要在消息公佈那天追高買入，應冷靜地觀察一下，看看有無主力出貨的現象。

報表公佈前，還有一種情況是，某檔股票本來一直下跌不止，形成下降通道。但報表公佈前的某一天，股價突然壓低開盤，或在盤中狠狠地打壓，造成股價異常波動，以吸引市場人士關注。隨後，會有大量的買單或者賣單同時出現，成交量猛增，股價也在不斷推高。

這時，大散戶認為該股報表一定會有重大改善，於是想搏一下該股的報表，作一次短線炒作，在當天大膽跟進。豈料第二天，該股放量不漲，有的甚至縮量盤跌，隨後更是一路加速下降。待公佈業績時，該股業績大跌，股價無量下跌，有的甚至連連跌停，使投資人深度套牢。

半年報或年報公佈前股票走勢行情，可以歸納為以下三種：

(1) 股價長時間在上升通道中運行，股價大幅漲升，有的甚至翻倍，個股通常業績優秀，一定有長線主力入駐。待優良的業績公佈後，通常伴有高配股消息，會放出巨大的成交量，主力借利多出貨。

⑵股價在報表公佈前，一直作窄幅盤整，但是於某一天溫和放量，股價穩步推高。個股通常業績不錯，但無長線主力炒作。業績公佈後，成交量放大為短線資金出貨。

⑶報表公佈前，股價一直在下降通道中，業績報表在所有報表截止日前幾天還遲遲不露面，但股價卻於某一天突然放量。這通常是被套主力反多為空，製造成交量放大的陷阱。這種陷阱是最需要防範的。

通常，主力在開盤不久和收盤之前進行拉升。開盤不久，許多人不知道股價會漲，很少掛出賣單，所以主力只要用很少的資金，就能將掛在賣盤上的籌碼吃進，並同時吃進自己掛出的籌碼。一旦市場上有人跟進，主力只要在買檔價位上掛出大量的買單，造成有人想大量買入的假象，就會使一些追漲的人以市價的方式買入掛在賣盤上的籌碼。

而主力自己真正買入的籌碼非常的少。主力不僅買入少，還會將自己的籌碼賣給那些掛單買入的人，誰要就給誰，一旦沒有人掛單，主力又掛買單推高，使股價再上一個台階，又誘使別人跟進。雖然主力在推高過程中，買入不少自己掛出的籌碼，但賣出去的更多。

同樣地，在離當天收盤前十分鐘左右，有的主力會突然以對倒的方式將股價拉升，有的甚至拉到漲停位置收盤，造成價升量增的假想。第二天開盤，該股通常還會快速拉升，然後見有買單跟進，毫不猶豫地出貨。

主力利用成交量製造陷阱也要選擇時機，通常這個時機是短線投資人期望的時期。久盤之後的突破，業績報表公佈前，都是極容易製造假象，使投資人產生幻覺的時期。

高配股後成交量放大

在大比例高配股消息公佈前，主力股通常都已炒得很高了。這時候，一般稍有經驗的散戶不會在高位買進，而股價大幅上升後，主力拉抬也沒有什麼意義。所以股價要在高位止跌一段時間，等待高配股的消息。一旦消息公佈，炒高了的股票，大幅除權息，使價位降到很低。這時候，主力利用散戶追漲心理，在除權除息日大幅拉抬股價，造成巨大的成交量。當散戶幻想填權行情到來時，主力卻乘機大肆出貨，通常這種行情只有兩三天。

如圖 3-24 全通教育（300359）的 K 線圖所示，該股一年之內從 35 元下方炒到 467 元以上，漲幅超過 13 倍。在實施高配股時，當天開盤後主力出現明顯的對倒行為，成交量迅速放大，股價拉至漲停。散戶見此情形紛紛跟進，使主力獲得絕好的出貨機會。從第二天開始該股漸漸走弱，隨後一路向下跌，而成交量保持放大狀態，使得不少散戶一路補倉，一路被套。

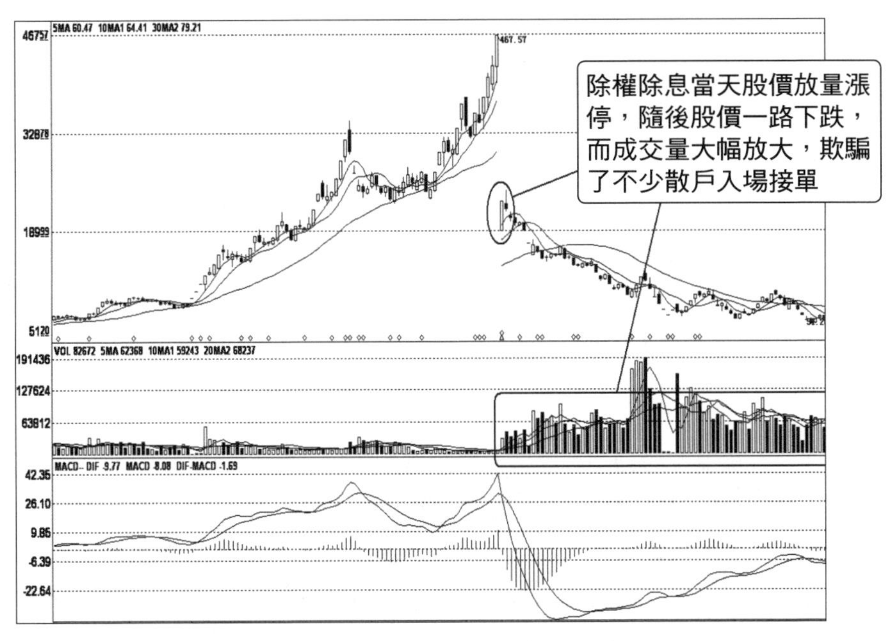

▲ 圖 3-24　全通教育（300359）日 K 線圖

許多股票大幅除權後的確會有填權行情，但要具體看待。一般來說，除權前股價翻了一倍或幾倍的股票很難立即填權。此外，除權後股本大幅擴大，這也增加了填權的難度。只有那些在除權前主力吸納很久，正準備大幅拉升的股票，在除權後才有可能填權。

值得指出的是，主力利用除權後的成交量放大製造陷阱，有可能在除權當天進行，也可能要過幾天，這要根據當時的大局而定。有的一次出貨不完，就在除權後多次震盪，設置各種看似築底成功的假象，在放量上攻途中出貨。所以，對於大幅除權後的股票，投資人要仔細研究其股本擴張速度，是否能和業績增長保持同步。還要觀察除權後流通股數量的大小及有無後續炒作題材，切不可見放量就跟，見價漲就追。

逆大勢下跌而放量上攻

有些股票可能長時期在一個平台或一個箱形內盤整。但有一天在大勢放量下跌，個股紛紛翻黑，市場一片衰歎之時，該股卻逆勢飄紅，放量上攻，成了「萬綠叢中一點紅」的市場效果。

這時候，許多人會認為，該股敢於逆勢而為，一定是有潛在的利多等待公佈，或者有大量新資金入駐其中，於是大膽跟進。沒想到，股價往往只有一兩天的行情，之後反而加速下跌，使許多在放量上攻那天跟進的散戶套牢。

如圖 3-25 中信銀行（601998）的 K 線圖所示，在「股災」期間，大盤急速下挫，短短的 17 個交易日大暴跌，而該股卻逆勢創新高，成交量也較大。由於該股的逆勢上漲，吸引了不少短線散戶的熱情追漲，可是當大盤真正止跌的時候，該股卻縮量下跌，而且一波比一波跌得狠，盤面跌得慘不忍睹，使許多追漲的人深度套牢。

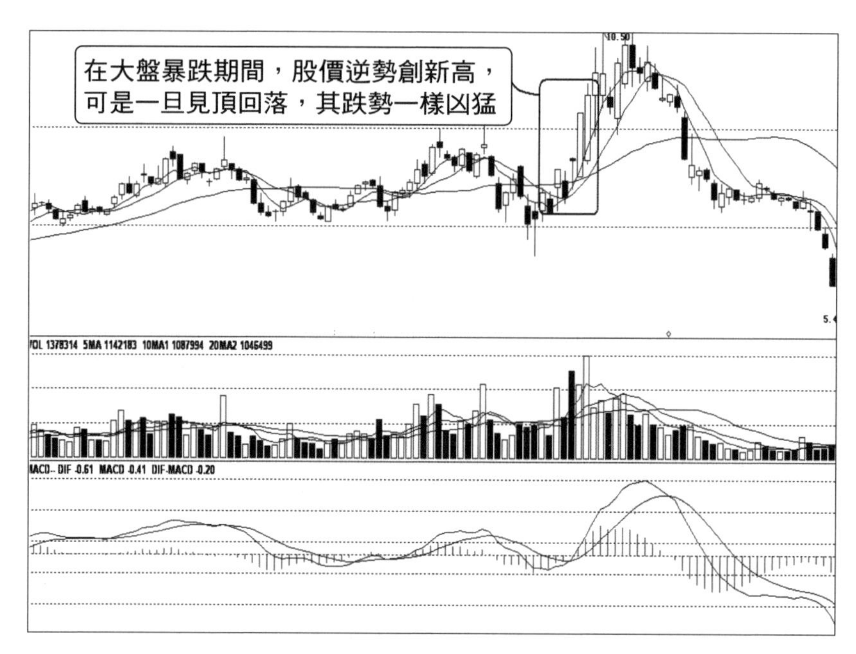

▲圖 3-25　中信銀行（601998）日 K 線圖

顯然，該股的主力利用了人們反向操作的心理，在大勢下跌時逆勢而為，吸引市場廣泛的關注，然後在拉抬之中達到出貨的目的。在這種情況下，主力常常是孤注一擲，拼死一搏，設下多頭陷阱，而許多短線散戶正好也想孤注一擲，捨命追高，正好符合了主力的心願。其實這種陷阱，很容易使那些頗有短線實盤經驗的散戶上當受騙。

主力在吸籌的時候，成交量不須放大，只要有耐心，在底部多盤整一段時間就行。主力要出貨的時候，由於手中籌碼太多，總得想方法，設置成交量的陷阱。因此，在分析量價關係時，應長時間（半年或一年以上）全面觀察一檔股票的運行軌跡，瞭解它所處的價位和業績之間的關係，摸清主力的活動跡象及其規律，避免在主力放量出貨時盲目跟進。

第 4 章

4 大漲停實戰技巧，是短線、當沖交易的不敗秘訣

4-1

想入手漲停股，你得先學會這些技巧

追漲停股技巧

在當前市場中，不少投資人或私募機構專挑漲停個股做短期快速套利，儼然形成一支龐大的追漲停操作隊伍。多數情況下，個股漲停後，下一個交易日具有慣性衝高動力，這是深入人心的大眾意識。利用下一個交易日的慣性衝高時賣出獲利，是廣大追漲停和參與封漲停資金操作的直接原因。另外，市場不乏出現連續多個漲停而產生暴利的個股，這也是誘惑資金追漲停的另一個原因。追漲停股應掌握以下技巧：

⑴ 快速拉升階段，最好是開盤後 30 分鐘內漲停。在大盤走勢不佳時，可以延長至 45 分鐘。

⑵ 在大盤一般的情況下，若開盤30 分鐘內漲停的個股，可按照以下方法選股（符合以下條件的，要儘量選擇最先漲停的個股）：

① 連續漲停的讓位於初次漲停的。

② 股本大的讓位於股本小的。

③ 績優的讓位於績差的（短期行為）。

④ 股價高的讓位於股價低的。

⑤ 無題材、無傳聞的讓位於有題材、有傳聞的。

⑥ 弱主力股的讓位於強主力股的。

⑦ 無量漲停的讓位於放量漲停的（一字漲停除外）。比較忌諱的是那種突然放量很大，一下又迅速縮小，顯示出主力心態不好，也會引起追漲盤的懷疑。

⑶ 以漲停價開盤的股票，可以積極地追進。此類股票通常有三種走勢：

① 直接漲停開盤，直至收盤封單不動，這類個股即使報單，也很難買

到。因為在集合競價時，主力已在漲停價上堆積大量的買單，所以賣出的籌碼都被主力接走。

② 開盤後即使被打開，下跌至 7%~8% 時又迅速上升至漲停。這種股票符合第一條的情況，可以考慮買入，由於主力手法非常兇悍，要注意有一定的風險性。

③ 開盤即被打開並一路下跌不止，這種股票堅決不碰。

(4) 股價放量突破一個重要壓力位，如均線、趨勢線、頸線等。

(5) 股價脫離一個重要區域，如成交密集區、平台整理區、底部盤整區等。

(6) 洗盤結束或突破後回測確認成功。

(7) 已是第二天再次漲停的股票不買，股評人士推薦的個股，一般來說也建議不要買入。

(8) 無緣無故漲停的個股不要買，大起大落漲停的個股也不要買。

漲停買入時機

很多人看到股價有很大的漲幅後不敢去追，原因就是覺得今天上漲幅度太大，追漲有點害怕。其實並非所有追漲都有風險，俗話說「強者恆強」，越是強勢的股票，後期越是漲得凶猛。只要短線操盤技術好，就要敢於追漲停，敢於當「漲停敢死隊」一員。

事實上，不少剛進入主升段的股票，開始啟動時就拉出一根漲停大陽線。主力拉出漲停大陽線的目的很明確，就是引起市場的關注，引誘散戶入場一起抬轎，主力拉升的壓力可以大大減輕。追漲停股的買入時機可以參考以下幾點：

(1) 開盤立即掛單買入已封於漲停的個股：為什麼要買開盤即漲停的個股？通常有三個原因：一是出現個股重大利多，主力在前一日收盤後得到確切資訊，今日開盤後立即以漲停價搶盤。二是個股主力經過吸納、試盤、震倉後，進入急速抬拉階段。由於主力操盤手法特別兇悍，直接以漲停價開盤，以免散戶搶到廉價籌碼。三是有些主力希望自己控盤的個股充當大盤或板塊領頭羊，會以某個漲停價開始連續拉抬幾個漲停，創造賺錢效應，吸引散戶入市跟進。

不管是什麼原因，開盤後即漲停的個股，大多在開盤時立即買入才有可能買到，此時必須分秒必爭。

⑵ 開盤 30 分鐘內有可能出現漲停的個股：大盤開盤時，立即翻看有沒有開盤即封漲停的個股。若有此類個股，立即查看買一位置上是否有大量買單。然後快速切換到日 K 線圖中，察看有沒有上漲的基礎，是否為近期第一個漲停。如果確認值得參與，應立即以漲停價掛單買入。

如圖 4-1 所示，2020 年 7 月 15 日開高 7.91% 後，短線獲利盤湧出，股價快速回落，然後主力快速拉起直奔漲停，表示主力做多意願強烈，不管當天大盤走勢是否有利於封盤。在日 K 線中，前一天股價放量漲停成功脫離底部區域，在此基礎之上繼續漲停，上漲氣勢進一步加強。投資人應將這類個股應列入追漲目標，不惜在漲停位置排單買入。

在分時走勢中，10:15 主力打開漲停洗盤，所掛買單此時全部成交，經短暫的「開閘放水」後，又快速封住漲停，直到收盤時，仍保持 5 位數的封單。在這種情況下，如果沒有意外的利空消息發佈，那麼後市股價拉高獲利基本上無懸念。

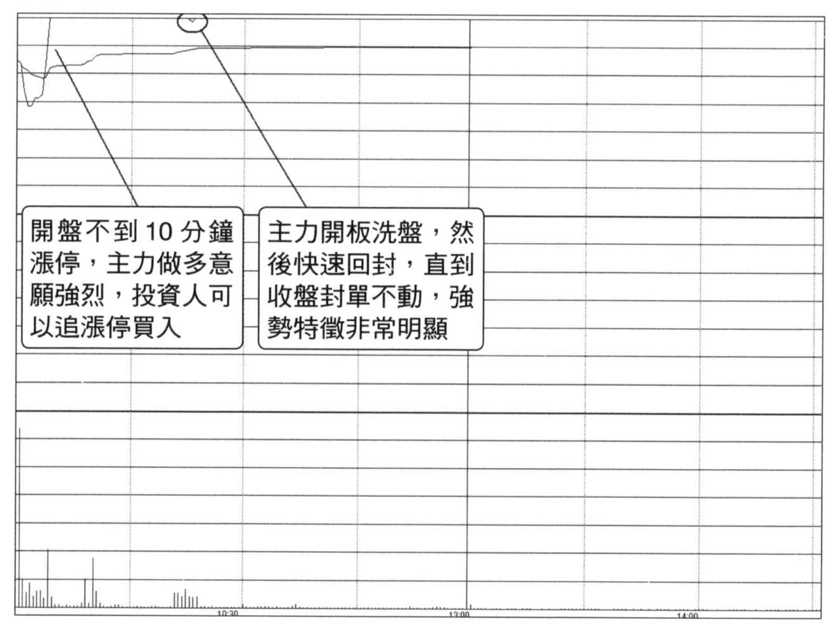

▲ 圖 4-1　南京公用（000421）分時走勢圖

⑶ 開盤 30 分鐘內漲停的個股，一般都是開高5% 以上，然後很快衝至漲停。剛漲停時成交量巨大，封盤數量也越來越大，隨後成交量萎縮。

⑷ 上午開盤半小時後到收盤前漲停的個股，短線獲利機會小於前者。由於當日成交量已經很大，封盤較少，後市打開漲停的次數一般來說相對較多。有些個股打開封盤後就再也不封住漲停了，因此這段時間內漲停的個股追買風險較大。對於這類漲停個股，短線也不是絕對不可以追，只是買入的倉位要嚴格限制。

⑸ 午後乃至尾盤才漲停的個股，一般均為跟風上漲的主力行為。由於主力封盤不堅決，封盤數量很小，所以這類漲停股追買風險較大，建議儘量不要追買。不在尾盤追漲停的理由是，這類個股多數在次日還有比現價低 2%~3% 的價位出現，若形態較佳，可以在次日股價下探時買入，買入的成本會更低一些。

⑹ 開盤 30 分鐘內漲停並符合上述條件的，出現第一個漲停的個股可以大膽追進。據統計，此類個股獲利的可能性達 80%，短期獲利的可能性達 60%。

⑺ 開板買入：漲停個股什麼時候買入最合適呢？答案是在開板後再次拉漲停、剩下小單被消滅的一剎那買入。至於為什麼要等開板後的再次封停買入呢？

第一，開板是最後一次清洗不堅定籌碼的機會。一旦開板，當天獲利的不堅定籌碼就會擔心煮熟的鴨子飛了，而爭先恐後地奪路而逃，次日的拉升就不會有壓力了。畢竟換進的新多頭成本要高得多，次日沒有立即賣出的衝動，只要次日繼續拉高就會安撫這批新多頭，繼續持股為主力堅守在高位。

第二，再次封盤表明主力確實是洗掉不堅定籌碼，也反映主力做多決心。從日 K 線上看這是強勢攻擊，可以追擊入場。

⑻ 如果沒有及時發現並追入漲停個股，盤中可重點關注接下來最先漲停的前 3 支個股。最好使用軟體的提醒裝置，將選擇的漲停個股選入自選股中。然後可以去關注其他的個股，當大盤出現急速下調時，關注的漲停個股有可能打開漲停，此時系統提醒，可以查看並決定是否買入。漲停被打開之後，大多會下調 1.5%~2%，個別的能下調 3% 左右，可以此為參考價買入。絕大多數這類個股下探後，會迅速拉起，重新封至漲停。

快速抓漲停股

如何快速抓漲停股？什麼樣的股票容易出現漲停？這是每一個投資人所關注的事。短線投資人在追擊漲停時，應該按照「不封不追」的原則，只有到達漲停價位才追。介入點一定要在待漲停個股最後一個價位上的籌碼快被消化殆盡（只剩少量賣單）時，一般都有希望成交，而且這個點位最安全，或者在剛剛封漲停的瞬間快速掛單排隊。

千萬別在還沒漲停的時候提早買入，特別是在股價只差2~3個價位漲停時就急不可待的追進，結果往往當天被套，損傷慘重。有的主力很狡猾，將股價直接拉到觸及漲停價位，在吸引跟風盤後掉頭向下，這是典型的誘多行為，切勿跟進。

還有一點必須提醒的是，行情數據傳送到電腦終端的時候，往往比實際交易時間要晚幾秒鐘。剛封漲停的時候幾秒鐘，就意味著排在大量買單的前面還是後面。如果沒買到，還有一種就是封得比較死的漲停，被突然的大單逐漸打破，開板後只有小幅下跌，在幾分鐘內又迅速封漲停的股票。

當然，並不是說一定要在漲停價才買，如果看盤經驗豐富，推測出當天漲停有可能封死的話，可以提前買進，好處是可以避免排隊，買入成本也較低，擴大獲利空間。如果看盤經驗不足，那麼最好是在大盤處於波段強勢的時候，按照上面介紹的方法買入，雖然買入的機會會減少，但會比較可靠。

快速抓漲停股票時，需要注意以下幾點：

⑴觀察市場的強弱：在大盤強勢市場中，尤其是每日都有5支以上個股漲停的情況下，可以大膽追漲停。在大盤弱勢市場中，切不可盲目追漲停。

⑵選擇攻擊性強的個股：這一點可以從主力資金性質上做判斷，在實盤中多注意，尋找攻擊性極強的主力。主力的操盤手法一定要強勢，且控盤能力突出。應選擇由私募基金控盤，或非常有實力的民間資金所控盤的個股，這些主力股的風格以及資金實力，會很清晰地展現在盤面走勢之中。

⑶盤面整體走勢良好：這種良好態勢可以是一種穩健的多頭走勢，也可能是一些嚴重超跌之後的反彈走勢。如果近期成交量以及日線級別的K線顯示該股明顯走弱，並且有頭部特徵，此時突然出現的放量大漲，則不屬於良好狀態，更大的可能是誘多出貨。這樣的股票即使出現漲停，多半會在漲停的當天出現巨量，第二天開低下跌，甚至在當天尾盤就打開漲停。

⑷ 從介入的時機看：個股漲停時間越早，則次日走勢越佳。如果某檔股票在收盤前漲停，其次日走勢均不理想。大部分個股漲停後，在盤中總是有打開漲停的現象，最佳介入時間應為再次封漲停的瞬間。

每日早盤第一支衝漲停的股票，在次日繼續衝高的機率最大，而且第一支漲停股票，也會將股價全天封死在漲停價上。

⑸ 漲停前的形態較佳：如選擇股價長期在底部盤整，未出現大幅上漲的底部股，或是整理結束而漲停的強勢股。

⑹ 盤中及時搜索漲幅排行榜，對接近漲停的股票，察看其當前價格、前期走勢及股本大小，以確定是否可以作為介入標的股進行追蹤。當漲幅達9% 以上時應做好買進準備，以防大單封漲停而買不到。

⑺ 有一種股票漲停前可以放心地追，那就是開高3% 以上，開盤後迅速直線拉升至漲停的個股。這類個股開盤時可以允許略有回檔，但一旦開始拉升，主力拉漲停的決心決無動搖。

抓強勢漲停股

追漲停是一項高風險高收益的投機活動，選擇介入點非常重要。參與漲停股，應以短線強勢股為主，而且應選擇低價、小型的個股。這些個股一旦強勢漲停，往往出現持續的上漲行情。在當前市場中，股本小的個股最適宜主力炒作。大型股漲停之後，再繼續拉升難度較大。

這裡需要說明一下，當前市場乍看好像個股的股本都很大，實際上流通盤應減去第一大股東的籌碼。考慮到維持控股權，部分大股東是不會出售股份的。即便大股東在市場上出售股份，也不會超過 5%，所以計算流通盤時，應減去大股東的籌碼。

如果一檔股票在盤中一度漲停，但是始終無法牢牢封住漲停，而是封住又打開，打開又封住，從盤面上看總是出現大量賣盤，短線散戶可能會擔心主力在漲停價上出貨，於是選擇觀望或者賣出股票。主力往往會利用散戶的這種心態反過來，借助漲停打開的機會進行洗盤，目的是抬高散戶的平均持股成本，準備後期繼續拉升股價。

一檔股票漲停後，如果漲停又多次打開的，投資人也不必驚慌，只要股價不跌破均價線，就可以繼續持有。如果股價跌破均價線，則應該賣出部分籌碼以迴避風險。

如圖 4-2 所示，2020 年 7 月 6 日，該股開盤後強勢走高，股價很快封於漲停。雖然之後漲停被多次打開，但股價回落幅度不大，始終沒有跌破均價線。這時已經入場的投資人不必驚恐，可以穩定持股。沒有介入的短線投資人，可以在股價再次封漲停前追漲買入。經過短暫的「開閘放水」後，股價重新封於漲停，之後股價出現了較大幅度的上漲 。

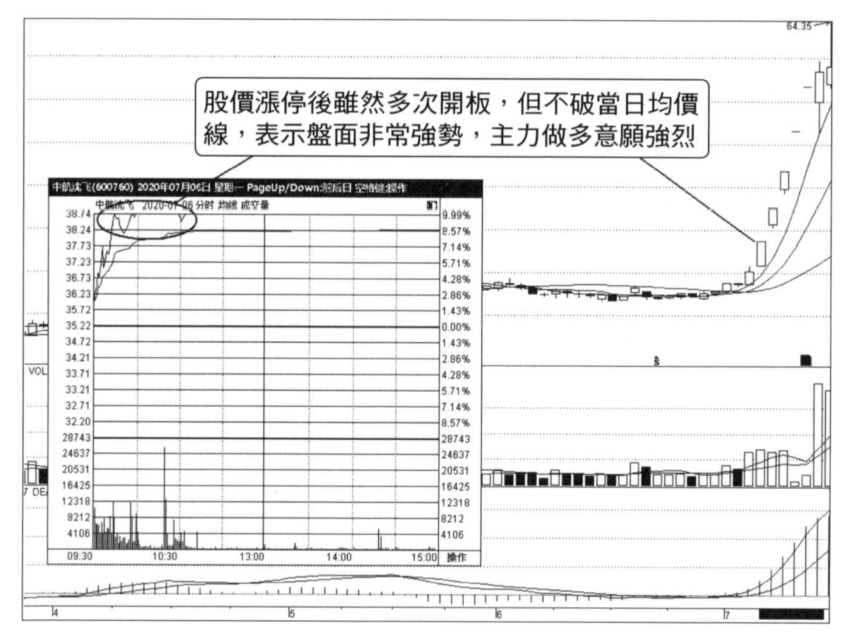

▲ 圖 4-2　中航沈飛（600760）日 K 線和分時走勢圖

抓龍頭漲停股

當某個板塊受到市場熱炒時，第一個漲停的股票往往就是該板塊的龍頭。短線投資人如果炒作龍頭股，就要密切注意板塊中所有個股的分時走勢。對於第一個衝擊漲停的個股，投資人要儘量在第一時間追擊。

龍頭股能夠帶領並啟動整個板塊上漲，因此要敢於追買率先漲停的領頭羊，在大牛市中更是如此。行情低迷時期很少能見到漲停個股。一旦強烈反彈或反轉，要追買第一個漲停的個股，後市該股極可能就是領頭羊。即使市場只是出現了一次反彈，領漲龍頭股的上漲空間也比其它個股大很多。

如圖 4-3 所示，2020 年 6 月 22 日，開盤後第一波就大幅拉高，然後維持強勢整理，從 9:43 開始直線拉漲停，一口氣將盤面封死。

該股漲停後，立即帶動券商板塊紛紛走強，當日該板塊有多檔股票漲停，從而該股成為強勢龍頭股，引領大盤強勢上漲。此時，如果投資人沒能及時買入該股的話，完全可以考慮買入同板塊其他個股。在之後幾個交易日裡，券商板塊走勢十分強勢，明顯強於其他板塊。

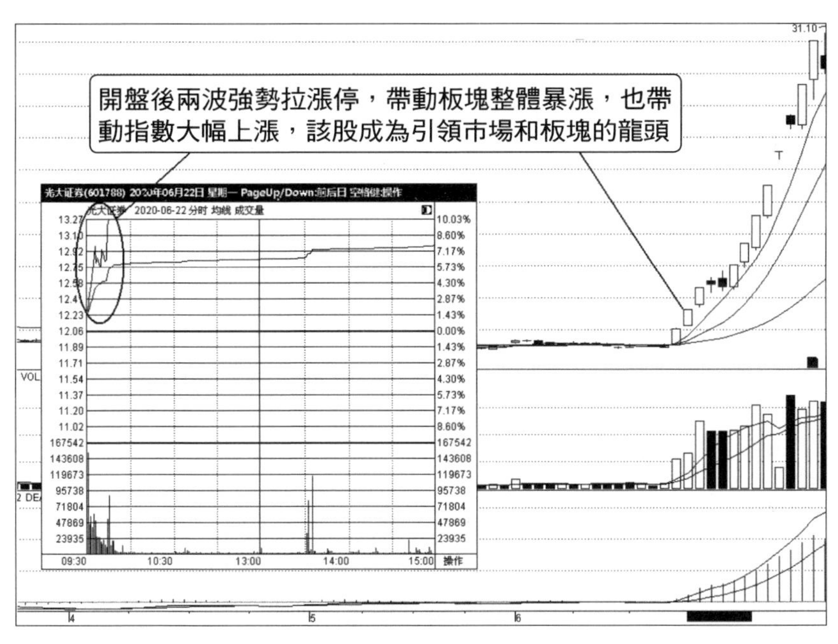

▲ **圖 4-3 光大證券（601788）日 K 線和分時走勢圖**

抓放量漲停股

股價漲停要有成交量的配合，盤中若發現有三位數以上的成交量向漲停價推進的，可以立即追進。但也要注意一點，盤中買盤掛單是否會馬上撤掉，或者說在急速拉升時，有沒有籌碼在漲停價格護盤，這些都是投資人需要注意的。有的個股在衝擊漲停過程中，經常出現護盤或撤單現象，這樣的漲停就顯得很可疑。

1. 量價關係有規律

在成交量方面，沒有出現拉升動作的時候，成交量會顯得很溫和，尤其在橫盤過程中，成交量呈現階梯型的縮量，縮量非常有序，一點也不淩亂。對比下面兩個實例，就可以知道其中的區別。

如圖 4-4，這是該股 2020 年 7 月 24 日的走勢圖。在分時走勢中，上攻時成交量持續放大，回檔時成交量有序萎縮，量價變化有序，配合得當。封盤後賣單立即減少，顯示主力對盤面把控得非常好。

如圖 4-5，這是該股 2020 年 4 月 16 日的走勢圖。在拉高過程中，股價和成交量沒有節奏，上攻形態不明顯，量價失衡，盤面淩亂，漲停顯得十分勉強。漲停後封盤不徹底，賣壓較大，雖然尾盤封住漲停，但上攻力量不強大，這種走勢疑似主力在拉高減倉。

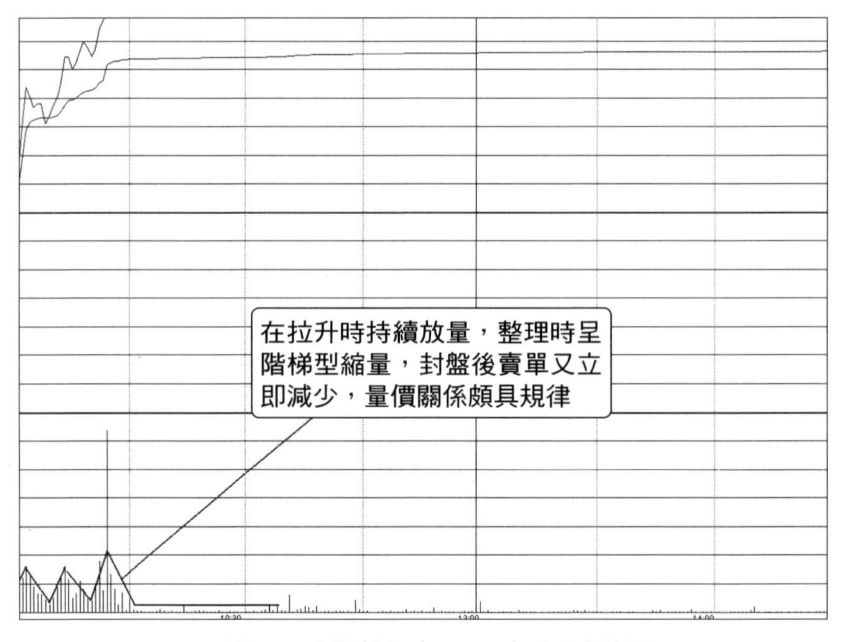

▲圖 4-4　星徽精密（300464）分時走勢圖

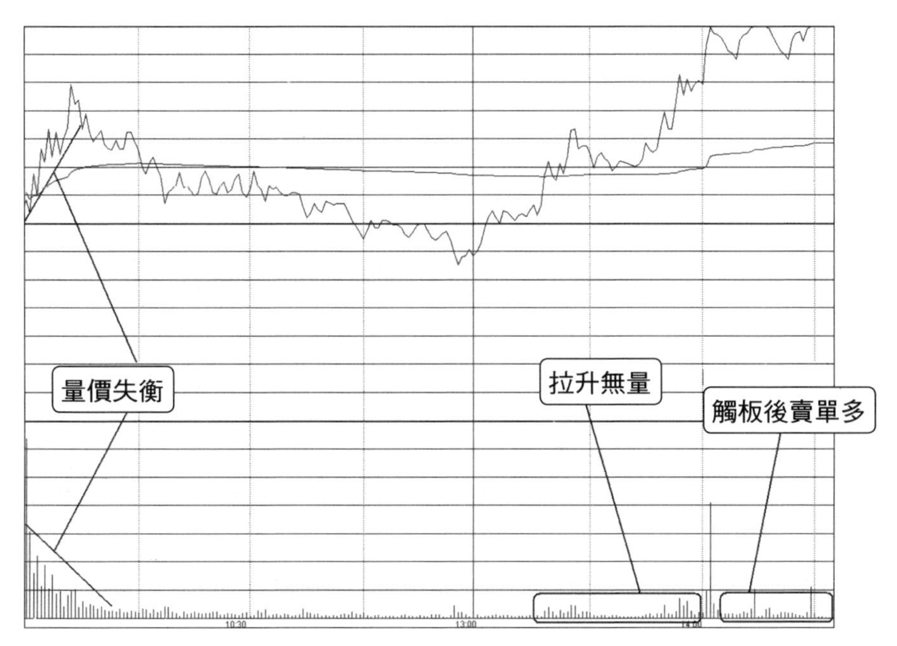

▲ 圖 4-5　高偉達（300465）分時走勢圖

2. 巨量漲停當謹慎

在個股漲停後，當日成交量不應太大，尤其是巨量漲停的個股，應謹慎參與。成交量大小，可以在當日開盤半小時之後簡單算出。是否屬於巨量，應與該股一段時間以來的放量情況進行對比。

個股出現巨量漲停，通常有兩種情況：一種是在大幅上漲的高位；另一種是下跌過程中反彈行情。這兩種走勢都屬於主力對敲出貨行為，不宜追高操作。

如圖 4-6 新農開發（600359）的 K 線圖所示，2020 年 5 月 12 日，該股在高位出現放大量漲停，當天換手率接近 36.17%，這與前期的低換手率形成鮮明的對比，明顯屬於異動放量。5 月 20 日，再次在高位出現暴量漲停，換手率達到 32.74%。從成交量上不難看出，有主力對倒出貨嫌疑，這類漲停股還是不追較好。

如圖 4-7 魯抗醫藥（600789）的 K 線圖所示，這是出現在反彈過程中的暴量漲停現象。該股見頂後回落，盤面逐步走弱，2020 年 2 月 25 日開盤後強勢拉漲停，成交量非常大，換手率達到 26.81%，次日股價開高走低，之

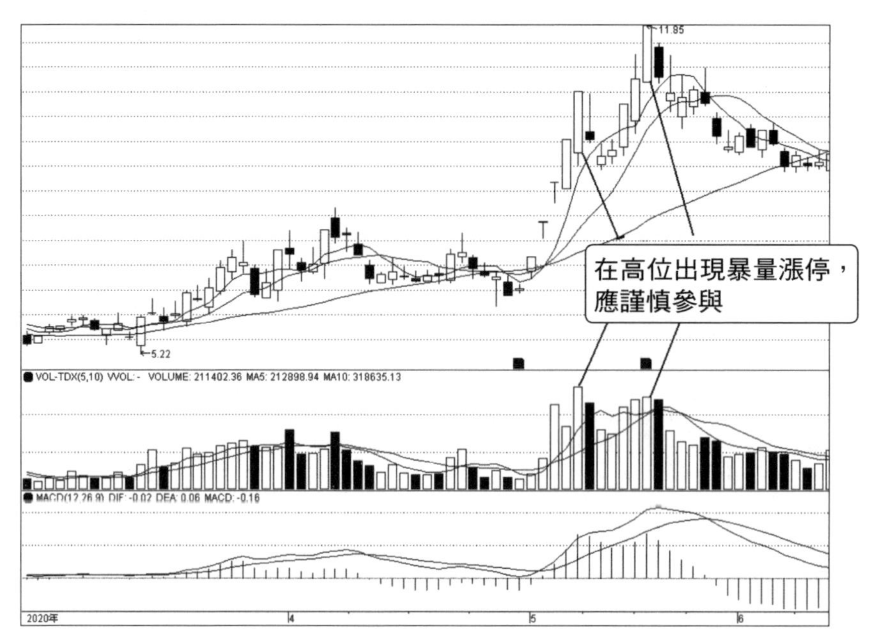

▲圖 4-6　新農開發（600359）日 K 線圖

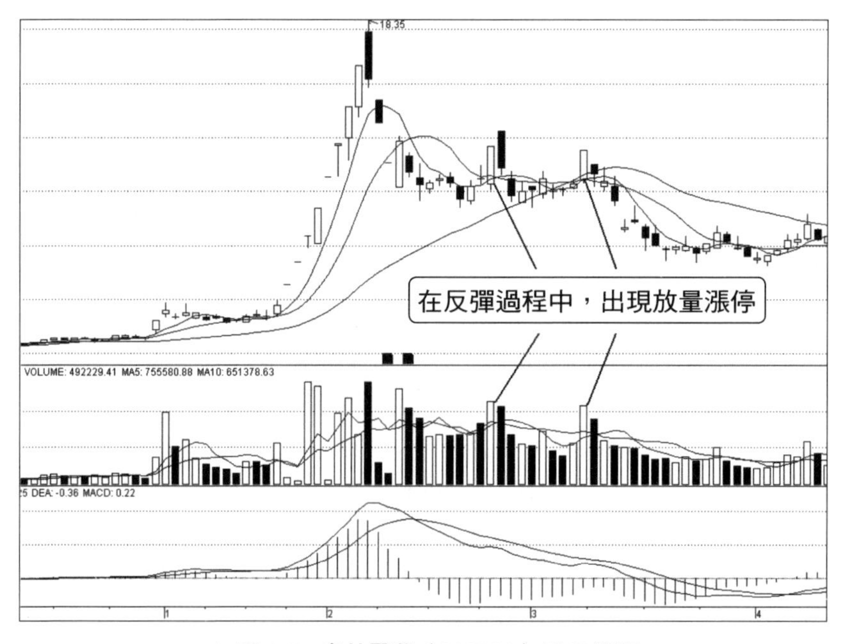

▲圖 4-7　魯抗醫藥（600789）日 K 線圖

後繼續走低。3 月 9 日再次出現漲停，這次的成交量雖然沒有前一次大，但明顯大於近幾個交易日的成交量，次日股價收黑。這兩次放量漲停疑似主力在對倒出貨，短線不應追漲，而是離場的良機。

在實盤中，對於巨量漲停現象有三種情況可以例外：

⑴ 前面連續多個一字漲停，在打開漲停後出現的巨量漲停，後面可能還會震盪上漲，當然短線還是不追漲為宜。

⑵ 股價大幅下跌或暴跌後，由於主力資金介入而出現的巨量漲停，後市仍有一定的上漲潛力。

⑶ 剛剛除權息較高的個股，也會出現巨量現象，但性質與上述兩種情況不同。

3. 縮量漲停與放量漲停

在實盤中，放量漲停好還是縮量漲停好？要就問題具體分析。

縮量漲停有時表示市場賣壓較輕，或者主力已經高度控盤，拉抬比較輕鬆。有時也有投資人看好後市而惜售的成分，往往容易形成連續漲停。關於漲停當天的成交量，實盤中要看以下關鍵三點：

⑴ 漲停前量與漲停後量大於 3:1，漲停後量越小越好。

⑵ 封單越大越好，最好大於 5 位數（根據股本大小有所不同）。

⑶ 漲停出現在早市，並且沒有被打開過。

如果是被暴炒過的大牛股，一旦進入下降通道，遠離上方套牢密集區，下方遠離主力成本密集區，這時縮量漲停多為出貨的中繼形態，第二天大多開低走低。

放量漲停，尤其在前期小頭部處的放量漲停，一方面說明主力做多意願堅決，不惜解放所有的套牢盤，顯示其志在高遠，另一方面也顯示主力強大的資金實力。只要放量漲停未遠離主力成本密集區，之後往往會形成一波大幅上漲行情。

無論是縮量漲停還是放量漲停，在其漲停後不出現大賣單就是好股。

突破成交密集區，前期頭部回測（洗盤兼測試支撐強度）確認時出現漲停走勢，一定要求成交量萎縮。尤其是創新高後縮量，表示滿盤獲利無賣壓，主力已經高度控盤。

抓突破漲停股

在上漲途中形成的整理平台一旦被成功突破，具有強烈的看漲意義。股價見底止跌並出現小幅回升後，由於主力開始洗盤整理，在走勢圖中形成一個整理小平台，整理時間一般在 10~20 個交易日。然後放量向上突破這個小平台，股價以漲停價報收。投資人可以在漲停價位追進，激進者可以提前到股價突破小平台立即跟進，基本上上當天可以獲利。

如圖 4-8 所示，該股就是衝過前期頂部，剛剛做好形態，即將突破時又停下來了。經過 12 個交易日的強勢整理，股價開始放量拉高，30 分鐘就放出巨量，達到前一天的成交量。對於該股的異動，實際上開盤後只要幾分鐘時間就可以發現，迅速在 A 點切入。開盤—放量—快速切入，這個動作一定要做到熟練。

如果未能在 A 點買入，還可以在 B 點、C 點追進。雖然這時買入，股價已經有了不少的漲幅，但這並不要緊，因為該股畢竟是在一個整理平台上發起攻擊，不用擔心它會跌下來。即使回落整理，股價也會在這個平台得到支撐，短線機會大於風險。

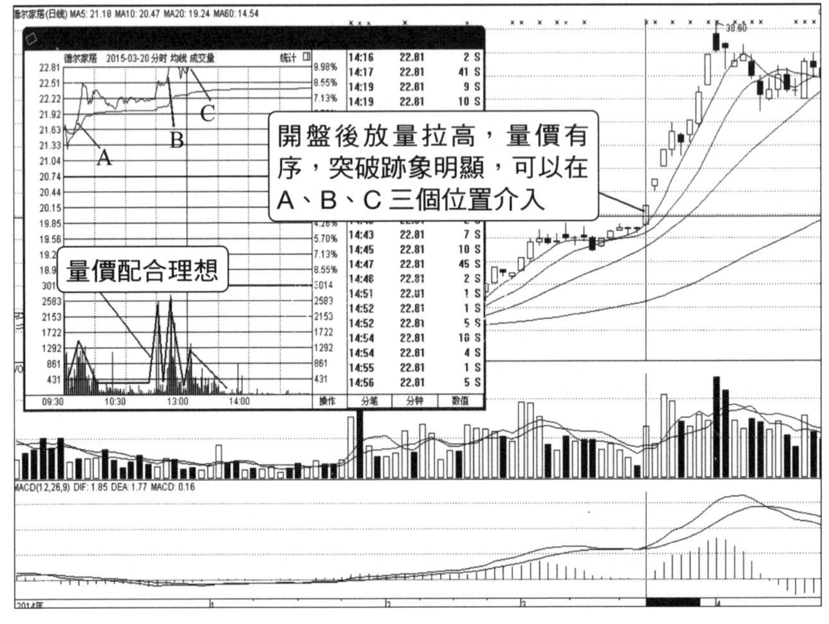

▲ 圖 4-8　德爾未來（002631）日 K 線和分時走勢圖

整理平台向上突破的最大優點，就是跌下來也跌不深，而且也不太可能跌下來。像這檔股票，開盤後放出巨大的成交量，買入後如果運氣好，當天就可以漲停，因為它向上攻擊的空間是很大的，而向下回檔的空間則很小。

快速買進當天漲停技術的訣竅，就是巨量跳空過平台，回檔不補缺口，再度放量拉起超過前量、越過前高就可以買進。簡單地說就是「放量跳空，回檔買進」。

4-2

漲停後的走勢強弱、漲幅更是關鍵

漲停次日操作原則

經由分析近幾年市場出現漲停的個股，漲停次日最高點平均漲幅為5.92%，按次日收盤價計算，平均收益為2.86%。短線介入漲停個股，次日平均收益大大高於其他個股的收益率，所以投資人有必要研究漲停個股的次日走勢。

⑴ 漲停次日如果該股開盤繼續漲停，不必急於拋售，但要死盯著上面的買盤數量。一旦買盤迅速減少，則有打開漲停的可能，此時須立即拋售，獲利了結。如果一直漲停至收盤，則不必拋售，繼續觀察第三天的走勢。

⑵ 漲停次日開高走高，要密切盯住盤面變化。一旦出現漲勢疲軟現象，比如股價回檔下跌 ，則立即賣出。

⑶ 漲停次日開平走高，要盯緊盤面，一旦出現漲勢疲軟則立即賣出。

⑷ 漲停次日開高走低（漲幅在3%以上），則要立即拋售，並以低於買盤的價格，因為按照優先原則（委賣價低的申報優先於委賣價高的申報成交），可以迅速成交，並且成交價一般都會高於自己的申報價。

⑸ 漲停次日開低走高，要盯緊盤面，一旦出現漲勢無力則立即賣出。

⑹ 漲停次日開平後迅速下跌，則趁反彈時擇高點賣出。

⑺ 漲停次日開低走低，要擇反彈高點立即賣出。

⑻ 漲停後的第二天，開盤5分鐘內見昨日收盤價，無論贏或虧都要出場。

⑼ 漲停第二天大盤走勢不佳時，先行退出觀望。

⑽ 漲停第二天成交量大幅放大，而股價小漲或不漲都表示量價失衡，應逢高出場。

漲停次日強弱分析

在漲停第二天看盤時，要盯緊分時圖、成交量、買賣五檔的變化，尤其要仔細觀察分筆成交圖。對於買盤上掛出的大買單要特別小心，此多為主力出貨的徵兆。出現經典的拉高誘多形態時，應果斷出場，不能留戀。當然，還要結合大盤走勢、個股 K 線及均線形態來判斷，才能更有效地降低操作風險。

漲停當日走勢達到以下標準的，可以認定為強勢股，第二天有望獲利 5% 以上。

(1) 漲停價位未被打開過。

(2) 早盤跳空開盤，小幅回檔後直接快速封漲停。

(3) 漲停後未出現過四位數以上的賣盤。

(4) 股價低位放量漲停，封單為五位數以上。

(5) 股價處於主力拉升初期或中期。

(6) 股價剛創新高，且還沒有遠離低位成交密集區。

(7) 個股屬於資金流向中的主流板塊個股。

漲停次日漲幅研判

(1) 漲停個股第二天上衝能力大小和賣出點的選擇，主要看日成交量和封盤量，在此僅提供一個參考值。

① 封盤量是日成交量的 80% 以上，次日開高 6% 以上，能上摸漲停價，也很有可能漲停並封死第二個漲停。

② 封盤量是日成交量的 50%~80%，次日開高 5% 以上，能上摸 8%~10% 的漲幅，也有可能漲停並封住第二個漲停。

③ 封盤量是日成交量的 30%~50%，次日開高 3% 以上，能上摸 6% 左右的漲幅。

④ 封盤量是日成交量的 10% 以下，次日能達到 2%~3% 的漲幅，則計算好大概價位，次日集合競價賣出，不賠先走人。

給出的封盤量和上漲機率只是一個參考值，重要的是在盤中觀察個股在封盤過程中的表現。如個股上午 10:00 以前封停，全日無打開漲停的現象，本來封盤量較高，但收盤時減少至 10%~30%。這個現象表示該股今日惜售特徵已經很明顯，收盤前主力已無大量封盤的必要，排隊等待成交的人，大部分撤掉買單去做別的股票了，那麼這檔股票次日開盤不久仍將封停。

再比如，一檔股票昨日封盤量很大，今日封盤量並不大，明日能否繼續漲停？這時要看今日成交量是不是比昨日明顯減少，也許昨日成交10萬張，今日成交2萬張，表示主力已經控盤，明日開盤不久即會漲停。

⑵ 漲停個股的次日開盤情況，也是研判盤面強勢的重要參考依據。

① 開平：次日開平表示主力有可能借昨日股價漲停壓低出貨，當股價下跌昨日漲幅一半時，可借反彈出貨。

② 開低：若次日出現開低，但並沒有出現下跌，反而快速被拉起或再一次漲停，應視為洗盤。若開低後不能快速拉起，可視為出貨。一般來說，今天封在漲停，第二天開低，大多是主力出貨。因為今天進去的，明日開低沒獲利，不情願賣出，主力要出在你前頭；而今天沒追進的，第二天以為撿了便宜，跟風盤較多。不光是漲停，有些尾盤拉高的，也是為第二天開低便於出貨。

③ 開高：開高後一般會上衝，若兩波不能漲停時，可以短線賣出。一旦形成長上影 K 線，收盤前也應了結。若開高後立即回檔，可能是主力出逃或洗盤，關鍵要看下跌後能否在半小時之內，再一次把股價拉回開盤點之上，否則應出場觀望。

⑶ 漲停次日走勢與價位高低、股本大小、大盤強弱有很大的關係。

① 漲停股次日走勢與其股價高低之間有密切關係，可以發現 10 元以下漲停股的次日收盤，平均漲幅在 4% 以上，遠高於整體平均收益率。介入 10~20 元的漲停股收益率也相對較高；低價漲停股的收益比高價漲停股的收益要高。

② 漲停股次日走勢與其股本大小之間的關係：在漲停個股中，股本在 5 億股以下的個股，次日走勢一般都較好，其平均漲幅遠高於平均值。

③ 漲停股次日高點與大盤強弱的關係：如果大盤巨量長陽強勢上攻，次日就有安全的高點；如果大盤處於弱勢之中，則對漲停股次日高點就不要期望太高。而且，個股如果追捧不熱烈、尾盤有大量籌碼出逃，一般情況下次日不會出現 5% 以上的高點。

4-3

漲停後這樣賣出，才不會太早或太晚下車

漲停股賣出原則

股價大漲之後往往也會大跌，參與漲停股操作，是追逐高收益高風險。賣出股票時，一定要選擇在上漲時，千萬不要等到下跌了才想到賣出。一般來說，一檔股票連拉三根中陽線後，就要考慮短線賣出了。那麼，漲停股票怎麼賣呢？

⑴「漲停不出貨，出貨不漲停」，這是追漲停的最高指導原則。這句話的意思是說，只要第二天還能封住漲停，就不要急於出貨，直到封不住了，再根據具體情況採取應對措施。

⑵ 如果第二天開盤 30 分鐘左右又拉至漲停，則可以大膽持有。如果第二天不能漲停，可以等上升一段時間後，在股價平台整理數日時賣出，也可以在第二天衝高時賣出。

⑶ 漲停封得很死，這時候要看漲停後的成交量變化情況。漲停後成交量萎縮很快，有時連續幾分鐘沒有成交，這種情況就更好了。另外，還要看收盤前幾分鐘封單大小，當然封單量越大越好。如果昨天的漲停封得很死，今天就可以看得高一些。可以根據昨天的封盤情況，估計今天開盤的大概位置。如果大大低於估計的開盤位置，應做好退出的準備。

⑷ 已經出現三個漲停，短線可以考慮出場。如果量能未有效放大，可以繼續持股。

⑸ 雖然股價漲停，但封盤顯得有些勉強，盤中漲停多次被打開。若遇到這種情況，建議還是早出為妙，虧損 3% 是可以接受的最大的損失額。

⑹ 股價高位放量漲停，次日開盤衝高賣出。股價低位放量漲停，可以繼續持股。無量漲停，也可以繼續持股。

⑺如果昨天追了漲停，但尾盤沒有封住漲停，那麼當天開盤後要馬上出掉。特別是當股價上衝到昨日漲停價附近時，應堅決賣出，不要盼望有更高的點位出現。

⑻盤中漲停被打開多次，且量能放大，尾盤漲停無力，股價位於高位，則果斷出場。股價位於低位，可能是主力吸籌，視後期走勢擇機出場。

⑼對於弱勢個股，即漲停後被打開過的和漲停後放大量的，可以採取「三點一賺」的原則，即有3%左右的漲幅，就可以見好就收，保持利潤為主。

在買進之後，什麼時候可以看高一點？什麼時候要保守一些？這裡說明一下特殊情況：

一是消息影響。不利的消息出來以後，一般先看開盤價。如果開盤價比預期低很多，表示在消息打擊下，主力和追漲盤信心不足，應該立即出掉。

二是股價比預期開高很多。這時候不妨稍微等一下，可能會有更好的獲利。但是一旦出現下跌走勢，接近預期價格時，要立刻賣掉，鎖定利潤。當然如果比較保守，開高後也可以立即出掉。

三是如果股票昨天漲停的換手率不大，低於3%，今天開盤價格比預期低，但是開盤成交非常小，估計以現在的成交量持續下去，全天成交量比昨天漲停還小時，這時候可以持股等待。待股價開始放量上衝，全天成交量估計比昨天漲停放大許多時，可以擇高賣出。

需要提醒的是，在追漲停時，及時出場鎖定利潤是非常必要的。出場之後，即使後面漲得再多，也不要後悔，否則會因過於貪婪而喪失及時出場的機會，導致最終被套和虧損。

漲停股賣出技巧

1. 漲停次日收流星線

在漲停後的第二個交易日裡，如果股價跳空開高或大幅衝高，同時成交量急劇放大，這時投資人一定不要追高。特別是經過一段時間的波動後，如果K線形態變成十字星或長上影線的流星線，表示上升動力嚴重不足，上方賣盤十分強大。此前的漲停很可能就是最後的衝高動作，或者是主力的誘多行為，這時投資人應該儘快賣出手中的籌碼。

這種形態出現後，第二天大多收出下跌陰線。將前後三根K線組合在一起，就構成一個完整的「黃昏之星」看跌形態。如果前一天收流星線時，散戶還心存疑慮，或者沒有來得及出場的話，那麼這時就不要再猶豫了，果斷賣出才是上策。

如圖 4-9 九鼎新村（002201）的 K 線圖所示，該股從底部啟動後逐波上漲，累計漲幅超過 3 倍，主力獲利豐厚。2019 年 8 月 23 日繼續高位拉漲停，創出上漲新高。可是第二天放量快速衝高，當股價觸及漲停位置後，開始逐波向下回落，當天股價小幅收漲，在頂部形成一個放量的十字流星線，之後兩天同樣出現衝高回落走勢。

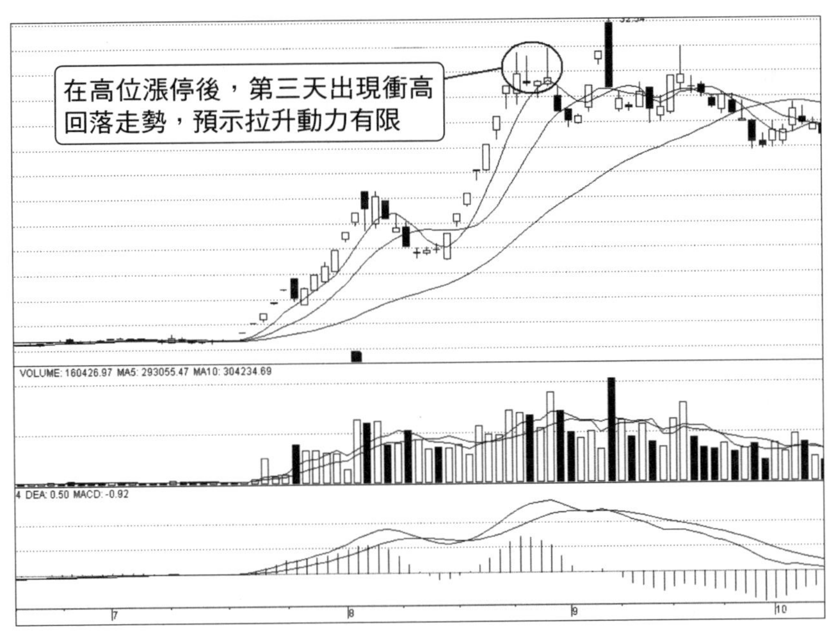

▲ 圖 4-9　九鼎新材（002201）日 K 線圖

這種形態表示上方的賣盤壓力十分巨大，股價上漲的動力並不充足，高位漲停很可能是主力的誘多出貨。這種情況下，投資人應該儘快將手中的籌碼賣出。

2. 次日大幅開低收黑

漲停是最強勢的盤面表現形式。如果第二天出乎意料地大幅開低，無論次日是漲是跌，都反映主力做多意願開始動搖，或突現利空消息。尤其是次日股價以跌停收盤，更是一種強烈的反轉訊號。所以，遇到次日大幅開低的個股，投資人應儘快賣出觀望。

如圖 4-10 第一創業（002797）的 K 線圖所示，該股在 2020 年 7 月 2 日放量突破後，出現一輪飆升行情，股價連拉 5 個漲停，上漲勢頭十分猛烈。但在 7 月 10 日股價開低 1.16%，略作衝高後逐波走低，以最低點收盤，當天下跌 6.77%，形成「傾盆大雨」看跌 K 線形態。

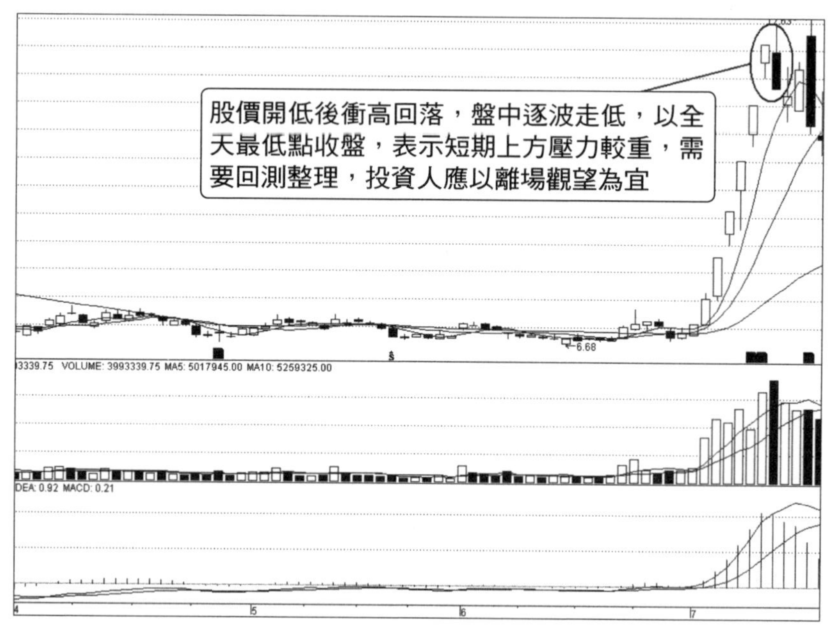

▲ 圖 4-10　第一創業（002797）日 K 線圖

如此強勢的盤面，卻收出這麼一根帶長上影線的陰線，不是一般的回檔洗盤行為，應當是一個轉勢訊號。實盤中遇到這種形態時，投資人應堅決賣出。

3. 次日大幅開高後走低

在漲停後的第二天大幅跳空開高，本是一種強勢盤面的現象。如果大幅開高後，未能在高位挺住，而是緩緩向下回落，當天收出一根大陰線，在 K

線上呈現「烏雲蓋頂」或「陰包容」形態，這是一個明顯的見頂訊號。

如圖 4-11 奧美醫療（002950）的 K 線圖所示，股價脫離底部後出現飆升行情，連續收出 8 個漲停，2020 年 2 月 10 日受上漲慣性影響，股價跳高 8.64% 開盤。盤中快速衝板，但封盤不到 10 分鐘就開板震盪，繼而出現大幅跳水，最終下跌 7.79% 收盤，高位留下一根長達 16.43% 大陰線，形成一個「烏雲蓋頂」看跌 K 線組合形態，從此股價出現快速下跌走勢。

之後，股價多次反彈到這根大陰線的收盤價附近時均遇阻回落，成為中短期的重要壓力區。投資人遇到這種形態時，應及時退出觀望。

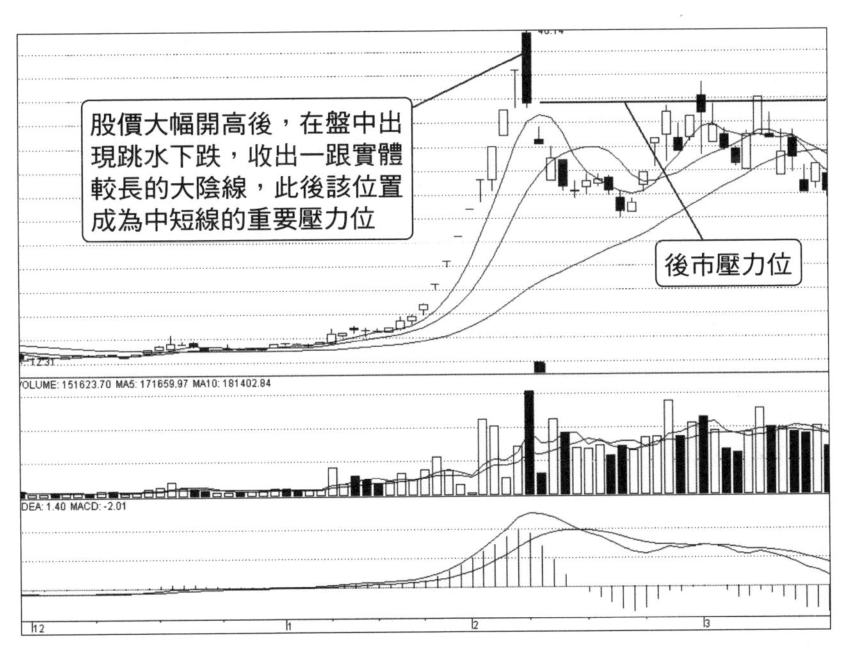

▲ 圖 4-11　奧美醫療（002950）日 K 線圖

4-4

高手教你避開漲停板的陷阱

常見漲停陷阱

漲停敢死隊的操盤模式，受不少機構和個人所模仿。現在不少主力在出貨時，會展開有計劃的刻意拉漲停，或者製造出符合「漲停敢死隊」所喜歡的走勢圖，引誘這些資金入場接貨封漲停。

其實，每一種市場所熟悉的方法，都有可能被主力反向利用，漲停也是如此。所以，追漲停的操作風險比其他一般操作方法要大得多。大資金去追漲停，很多時候會遭遇場內主力的獵殺。下面經由幾個實例，來剖析主力拉漲停引誘獵殺跟風盤的例子。

如圖 4-12 所示，2015 年 8 月 5 日股價漲停後，主力掛出 174560 張巨大封單，這本是一件好事，但封盤後連續的大賣單密集出現，就不是一件好事了。健康的漲停封盤後，一般賣單很快會減少，通常只是幾張或幾十張間斷性的賣單，不會出現高密度的大賣單。

隨後盤面變化觀察證明，這是主力為了吸引投資人跟進而掛出的虛假單，目的是吸引場外散戶進場掛單買入，同時穩定盤中散戶賣壓意願，主力則可以利用漲停手法大量減倉，所以漲停是為了出貨。那麼該股後市走勢如何呢？請看圖 4-13。

如圖 4-13 所示，從後市走勢中可以看出，該股封盤後仍有幾百張甚至上千張的大賣單。打開漲停後，股價圍繞均價線上下震盪，全天出現大量的對敲盤，直到收盤未能重新封住漲停，顯示出主力減倉意圖明顯。遇到這類個股時，投資人應當在收盤前幾分鐘清倉離場。

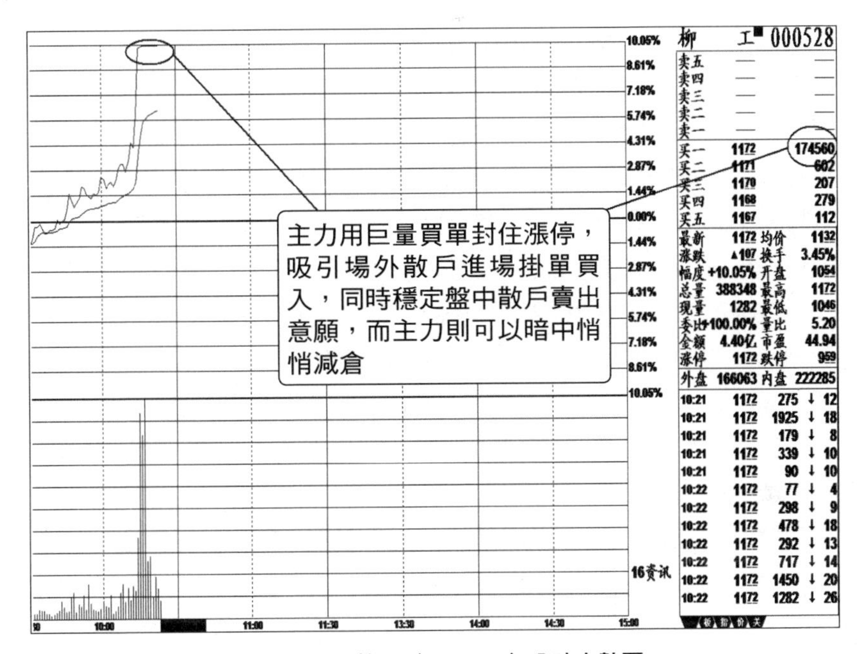

▲ 圖 4-12　柳工（000528）分時走勢圖

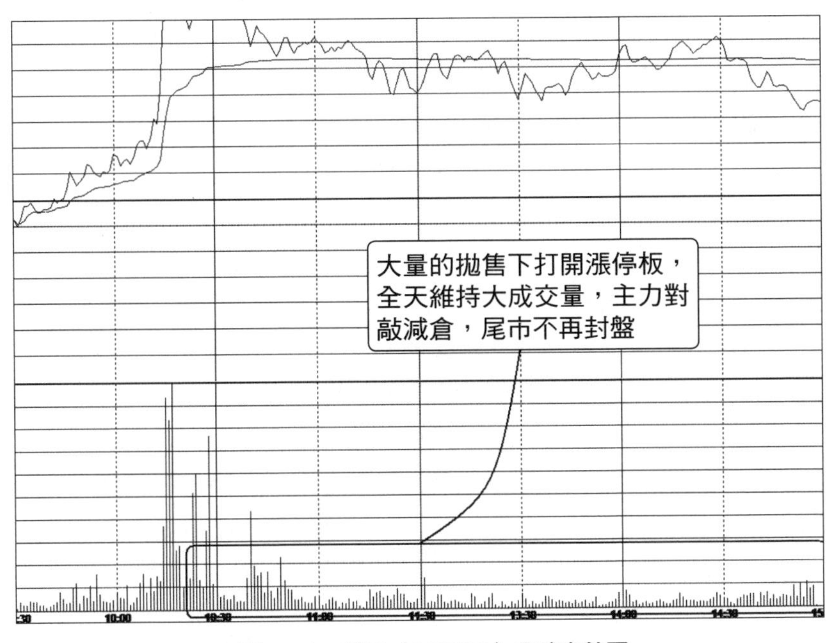

▲ 圖 4-13　柳工（000528）分時走勢圖

一般來說，漲停封單越來越多越好，這也是投資人的共識。部分有實力的主力就投其所好，在股價推高到漲停後，迅速掛出巨大的買單封漲停，以此吸引市場眼球。一檔股票，如果主力拉漲停是為了出貨，那麼漲停後掛出的巨大封單，就是為了吸引投資人的掛單跟進。

當投資人的掛單達到一定的數量後，主力就撤銷自己率先封漲停的買單，把掛在前面的買單逐筆撤下，然後在最後重新掛出來。如此操作，就會導致其他買家的買單慢慢往前靠。在封單數量不變的情況下，主力實現由排在最前面的買單變為排在最後面的買單，而其他買家的買單則排在最前面的位置。

主力封單、撤單、掛單，完成一系列的操作後，此時就開始出貨，按照同價時間優先成交的原則，將其他買家的買單吃掉。主力出貨的手法一般是先用小賣單不斷出貨，最後每筆幾千或上萬張集中賣出，主力賣出的籌碼全都被其它買家的資金接走。當其他買家的掛單買完後，主力也會撤去自己的所有封單，此時漲停就會打開。主力把屬於自己的所有封單撤去後，有時還會出貨。

如圖 4-14 所示，該股前期主力反覆進行短線套利操作，這天開盤後不久，股價以接近 90 度角直線拉漲停。漲停之後，買盤封單最大時超過 40 萬張。看盤時，盤面細節非常重要，有時主力一個小動作，就暴露出其操盤目的。該股早盤拉高過程中，買盤瞬間曾經掛出一筆 4 萬八千多張的買單。

這從表面上看，主力實力強大，封盤態度堅決，但實際上又是如何呢？往後面觀察就知道了。當市場盤面掛單達到一定數量後，主力快速撤下自己的封單，然後大力出貨。撤單與大量出貨賣掉漲停價位給其他買家的掛單，這個動作僅在一兩分鐘內就完成了。動作慢了，就會引發場內其它籌碼的湧出。打開漲停後，股價全天震盪走低，顯示出主力出貨堅決。

這種盤面走勢，在分時圖走勢中稱為「打壓出貨」。主力實施打壓出貨手法時，一個價位一個價位地向下賣出。在這個過程中，股價是不會有什麼明顯反彈的，投資人根本沒有反彈賣出的機會，只會是越等越低。主力引誘其它資金在漲停價上掛買單，這不是一件容易的事，所以主力不會創造反彈機會讓散戶退出。

由此可見，早盤拉高和巨量掛單都是做給投資人和其他機構看的，目的是吸引資金進場接貨。如此控盤操作的結果是，漲停大陽線變成長上影線 K

線。下一個交易日，股價跳空開低殺跌應在預料之中。從這裡也可以看出，短線資金套利拉出的漲停很危險，一般人是「傷不起」的。

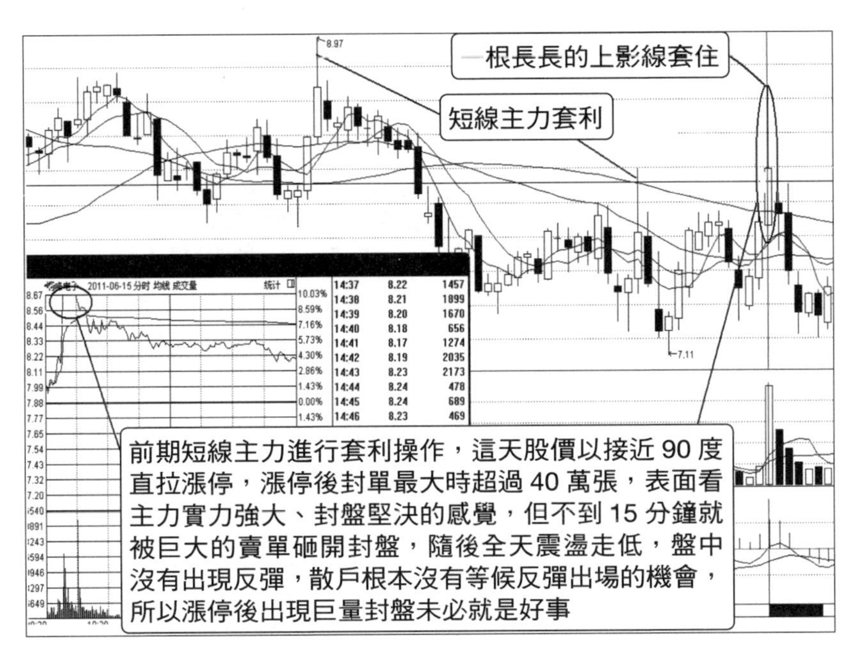

▲ 圖 4-14　銅鋒電子（600237）日 K 線和分時走勢圖

主力獵殺跟風盤的手法很多，有的是將股價拉到漲停價位後，僅僅封單幾秒鐘，然後打開漲停快速回落，使股價步步走低；有的則快速拉高股價，在離漲停價位差一兩檔時迅速回落走低，此後漸漸走弱。這些手法都是主力獵殺跟風盤設置的圈套，目的是將追漲買入的散戶套在其中，由此可見主力的狡猾和險惡。

如圖 4-15 所示，2020 年 3 月 11 日開盤後股價快速拉漲停，成交量也同步放大，量價齊升，吸引散戶眼球。不少散戶判斷尾盤封板不動是沒有懸念的，誰知這是主力設下的獵殺跟風者的一個圈套，股價在尾盤迅速巨量打開漲停，此時有的散戶以為收盤前會回封，就利用開板時機介入。可是，股價沒有回封，當天以微漲 3.63% 收盤，一根長長的上影線給市場帶來許多憂傷。

對於短線主力操作的股票，主力充分利用市場追漲隊伍的操作喜好，設置技術陷阱對其進行獵殺。所以，喜歡追漲停的投資人，一定要注意短線主力反向利用漲停這個陷阱。這些短線主力設下圈套的個股，一般在漲停前幾日就已經有資金悄悄介入的痕跡，技術上表現為日 K 線出現溫和上漲，有兩三根放量小陽線。

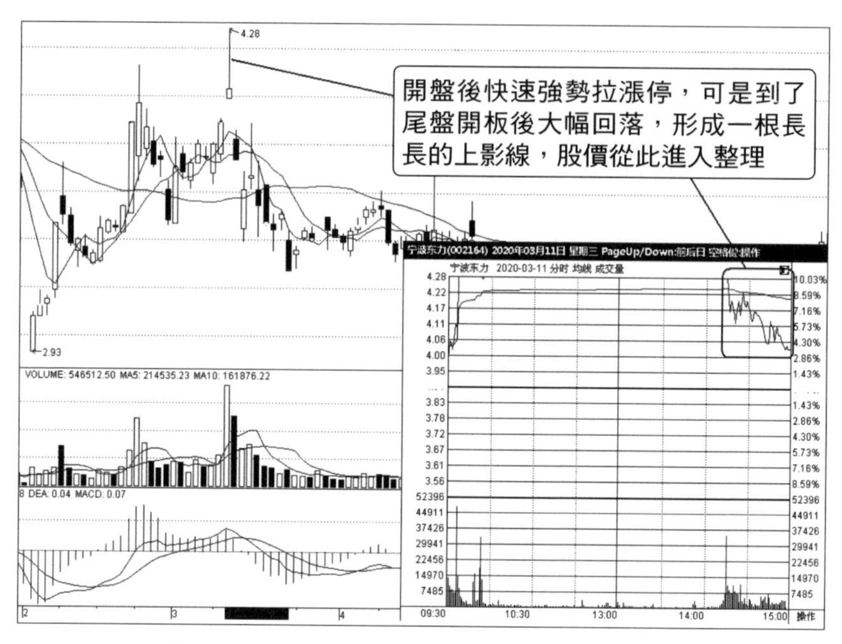

▲ 圖 4-15　寧波動力（002164）日 K 線和分時走勢圖

避免漲停陷阱

漲停是最極端的操盤方式，也是短期快速獲利的機會。每一檔股票漲停都有其內在因素，包括主力資金、技術形態、獲利能力和宏觀利多等，這些內在因素構成了股價持續漲停甚至翻倍的基礎條件，因此大多數個股在低位出現的漲停時，是很值得短線參與的。

雖然股價漲停令人神往，但當一檔股票處於高位的時候，漲停就不再是鋪滿鮮花的大道，而是誘人入局的美麗陷阱。那麼如何避免掉入主力設置的漲停陷阱呢？以下方法可供參考。

(1) 從全域的高度和整體的角度，來審視股價所處的位置，看看它是處於高位、中位還是低位。處於高位的漲停是很危險的，需要特別小心。即使要參與，也要控制好倉位，千萬不要重倉介入。空間位置的高低可以用量度漲幅來計算，也可以用黃金分割比率來計算。

⑵ 凡是股價已經處於高位或者相對高位，出現開低走高拉出巨量大陽線的漲停，都可以理解為誘多行為。如果當天換手率巨大，更顯示出主力積極誘多出貨，這樣的漲停大陽線往往就是美麗的陷阱。

⑶ 要看形態位置是否相對安全：有些個股前期漲幅已經相當可觀，若再受利多因素刺激而上衝漲停，這時儘量不要追漲。即使啟動位置較低，但若連續漲停過多，如 5 個漲停以上，也暫時不考慮買入。形態不好（包括其他因素均不支持）的個股，勉強拉漲停但又不能封死，在高位反覆打開漲停的，也要謹慎對待。

⑷ 從盤中分時圖走勢來看，如果股價已經處於高位，分時圖上出現典型的漲停反覆多次打開，放量很大，這就不再是誘空和洗盤，而是典型的漲停出貨動作。

⑸ 從收盤的方式來看，當股價處於高位或者相對高位，出現明顯的尾盤拉抬動作，拉高收盤，或者最後幾分鐘對敲做高股價，拉至漲停，這是最典型的尾盤作秀。目的是矇騙不明真相的投資人，為隨後的出貨製造機會和空間，實際上是一個多頭陷阱。

⑹ 要看推動股價漲停的題材或利多是否足夠大。比如，新題材出現後，即使第一個漲停沒追上，那麼第二個、第三個也可以考慮買進。

⑺ 要看資金介入是否堅決：在漲停之前數日，若無明顯的資金介入跡象，漲停當日最好有大幅放量行為，且量比要達到 10 倍甚至更高較好。

⑻ 看委託盤：真正要漲停的個股，一般顯示出來的買盤並不會比賣盤大，因為真正的買盤是即時成交的，在顯示幕上是看不見的。那種用很大的買盤托著股價慢慢上升的個股，如果多留一個心眼，則不難發現其實是主力在出貨。

⑼ 怎麼判斷主力出貨還是建倉？首先要對比股票前期底部與現在漲停後放量時的距離，若前期底部與漲停放量處有 30% 以上，就必須注意主力有出貨的可能。第二看放量前股價的走勢，如果是較強上升至漲停位置放量，一般主力很難出貨或者很難全身而退，這類個股還會有第二次放量的機會。

在放量的個股中，當天的走勢和未來幾日的走勢，也能大致判斷出主力動向。若放量當天仍以漲停報收，那麼未來仍有一定上升空間；若當天放量拉出帶有上影線的陰線，那麼短期整理不可避免；若當天放量拉出陰線，後期幾日不破 10 日均線，並且放量再次攻破前期放量高點，未來仍有上升空間。

⑽ 自身操作經驗是否豐富：追漲停對技術要求比較高，最好先以少量資金嘗試，並隨時總結經驗，累積盤感，然後再加重倉位。另外，非常重要的一點是，一旦失手，要及時停損。因此，投資人要先問一問自己，這種相對刺激、技術要求較高的操作方法，究竟適合不適合自己。若真要當「敢死隊」，就要掌握一套扎實的本領，否則恐怕就凶多吉少了。

追漲停注意事項

追漲停不可碰運氣，而是要訓練有素、操作有方，才能提高成功的機率。在追漲停時，應注意以下幾個方面：

⑴ 不要多處出擊，重點關注最先漲停的股票，觀察量價是否配合。開盤 30 分鐘就漲停的個股，要算一算當日的成交量會達到多少，一般不超過 10% 換手率，短線都是比較安全的個股。

⑵ 買入前看看它前期是否有止跌跡象，成交量是否出現萎縮。

⑶ 圖形好的才能買入，30 日均線向上的個股，買入比較安全。在本身技術形態不好的情況下，勉強拉漲停，又封不死，即使收盤以漲停報收，第二天也走不了多高。

⑷ 並非晚漲停的股票就絕對不能追買，只不過它們第二天繼續漲停的機率比較小。

⑸ 看清大盤勢道再確定是否追入。大盤走勢如果不強，個股封住漲停也會被賣盤打開，買入之後就會被套。

⑹ 判斷個股是否有強勢主力入駐的理由。最近幾個月內，是否有過漲停，是判斷強勢主力入駐的一個重要條件。另外，關鍵技術位和價位都應在低位或次低位。如果換手達 5% 以上，這類漲停個股就更加可靠。如果主力連一個漲停都不敢拉，只能證明主力資金虛弱，膽識不夠。追漲這類個股，風險常常是比較大的。

⑺ 不要為了漲停而追漲停。漲停只是測量一個主力的多頭能量的溫度計，至於那些在圖形上莫名其妙突然間漲停的股票，還是不碰的好。

⑻ 在極強的市場中，尤其是每日都有 5 支以上個股漲停的情況下，要大膽追漲停。在極弱的市場中，切記不可追漲停，因為獲利機率相對偏低一些。

⑼ 一定要等漲停再掛單，未達到漲停時不要追買。一旦發現主力有三位數以上的成交量向漲停進攻時，應該立即追進，動作要快。

⑽ 堅持自己的操作風格，不可見異思遷，以免當市場無漲停時手癢，盲目介入其他個股被套，而失去追擊漲停的機會。

後記
140張圖，教你學會捉到暴漲行情！

股市變化莫測，漲停個股千姿百態，很難一概全貌，加上受主力行為影響，有些盤面現象不會也不可能事先被發現，只有在市場運行過程中，才能逐漸地被人們發覺和認識。需要指出的是，股價漲停有一定的規律，但沒有固定的模式，而且同樣的市場環境，因不同市況、不同個股、不同主力，以及不同人的心理因素，其分析結果也各不相同，甚至天壤之別。

所以，希望投資人將本書中的原理和方法，在即時行情中活學妙用，切不可用固定的模式去生搬硬套。在實戰中，投資人應不斷積累經驗、探索規律，並感悟股性，逐步形成一套適合自己的技法。只有這樣，才能在瞬息萬變的市場裡，以敏捷的思維能力，對市場作出彈性的分析和處理，達到融會貫通、應變自如，在股市中立於不敗之地。

筆者深知要感謝給予幫助的人太多，有太多的人可以分享這本書出版的榮譽。沒有廣大讀者朋友的認可，就沒有本書的生存市場，更不會使這些技術得以推廣，所以第一個要感謝的是讀者朋友的支持。

書中內容雖然表達作者個人的觀點和見解，但也借鑑了他人的一些研究成果、實戰經驗、專業知識等，這些材料在理論和實踐中都具有很高的創造性，是十分珍貴的，所以要十分感謝他們。

筆者儘管竭盡全力，努力減少書中的錯誤，但百密一疏，書中難免有疏忽之處。敬請廣大讀者不吝斧正，並多提出寶貴意見，以便在今後再版時進一步改進和提高。願本書為廣大朋友在實際操作中帶來一點啟示，創造一份財富。如是，我將深感欣慰。

麻道明

於中國楠溪江畔

NOTE

NOTE

NOTE

NOTE

國家圖書館出版品預行編目（CIP）資料

140 張圖學會抓漲停的藝術：「實戰」、「圖解」61 個短線放量暴漲前的買進訊號！／麻道明著. -- 第二版. -- 新北市：大樂文化有限公司，2024.11
208 面；17×23公分. --（優渥叢書Money；080）

ISBN　978-626-7422-56-4（平裝）
1. 股票投資　2. 投資分析　3. 投資技術
563.53　　113014590

MONEY 080

140 張圖學會抓漲停的藝術（熱銷再版）

「實戰」、「圖解」61 個短線放量暴漲前的買進訊號！

（原書名：140 張圖學會抓漲停的藝術）

作　　者／麻道明
封面設計／蕭壽佳、蔡育涵
內頁排版／楊思思
責任編輯／林育如
主　　編／皮海屏
發行專員／張紜蓁
財務經理／陳碧蘭
發行經理／高世權
總編輯、總經理／蔡連壽
出 版 者／大樂文化有限公司
地址：220 新北市板橋區文化路一段 268 號 18 樓 之 1
電話：（02）2258-3656
傳真：（02）2258-3660
詢問購書相關資訊請洽：2258-3656
郵政劃撥帳號／50211045　戶名／大樂文化有限公司

香港發行／豐達出版發行有限公司
地址：香港柴灣永泰道 70 號柴灣工業城 2 期 1805 室
電話：852-2172 6513　傳真：852-2172 4355

法律顧問／第一國際法律事務所余淑杏律師
印　　刷／韋懋實業有限公司

出版日期／2022 年 07 月 25 日 第一版
　　　　　2024 年 11 月 19 日 第二版
定　　價／320元（缺頁或損毀的書，請寄回更換）
I S B N／978-626-7422-56-4

大樂文化

大樂文化